改正 障害者総合支援制度のポイント

（平成30年4月完全施行）
新旧対照表・改正後条文

中央法規

改正障害者総合支援制度のポイント（平成30年4月完全施行）
―― 新旧対照表・改正後条文

第1編 障害者総合支援制度改正のポイント

- Ⅰ 制度見直しの経緯 …………………………………………………………………… 2
- Ⅱ 制度見直しの基本的な考え方 ………………………………………………………… 4
- Ⅲ 障害者総合支援法・児童福祉法改正のポイント …………………………………… 6
  - 1 障害者総合支援法／7
  - 2 児童福祉法／16
- （参 考）
- ◎障害者の日常生活及び社会生活を総合的に支援するための法律及び児童福祉法の一部を改正する法律案に対する附帯決議（平成28年5月24日参議院厚生労働委員会）／21

第2編 障害者総合支援法・児童福祉法の改正後条文

- ●障害者の日常生活及び社会生活を総合的に支援するための法律
  - （平成17年11月7日法律第123号）………………………………………………… 26
- ●児童福祉法（抄）（昭和22年12月12日法律第164号）……………………………… 98

第3編 障害者総合支援法・児童福祉法の新旧対照表

- ●障害者の日常生活及び社会生活を総合的に支援するための法律（抄）
  - （平成17年11月7日法律第123号）
  - ＊平成30年4月1日施行／162
- ●児童福祉法（抄）（昭和22年12月12日法律第164号）
  - ＊平成28年6月3日施行／178
  - ＊平成30年4月1日施行／179

事項索引

第 1 編
障害者総合支援制度 改正のポイント

制度見直しの経緯

　障害福祉施策においては、障害者の地域移行や一般就労への移行が進むなか、障害者が望む地域生活の実現や職場への定着を図るとともに、障害者の高齢化や障害児支援のニーズの多様化への対応を進めるため、より一層のきめ細かな支援が求められています。

　2013（平成25）年4月に施行された「障害者の日常生活及び社会生活を総合的に支援するための法律」（平成17年法律第123号。以下「障害者総合支援法」といいます。）の附則（「地域社会における共生の実現に向けて新たな障害保健福祉施策を講ずるための関係法律の整備に関する法律」（平成24年法律第51号）附則第3条（➡95頁））において、施行後3年（平成28年4月）を目途として障害福祉サービスの在り方等について検討を加え、その結果に基づいて所要の措置を講ずることとされました。

【障害者総合支援法附則第3条における見直し事項】

○常時介護を要する障害者等に対する支援、障害者等の移動の支援、障害者の就労の支援その他の障害福祉サービスの在り方
○障害支援区分の認定を含めた支給決定の在り方
○障害者の意思決定支援の在り方、障害福祉サービスの利用の観点からの成年後見制度の利用促進の在り方
○手話通訳等を行う者の派遣その他の聴覚、言語機能、音声機能その他の障害のため意思疎通を図ることに支障がある障害者等に対する支援の在り方
○精神障害者及び高齢の障害者に対する支援の在り方

　社会保障審議会障害者部会では、2015（平成27）年4月から同年12月にかけて障害福祉施策全般の見直しに向けた検討を行い、今後の取組みについて報告書として取りまとめました。

　取りまとめた報告書のうち、法律改正が必要な事項に対応するため、障害福祉サービスの充実や障害児支援の拡充等を内容とする「障害者の日常生活及び社会生活を総合的に支援するための法律及び児童福祉法の一部を改正する法律案」が2016（平成28）年3月1日の閣議決定を経て、国会に提出されました。

　また、2016（平成28）年4月から「障害を理由とする差別の解消の推進に関する法律（障害者差別解消法）」（平成25年法律第65号）が施行されており、政府全体で同法の円滑な施行が図られるよう、関係省庁と連携して取組みを進めていく必要があります。

【障害者の日常生活及び社会生活を総合的に支援するための法律及び児童福祉法の一部を改正する法律についての検討経過】

平成27年4月28日
第61回社会保障審議会障害者部会で、障害者総合支援法施行後3年を目途とした見直しについて、本格的に検討を開始（以降19回開催）

平成27年12月14日
「障害者総合支援法施行3年後の見直しについて」（社会保障審議会障害者部会報告書）とりまとめ

平成28年3月1日
「障害者の日常生活及び社会生活を総合的に支援するための法律及び児童福祉法の一部を改正する法律案」閣議決定、国会提出

平成28年5月25日
可決成立

平成28年6月3日
公布（平成28年法律第65号）

II 制度見直しの基本的な考え方

　障害者総合支援法の施行後3年間の施行状況を踏まえ、今回の見直しの基本的な考え方について、「1　新たな地域生活の展開」、「2　障害者のニーズに対するよりきめ細かな対応」、「3　質の高いサービスを持続的に利用できる環境整備」の3つの柱に整理しました（図1）。

図1　障害者総合支援法施行3年後の見直しについて

1　新たな地域生活の展開

(1) 本人が望む地域生活の実現
- 障害者が安心して地域生活を営むことができるよう、地域生活支援拠点の整備を推進（医療との連携、緊急時対応等）。
- 知的障害者や精神障害者が安心して一人暮らしへの移行ができるよう、定期的な巡回訪問や随時の対応により、障害者の理解力・生活力等を補う支援を提供するサービスを新たに位置づけ。
  あわせて、グループホームについて、重度障害者に対応可能な体制を備えたサービスを位置づけ。また、障害者の状態とニーズを踏まえて必要な者にサービスが行き渡るよう、利用対象者を見直すべきであり、その際には、現に入居している者に配慮するとともに、障害者の地域移行を進める上でグループホームが果たしてきた役割や障害者の状態・ニーズ・障害特性等を踏まえつつ詳細について検討する必要がある。
- 「意思決定支援ガイドライン（仮称）」の作成や普及させるための研修、「親亡き後」への備えも含め、成年後見制度の理解促進や適切な後見類型の選択につなげるための研修を実施。

(2) 常時介護を必要とする者等への対応
- 入院中も医療機関で重度訪問介護により一定の支援を受けられるよう見直しを行うとともに、国庫負担基準について重度障害者が多い小規模な市町村に配慮した方策を講ずる。

(3) 障害者の社会参加の促進
- 通勤・通学に関する訓練を就労移行支援や障害児通所支援により実施・評価するとともに、入院中の外出に伴う移動支援について、障害福祉サービスが利用可能である旨を明確化。
- 就労移行支援や就労継続支援について、一般就労に向けた支援や工賃等を踏まえた評価を行うとともに、就労定着に向けた支援が必要な障害者に対し、一定の期間、企業・家族との連絡調整等を集中的に提供するサービスを新たに位置づけ。

2　障害者のニーズに対するよりきめ細かな対応

(1) 障害児に対する専門的で多様な支援
- 乳児院や児童養護施設に入所している障害児や外出が困難な重度の障害児に発達支援を提供できるよう必要な対応を行うとともに、医療的ケアが必要な障害児への支援を推進するため、障害児に関する制度のなかで明確に位置づけ。
- 放課後等デイサービス等について、質の向上と支援内容の適正化を図るとともに、障害児支援サービスを計画的に確保する取組として、自治体においてサービスの必要量の見込み等を計画に記載。

(2) 高齢の障害者の円滑なサービス利用
- 障害者が介護保険サービスを利用する場合も、それまで支援してきた障害福祉サービス事業所が引き続き支援できるよう、その事業所が介護保険事業所になりやすくする等の見直しを実施するなど、障害福祉制度と介護保険制度との連携を推進。
- 介護保険サービスを利用する高齢の障害者の利用者負担について、一般高齢者との公平性や介護保険制度の利用者負担の在り方にも関わることに留意しつつ、その在り方についてさらに検討。

(3) 精神障害者の地域生活の支援
　○　精神障害者の地域移行や地域定着の支援に向けて、市町村に関係者の協議の場を設置することを促進するとともに、ピアサポートを担う人材の育成等や、短期入所における医療との連携強化を実施。
(4) 地域特性や利用者ニーズに応じた意思疎通支援
　○　障害種別ごとの特性やニーズに配慮したきめ細かな対応や、地域の状況を踏まえた計画的な人材養成等を推進。

3　質の高いサービスを持続的に利用できる環境整備

(1) 利用者の意向を反映した支給決定の促進
　○　主任相談支援専門員（仮称）の育成など、相談支援専門員や市町村職員の資質の向上等に向けた取組みを実施。
(2) 持続可能で質の高いサービスの実現
　○　サービス事業所の情報公表、自治体の事業所等への指導事務の効率化や審査機能の強化等の取組みを推進。
　○　補装具について、成長に伴い短期間で取り替える必要のある障害児の場合など、個々の状態に応じて、貸与の活用も可能とする。
　○　サービス提供を可能な限り効率的なものとすること等により、財源を確保しつつ、制度を持続可能なものとしていく必要がある。

資料　厚生労働省

III 障害者総合支援法・児童福祉法改正のポイント

　障害者が自らの望む地域生活を営むことができるよう、①「生活」と「就労」に対する支援の一層の充実、②高齢障害者による介護保険サービスの円滑な利用促進のための見直し、③障害児支援のニーズの多様化にきめ細かく対応するための支援の拡充、④サービスの質の確保・向上を図るための環境整備等を目的として、「障害者の日常生活及び社会生活を総合的に支援するための法律及び児童福祉法の一部を改正する法律案」が2016（平成28）年3月1日に第190回通常国会へ提出され、同年5月25日に可決成立、同年6月3日に公布されました（法律第65号。以下「改正法」といいます。）。

　改正法では、「1　障害者の望む地域生活の支援」、「2　障害児支援のニーズの多様化へのきめ細かな対応」、「3　サービスの質の確保・向上に向けた環境整備」を柱として、一部の規定を除き2018（平成30）年4月1日に施行されます（図2）。

図2　改正法の概要

趣旨

　障害者が自らの望む地域生活を営むことができるよう、「生活」と「就労」に対する支援の一層の充実や高齢障害者による介護保険サービスの円滑な利用を促進するための見直しを行うとともに、障害児支援のニーズの多様化にきめ細かく対応するための支援の拡充を図るほか、サービスの質の確保・向上を図るための環境整備等を行う。

概要

1　障害者の望む地域生活の支援
(1) 施設入所支援や共同生活援助を利用していた者等を対象として、定期的な巡回訪問や随時の対応により、円滑な地域生活に向けた相談・助言等を行うサービスを新設する（自立生活援助）
(2) 就業に伴う生活面の課題に対応できるよう、事業所・家族との連絡調整等の支援を行うサービスを新設する（就労定着支援）
(3) 重度訪問介護について、医療機関への入院時も一定の支援を可能とする
(4) 65歳に至るまで相当の長期間にわたり障害福祉サービスを利用してきた低所得の高齢障害者が引き続き障害福祉サービスに相当する介護保険サービスを利用する場合に、障害者の所得の状況や障害の程度等の事情を勘案し、当該介護保険サービスの利用者負担を障害福祉制度により軽減（償還）できる仕組みを設ける

2　障害児支援のニーズの多様化へのきめ細かな対応
(1) 重度の障害等により外出が著しく困難な障害児に対し、居宅を訪問して発達支援を提供するサービスを新設する
(2) 保育所等の障害児に発達支援を提供する保育所等訪問支援について、乳児院・児童養護施設の障害児に対象を拡大する
(3) 医療的ケアを要する障害児が適切な支援を受けられるよう、自治体において保健・医療・福祉等の連携促進に努めるものとする
(4) 障害児のサービスに係る提供体制の計画的な構築を推進するため、自治体において障害児福祉計画を策定するものとする

3　サービスの質の確保・向上に向けた環境整備
(1) 補装具費について、成長に伴い短期間で取り替える必要のある障害児の場合等に貸与の活用も可能とする
(2) 都道府県がサービス事業所の事業内容等の情報を公表する制度を設けるとともに、自治体の事務の効率化を図るため、所要の規定を整備する

施行期日

平成30年4月1日（2(3)については公布の日（平成28年6月3日））

資料　厚生労働省

1　障害者総合支援法

❶ 重度訪問介護の訪問先の拡大

現在、障害者等が本人の意思に基づき地域生活を送ることができるよう、個々の障害者等の状態像やニーズに対応した障害福祉サービスを提供しており、特に手厚い介護等が必要な障害者等を「常時介護を要する者」とし、重度訪問介護、行動援護、療養介護、生活介護及び重度障害者等包括支援を提供しています。

⇩

障害者等の地域生活・地域移行の支援をより一層推進する観点から、「常時介護を要する者」に対するサービスに関する課題（重度障害者等包括支援の利用が低調であること、重度障害者が入院した時に必要な支援が受けられない場合があること等）への対応が求められています。

改正のポイント

重度訪問介護を提供することができる場所として、「居宅に相当する場所として厚生労働省令で定める場所」が加えられます（第5条第3項➡29頁）（図3）。

❷ 就労定着支援の創設

就労系障害福祉サービス（就労移行支援、就労継続支援）から一般就労に移行した障害者の数は、平成20年度（障害者自立支援法施行時）：1724人に対し、平成25年度：1万1人であり、5年間で約5.8倍となっています。また、民間企業（50人以上）における障害者の雇用者数は約43万1000人（2014（平成26）年6月）、ハローワークを通じた障害者の就職件数は約8万5000人（平成26年度）であり、いずれも年々増加しています。サービスを利用するなかで能力を向上させ、一般就労が可能になる者もいます。

⇩

また、就業に伴う生活面の支援は、障害者就業・生活支援センター（生活支援員）や就労移行支援事業所が中心となって実施しています。

⇩

どの就労系障害福祉サービスを利用する場合であっても、障害者がその適性に応じて能力を十分に発揮し、自立した生活を実現することができるよう、工賃・賃金向上や一般就労へ

図3 重度訪問介護の訪問先の拡大

○ 四肢の麻痺及び寝たきりの状態にある者等の最重度の障害者が医療機関に入院した時には、重度訪問介護の支援が受けられなくなることから以下のような事例があるとの指摘がある。
・体位交換などについて特殊な介護が必要な者に適切な方法が取られにくくなることにより苦痛が生じてしまう
・行動上著しい困難を有する者について、本人の障害特性に応じた支援が行われないことにより、強い不安や恐怖等による混乱（パニック）を起こし、自傷行為等に至ってしまう
○ このため、最重度の障害者であって重度訪問介護を利用している者に対し、入院中の医療機関においても、利用者の状態などを熟知しているヘルパーを引き続き利用し、そのニーズを的確に医療従事者に伝達する等の支援を行うことができることとする。

訪問先拡大の対象者
○ 日常的に重度訪問介護を利用している最重度の障害者であって、医療機関に入院した者
　※障害支援区分6の者を対象とする予定
　※通院については現行制度の移動中の支援として、既に対応

訪問先での支援内容
○ 利用者ごとに異なる特殊な介護方法（例：体位交換）について、医療従事者などに的確に伝達し、適切な対応につなげる。
○ 強い不安や恐怖等による混乱（パニック）を防ぐための本人に合った環境や生活習慣を医療従事者に伝達し、病室等の環境調整や対応の改善につなげる。

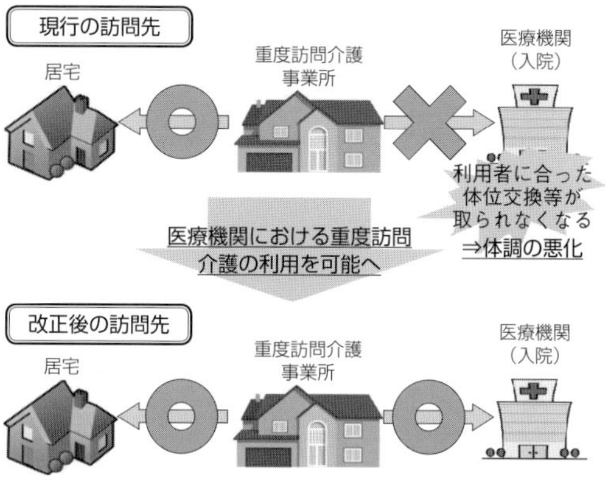

資料　厚生労働省

の移行をさらに促進させるための取組みを進めるべきであるとされています。また、就業に伴う生活面での課題等を抱える障害者が早期に離職することのないよう、就労定着に向けた支援を強化するための取組みを進めるべきであるとされています。

改正のポイント

就労に向けた一定の支援を受けて通常の事業所に新たに雇用された障害者について、一定の期間にわたり、その事業所での就労の継続を図るために必要な事業主、障害福祉サービス事業を行う者、医療機関等との連絡調整等の便宜を供与する「就労定着支援」が創設されます（第5条第15項➡30頁）（図4）。

図4 就労定着に向けた支援を行う新たなサービス（就労定着支援）の創設

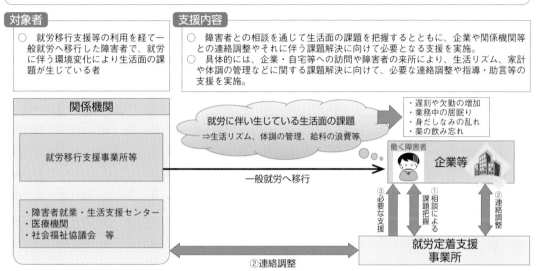

資料　厚生労働省

❸ ▶ 自立生活援助の創設

　障害者の地域生活・地域移行の「受け皿」として重要なグループホームについては、全国で整備が進められ、2015（平成27）年4月時点で約10万人が利用しています。平成29年度のサービス見込量は約12万人であり、必要な者が利用できるよう、サービス量を確保していく必要があります。また、重度の障害者が適切な支援を受けながらグループホームで生活している事例もあり、利用者の重度化・高齢化への対応を進めていく必要があります。

　入院中の精神障害者に対して退院後の住みたい場所について質問したところ、24％が一人暮らし、8％がグループホームと回答しており、希望退院先としてグループホームだけでなく自宅や民間賃貸住宅での「一人暮らし」を希望する障害者も多くなっています。一方で、グループホームには、障害支援区分の区分なし（非該当）、区分1・区分2の者も多く入居しています。こうしたなか、「地域移行＝グループホーム」との考え方に疑問を呈する指摘や、「一人暮らし」に向けた支援を検討すべきとの指摘があります。

> **改正のポイント**

　施設入所支援又は共同生活援助を受けていた障害者等が居宅における自立した日常生活を営む上での問題について、一定の期間にわたり、定期的な巡回訪問により、又は随時通報を受け、障害者からの相談に応じ、必要な情報の提供及び助言等の援助を行う「自立生活援助」が創設されます（第5条第16項➡30頁）（図5）。

❹ 指定事務受託法人制度の創設

　障害福祉サービス事業所が提供するサービスの質の確保・向上に向け、自治体が実施する障害福祉サービス事業所等への指導事務を効果的・効率的に実施できるよう、介護保険制度における指定事務受託法人制度を参考としつつ、当該事務を適切に実施することができると認められる民間法人への委託を可能とすべきであるとされています。

> **改正のポイント**

　障害者等及び障害福祉サービス等を行う者その他の者に対して市町村又は都道府県が行う自立支援給付に関する質問について、都道府県知事が指定する法人に委託することができます（第11条の2➡34頁）（図6）。

❺ 国民健康保険団体連合会への給付費の審査の委託

　市町村による給付費の審査をより効果的・効率的に実施できるよう、現在支払事務を委託している国民健康保険団体連合会について、審査を支援する機能を強化すべきであるとされています。また、制度に対する理解促進や不正請求の防止等の観点から、市町村から利用者に対し、サービス内容や金額を通知するなどの取組みを推進すべきであるとされています。

> **改正のポイント**

　介護給付費、訓練等給付費、地域相談支援給付費及び計画相談支援給付費等の請求があったときに市町村が行う審査について、国民健康保険団体連合会に委託することができます（第29条第7項➡41頁、第51条の14第7項➡56頁、第51条の17第6項➡57頁）（図6）。

図5　地域生活を支援する新たなサービス（自立生活援助）の創設

- 障害者が安心して地域で生活することができるよう、グループホーム等地域生活を支援する仕組みの見直しが求められているが、集団生活ではなく賃貸住宅等における一人暮らしを希望する障害者のなかには、知的障害や精神障害により理解力や生活力等が十分ではないために一人暮らしを選択できない者がいる。
- このため、障害者支援施設やグループホーム等から一人暮らしへの移行を希望する知的障害者や精神障害者などについて、本人の意思を尊重した地域生活を支援するため、一定の期間にわたり、定期的な巡回訪問や随時の対応により、障害者の理解力、生活力等を補う観点から、適時のタイミングで適切な支援を行うサービスを新たに創設する（「自立生活援助」）。

対象者
- 障害者支援施設やグループホーム等を利用していた障害者で一人暮らしを希望する者等

支援内容
- 定期的に利用者の居宅を訪問し、
  ・食事、洗濯、掃除などに課題はないか
  ・公共料金や家賃に滞納はないか
  ・体調に変化はないか、通院しているか
  ・地域住民との関係は良好か
  などについて確認を行い、必要な助言や医療機関等との連絡調整を行う。
- 定期的な訪問だけではなく、利用者からの相談・要請があった際は、訪問、電話、メール等による随時の対応も行う。

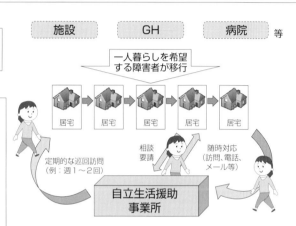

資料　厚生労働省

図6　自治体による調査事務・審査事務の効率化

- 障害者自立支援法の施行から10年が経過し、障害福祉サービス等の事業所数や利用者数は大きく増加しており、自治体による調査事務や審査事務の業務量が大幅に増加している。
  ※請求事業所数：平成22年4月　48,300事業所　→　平成27年4月　90,990事業所
  ※利用者数　　：平成22年4月　570,499人　　→　平成27年4月　906,504人
- このため、自治体による調査事務や審査事務を効率的に実施できるよう、これらの事務の一部を委託可能とするために必要な規定を整備する。

①調査事務の効率化
- 自治体の事務のうち、公権力の行使に当たらない「質問」や「文書提出の依頼」等について、これらの事務を適切に実施することができるものとして都道府県知事が指定する民間法人に対し、業務委託を可能とする。
  ※　介護保険制度では、既に同様の制度が導入されている。

指導監査事務
①立入検査・命令・質問の対象者の選定
②立入検査
③報告・物件提示の命令
④質問や文書提出の依頼

引き続き自治体が実施

業務委託を可能とする

指定事務受託法人
（都道府県知事が指定）
事務処理能力や役職員の構成等を踏まえ、文書提出の依頼や質問等の事務を適切かつ公正に実施可能な法人

②審査事務の効率化
- 市町村が実施する障害福祉サービスの給付費の「審査・支払」事務について、現在、「支払」を委託している国民健康保険団体連合会に、「審査」も委託することができることとする。
  ※　現在、国保連では、「支払」を行う際に、必要な「点検」も併せて行っているが、今後、点検項目の精緻化等を図ることにより、審査として効果的・効率的に実施できるようにすることを検討。

資料　厚生労働省

❻ 補装具費の支給範囲の拡大

補装具については、効果的・効率的な支給に向け、実態の把握を行うとともに、購入を基本とする原則を堅持しつつ、成長に伴って短期間で取り替えなければならない障害児の場合など、個々の状態に応じて貸与の活用も可能とすることや、医療とも連携した相談支援の体制整備等を進めるべきであるとされています。

改正のポイント

補装具の借受けによることが適当である場合に、その借受けに要する費用についても補装具費が支給されます（第76条第1項➡72頁）（図7）。

図7 補装具費の支給範囲の拡大（貸与の追加）

○ 補装具費については、身体障害者の身体機能を補完・代替する補装具の「購入」に対して支給されているが、成長に伴って短期間での交換が必要となる障害児など、「購入」より「貸与」の方が利用者の便宜を図ることが可能な場合がある。
○ このため、「購入」を基本とする原則は維持した上で、障害者の利便に照らして「貸与」が適切と考えられる場合に限り、新たに補装具費の支給の対象とする。

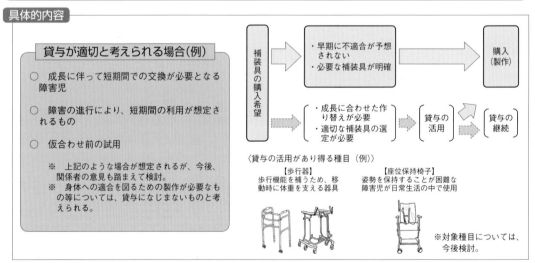

資料　厚生労働省

❼ 高額障害福祉サービス等給付費の支給対象の拡大

第7条（➡33頁）に基づく介護保険優先原則については、公費負担の制度よりも社会保険制度の給付を優先するという社会保障制度の原則に基づいています。この原則の下では、サービス内容や機能から、介護保険サービスには相当するものがない障害福祉サービス固有のものと認められるサービスについては、給付を受けることが可能となっています。

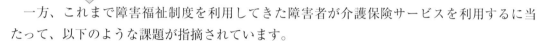

一方、これまで障害福祉制度を利用してきた障害者が介護保険サービスを利用するに当たって、以下のような課題が指摘されています。

- 介護保険サービスを利用する場合、これまで利用していた障害福祉サービス事業所とは別の事業所を利用することになる場合がある。
- 障害福祉制度の利用者負担は、これまでの軽減措置によって介護保険制度の利用者負担上限と異なっていることから、介護保険サービスを利用する場合、介護保険制度の利用者負担が生じる。
- 障害福祉サービスについて市町村において適当と認める支給量が、介護保険の区分支給限度基準額の制約等から介護保険サービスのみによって確保することができない場合は、障害福祉制度による上乗せ支給がなされる取扱いとされているが、自治体によっては、障害福祉サービスの上乗せが十分に行われず、介護保険サービスの利用に伴って支給量が減少する要因となっている。

障害福祉サービスと介護保険サービスを併給する事例や、高齢化に伴い、障害者を支援する親が要介護者となる事例など、障害福祉制度と介護保険制度の緊密な連携が必要となっています。

改正のポイント

65歳に達する前に長期間にわたり障害福祉サービス（介護保険法（平成9年法律第123号）の介護給付等対象サービスに相当するものとして政令で定めるものに限ります。）に係る支給決定を受けていた障害者であって、同法の介護給付等対象サービス（障害福祉サービスに相当するものとして政令で定めるものに限ります。）を受けているもののうち、その障害者の所得の状況及び障害の程度その他の事情を勘案して政令で定めるものに対し、高額障害福祉サービス等給付費が支給されます（第76条の2第1項➡73頁）（図8）。

図8　高齢障害者の介護保険サービスの円滑な利用

○ 障害福祉サービスに相当するサービスが介護保険法にある場合は、介護保険サービスの利用が優先されることになっている。高齢障害者が介護保険サービスを利用する場合、障害福祉制度と介護保険制度の利用者負担上限が異なるために利用者負担（1割）が新たに生じることや、これまで利用していた障害福祉サービス事業所とは別の介護保険事業所を利用することになる場合があることといった課題が指摘されている。

○ このため、65歳に至るまで相当の長期間にわたり障害福祉サービスを利用していた一定の高齢障害者に対し、介護保険サービスの利用者負担が軽減されるよう障害福祉制度により利用者負担を軽減（償還）する仕組みを設け、障害福祉サービス事業所が介護保険事業所になりやすくする等の見直しを行い、介護保険サービスの円滑な利用を促進する。

具体的内容

○ 一定の高齢障害者に対し、一般高齢者との公平性を踏まえ、介護保険サービスの利用者負担を軽減（償還）できる仕組みを設ける。

【対象者】
・65歳に至るまで相当の長期間にわたり障害福祉サービスを受けていた障害者
・障害福祉サービスに相当する介護保険サービスを利用する場合
・一定程度以上の障害支援区分
・低所得者

（具体的な要件は、今後政令で定める。）

※ この他、障害福祉サービス事業所が介護保険事業所になりやすくする等の見直しを行い、介護保険サービスの円滑な利用を促進する。

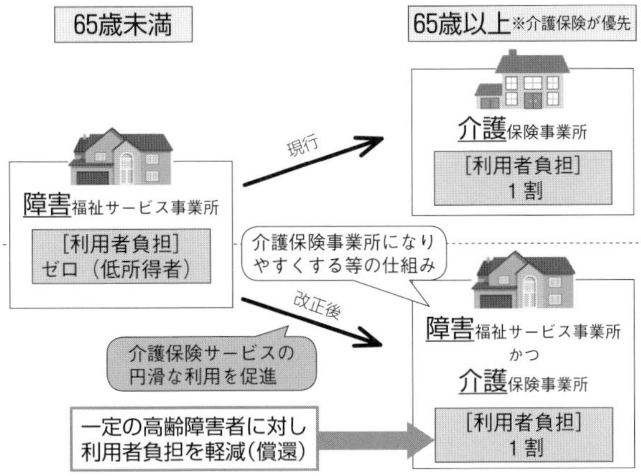

注　介護保険サービスの利用者負担は、一定以上所得者については2割
資料　厚生労働省（一部改変）

❽ 障害福祉サービス提供者の情報公表制度の創設

障害福祉サービスの利用者が多様化するとともに、サービスを提供する事業所数も大幅に増加しているなか、利用者が個々のニーズに応じた良質なサービスを選択できるような仕組みや、事業者が提供するサービスの質の確保・向上を図る取組みが重要となります。特に、サービスの質の確保に当たっては、情報の透明性の確保や適正な執行の確保が重要な課題となっています。例えば、実地指導について、施設は2年に1度、その他のサービス事業所は3年に1度行うこととされていますが、自治体間で実施率に開きがあり、実施率の向上が課題となっています。

利用者が、個々のニーズに応じた良質なサービスを選択できるよう、介護保険や子ども・子育て支援制度を参考としつつ、サービス事業所の情報（例えば、事業所の事業内容、職員体制、第三者評価の状況等）を公表する仕組みを設けるべきであるとされています。

改正のポイント

障害福祉サービス等の内容及び障害福祉サービス等を提供する事業者又は施設の運営状況

に関する情報であって、障害者等が適切かつ円滑に障害福祉サービス等を利用する機会を確保するために公表されることが適当な情報について、都道府県知事は、事業者又は施設からの報告に基づき、その内容を公表しなければなりません（第76条の3 ➡73頁）（図9）。

図9　障害福祉サービス等の情報公表制度の創設

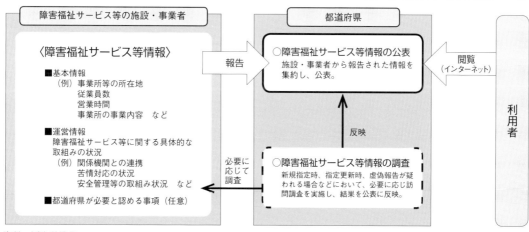

資料　厚生労働省

2　児童福祉法

❶ 居宅訪問型児童発達支援の創設

　障害児支援については、2012（平成24）年の児童福祉法改正において、障害児や家族にとって身近な地域で必要な発達支援を受けられるよう、障害種別ごとに分かれていた障害児の給付体系が通所・入所の利用形態別に一元化されるとともに、放課後等デイサービスや保育所等訪問支援が創設されました。

　しかし、重度の障害や疾病等により外出が困難であるために在宅で生活する障害児に対する発達支援については、必ずしも十分に届いていない状況にあります。

改正のポイント

　重度の障害の状態にある障害児等であって、児童発達支援等を受けるために外出することが著しく困難なものについて、居宅を訪問し、日常生活における基本的な動作の指導等の便宜を供与する「居宅訪問型児童発達支援」が創設されます（第6条の2の2第5項➡100頁）（図10）。

図10　居宅訪問により児童発達支援を提供するサービスの創設

○　障害児支援については、一般的には複数の児童が集まる通所による支援が成長にとって望ましいと考えられるため、これまで通所支援の充実を図ってきたが、現状では、重度の障害等のために外出が著しく困難な障害児に発達支援を受ける機会が提供されていない。

○　このため、重度の障害等の状態にある障害児であって、障害児通所支援を利用するために外出することが著しく困難な障害児に発達支援が提供できるよう、障害児の居宅を訪問して発達支援を行うサービスを新たに創設する（「居宅訪問型児童発達支援」）。

【対象者】
○　重症心身障害児などの重度の障害等であって、児童発達支援等の障害児通所支援を受けるために外出することが著しく困難な障害児

【支援内容】
○　障害児の居宅を訪問し、日常生活における基本的な動作の指導、知識技能の付与等の支援を実施
【具体的な支援内容の例】
・手先の感覚と脳の認識のずれを埋めるための活動
・絵カードや写真を利用した言葉の理解のための活動

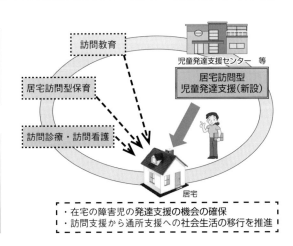

資料　厚生労働省

❷ 保育所等訪問支援の支援対象の拡大

　保育所や放課後児童クラブにおける障害児の受入れについては、例えば、障害児を受け入れる放課後児童クラブに対して、専門的知識等を有する放課後児童支援員等を配置するために必要な経費について補助を行うことなどにより、年々着実に進んでおり（約2万8000人（2014（平成26）年5月））、また、乳児院や児童養護施設等の児童福祉施設に入所する障害児数が増加するなど、一般施策等における対応が拡大しています。

改正のポイント

　保育所等訪問支援を利用することができる者として、乳児院や児童養護施設に入所する障害児が加えられます（第6条の2の2第6項➡100頁）（図11）。

図11　保育所等訪問支援の支援対象の拡大

- 乳児院や児童養護施設の入所者に占める障害児の割合は3割程度となっており、職員による支援に加えて、発達支援に関する専門的な支援が求められている。（乳児院：28.2％、児童養護施設：28.5％／平成24年度）
- このため、保育所等訪問支援の対象を乳児院や児童養護施設に入所している障害児に拡大し、障害児本人に対して他の児童との集団生活への適応のための専門的な支援を行うとともに、当該施設の職員に対して障害の特性に応じた支援内容や関わり方についての助言等を行うことができることとする。

【対象者の拡大】
- 乳児院、児童養護施設に入所している障害児を対象者として追加

　※現在の対象者は、以下の施設に通う障害児
　・保育所、幼稚園、小学校　等
　・その他児童が集団生活を営む施設として、地方自治体が認めるもの
　　（例：放課後児童クラブ）

【支援内容】
- 児童が集団生活を営む施設を訪問し、他の児童との集団生活への適応のための専門的な支援等を行う。
①障害児本人に対する支援（集団生活適応のための訓練等）
②訪問先施設のスタッフに対する支援（支援方法等の指導等）

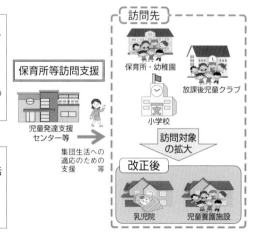

資料　厚生労働省

❸ 障害児福祉計画の作成

障害福祉計画については、障害児支援に関するサービスの必要量の見込み等について記載するよう努めることとされています。

⬇

障害児のニーズに的確に応える観点から、障害福祉サービスと同様に、都道府県・市町村において、障害児支援のニーズ等の把握・分析等を踏まえ、障害児支援に関するサービスの必要量の見込み等について、計画に記載すべきであるとされています。

改正のポイント

厚生労働大臣は、障害児通所支援等の円滑な実施を確保するための基本的な指針を定め、市町村及び都道府県は、その指針に即して、障害児通所支援等の提供体制の確保その他障害児通所支援等の円滑な実施に関する計画（障害児福祉計画）を定めるものとされます。

なお、障害児福祉計画は、障害福祉計画と一体のものとして作成することができます。

また、特定の障害児通所支援事業者及び障害児入所施設の指定について、都道府県が定める区域における支援の量が都道府県の障害児福祉計画で定める必要量に達しているとき等は、都道府県知事は、指定申請について指定をしないことができます（第21条の5の15第2項及び第5項➡107・109頁、第24条の9第1項及び第2項➡119頁、第33条の19から第33条の25まで➡140〜143頁）（図12）。

❹ 医療的ケア児に対する各種支援の連携

医療技術の進歩等を背景として、NICU等に長期間入院した後、引き続き人工呼吸器や胃ろう等を使用し、たんの吸引や経管栄養などの医療的ケアが必要な障害児（医療的ケア児）が増加しています。

このような医療的ケア児が在宅生活を継続していこうとする場合、その心身の状況に応じて、保健、医療及び障害福祉だけでなく、保育、教育等における支援も重要であり、また、当事者及びその保護者等が安心して必要な支援を受けるためには、関係行政機関や関係する事業所等が「利用者目線」で緊密に連携して対応することが求められます。

改正のポイント

地方公共団体は、人工呼吸器を装着している障害児その他の日常生活を営むために医療を要する状態にある障害児（医療的ケア児）が、その心身の状況に応じた適切な保健、医療、障害福祉、保育、教育などの関連分野の各支援を受けられるよう、これらの支援を行う機関との連絡調整を行うための体制の整備に関し、必要な措置を講ずるように努めなければなりません（第56条の6第2項➡151頁）（図13）。

図12　障害児のサービス提供体制の計画的な構築

○ 児童福祉法に基づく障害児通所・入所支援などについて、サービスの提供体制を計画的に確保するため、都道府県及び市町村において障害児福祉計画を策定する等の見直しを行う。

※ 現在、障害者総合支援法に基づく障害福祉サービスについては、サービスの提供体制を計画的に確保するため、都道府県及び市町村が障害福祉計画を策定し、サービスの種類ごとの必要な量の見込みや提供体制の確保に係る目標等を策定。

具体的内容

【基本指針】
○ 厚生労働大臣は、障害児通所・入所支援、障害児相談支援の提供体制の整備や円滑な実施を確保するための基本的な指針を定める。

【障害児福祉計画】
○ 市町村・都道府県は、基本指針に即して、障害児福祉計画を策定する。

（市町村障害児福祉計画）
・障害児通所支援や障害児相談支援の提供体制の確保に係る目標に関する事項
・各年度の自治体が指定する障害児通所支援や障害児相談支援の種類ごとの必要な量の見込み

（都道府県障害児福祉計画）
・障害児通所・入所支援、障害児相談支援の提供体制の確保に係る目標に関する事項
・都道府県が定める区域ごとに、当該区域における各年度の自治体が指定する障害児通所支援や障害児相談支援の種類ごとの必要な量の見込み
・各年度の障害児入所施設の必要入所定員総数

※上記の基本指針、市町村障害児福祉計画、都道府県障害児福祉計画は、障害者総合支援法に基づく基本指針、市町村障害福祉計画、都道府県障害福祉計画と一体のものとして策定することができる。

○ 放課後等デイサービス等の障害児通所支援や障害児入所支援については、都道府県障害児福祉計画の達成に支障を生ずるおそれがあると認めるとき（計画に定めるサービスの必要な量に達している場合等）、都道府県は事業所等の指定をしないことができる。

資料　厚生労働省

図13　医療的ケアを要する障害児に対する支援

○ 医療技術の進歩等を背景として、NICU等に長期間入院した後、引き続き人工呼吸器や胃ろう等を使用し、たんの吸引や経管栄養などの医療的ケアが必要な障害児（医療的ケア児）が増加している。

○ このため、医療的ケア児が、地域において必要な支援を円滑に受けることができるよう、地方公共団体は保健、医療、福祉その他の各関連分野の支援を行う機関との連絡調整を行うための体制の整備について必要な措置を講ずるよう努めることとする。

※ 施策例：都道府県や市町村による関係機関の連携の場の設置、技術・知識の共有等を通じた医療・福祉等の連携体制の構築

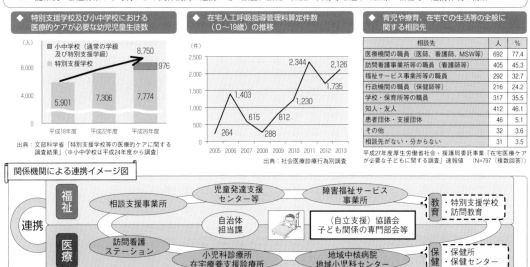

資料　厚生労働省

医療的ケア児に関する地域のニーズや地域資源を把握し、必要な福祉的な支援に向けて計画的に体制を整備していくことが重要です。これまで、障害児についての支援体制を計画的に整備するため、障害福祉計画において必要な記載に努めるよう基本指針（「障害福祉サービス及び相談支援並びに市町村及び都道府県の地域生活支援事業の提供体制の整備並びに自立支援給付及び地域生活支援事業の円滑な実施を確保するための基本的な指針」（平成18年厚生労働省告示第395号））において示されてきましたが、2018（平成30）年4月より、児童福祉法に基づき定められる基本指針に即して障害児福祉計画が策定されます。
　今後は、これらを活用して、医療的ケア児の支援の体制の確保が図られます。
　特に、医療的ケア児を受け入れることができる短期入所や児童発達支援を必要としている医療的ケア児のための障害児通所支援等の確保が重要となります。

❺▶その他の改正
　①指定事務受託法人制度の創設（第57条の3の4➡153頁）、②国民健康保険団体連合会への給付費の審査の委託（第56条の5の2➡150頁）、③サービス提供者の情報公表制度の創設（第33条の18➡139頁）については、障害者総合支援法と同様の改正が行われます（➡10・14頁）。

(参 考)
◎障害者の日常生活及び社会生活を総合的に支援するための法律及び児童福祉法の一部を改正する法律案に対する附帯決議

(平成28年5月24日 参議院厚生労働委員会)

政府は、本法の施行に当たり、次の事項について適切な措置を講ずるべきである。

一、障害者の介護保険サービス利用に伴う利用者負担の軽減措置については、その施行状況を踏まえつつ、障害者が制度の谷間に落ちないために、その在り方について必要な見直しを検討するとともに、軽減措置の実施に当たっては、一時払いへの対応が困難な低所得者への配慮措置を講ずること。また、障害福祉制度と介護保険制度の趣旨を尊重し、障害者が高齢になってもニーズに即した必要なサービスを円滑に受けられることが重要との観点から、介護保険優先原則の在り方については、障害者の介護保険サービス利用の実態を踏まえつつ、引き続き検討すること。

二、入院中における医療機関での重度訪問介護については、制度の施行状況を踏まえ、個々の障害者の支援のニーズにも配慮しつつ、対象者の拡大等も含め、その利用の在り方について検討すること。また、障害者が入院中に安心して適切な医療を受けることができるよう、看護補助者の配置の充実等、病院におけるケアの充実に向けた方策を検討すること。

三、自立生活援助については、親元等からの一人暮らしを含む、一人暮らしを希望する障害者が個別の必要性に応じて利用できるようにするとともに、関係機関との緊密な連携の下、他の支援策とのつながりなど個々の障害者の特性に応じた適時適切な支援が行われるような仕組みとすること。また、既に一人暮らしをしている障害者も対象にすることを検討すること。

四、障害者が自立した生活を実現することができるよう、就労移行支援や就労継続支援について、適切なジョブマッチングを図るための仕組みを講じ、一般就労への移行促進、退職から再就職に向けた支援、工賃及び賃金の引上げに向けた取組をより一層促進すること。また、就労定着支援の実施に当たっては、労働施策との連携を十分に図るとともに、事業所や家族との連絡調整等を緊密に行いつつ、個々の障害者の実態に即した適切な支援が実施されるよう指導を徹底すること。

五、障害者の雇用継続・職場定着において、関係機関を利用したり、協力を求めたりしたことのある事業所の割合を高めるよう、事業所を含めた関係機関同士の連携をより図るための施策について、障害者を中心とした視点から検討を加えること。

六、障害者が事業所において欠くべからざる存在となることが期待されており、そのために重要な役割を担っているジョブコーチや障害者職業生活相談員の質の向上が求められることから、より専門性の高い人材の養成・研修について検討すること。

七、障害者が持つ障害の程度は個人によって異なるため、就労を支援する上では主治医や産業医等の産業保健スタッフの役割が重要であることに鑑み、障害者の主治医及び産業保健スタッフに対する障害者雇用に関する研修について必要な検討を行うこと。

八、通勤・通学を含む移動支援については、障害者等の社会参加の促進や地域での自立した生活を支える上で重要であるとの認識の下、教育施策や労働施策と連携するとともに、個別給付化を含め検討すること。あわせて、「障害を理由とする差別の解消の推進に関する法律」の施行状況等を勘案しつつ、モデル事業を実施するなど利用者のニーズに応じたきめ細かな支援の充実策を検討し、必要な措置を講ずること。

九、障害支援区分の認定を含めた支給決定については、支援を必要とする障害者本人の意向を尊重することが重要との観点から、利用者の意向や状況等をより適切に反映するための支給決定の在り方について、引き続き検討を行い、必要な措置を講ずること。あわせて、障害支援区分の課題を把握した上で必要な改善策を早急に講ずること。

十、障害者の意思決定の選択に必要な情報へのアクセスや選択内容の伝達が適切になされるよう、意思決定に必要な支援の在り方について、引き続き検討し、必要な措置を講ずること。また、「親亡き後」への備えを含め、成年後見制度の適切な利用を促進するための取組を推進すること。

十一、精神障害者の地域移行や地域定着の推進に向けて、医療保護入院の在り方、地域移行を促進するための措置の在り方、退院等に関する精神障害者の意思決定、意思表明支援の在り方等について早急に検討し、必要な措置を講ずること。また、相談支援、アウトリーチ支援、ピアサポートの活用等の取組をより一層推進すること。

十二、障害児福祉計画の策定に当たっては、保育所、幼稚園等における障害児の受入れ状況や障害福祉計画との整合性に留意しつつ十分な量を確保するとともに、質の向上も含めた総合的な支援が計画的に行われるよう配慮すること。

十三、障害者等の家族を支援するため、専門家等による相談・助言体制の拡充及びレスパイトケア等の支援策の充実を図ること。また、障害児のきょうだい等が孤立することのないよう、心のケアも含めた支援策の充実を図ること。

十四、「障害者の日常生活及び社会生活を総合的に支援するための法律」の対象疾病については、医学や医療の進歩、指定難病に関する検討状況等を踏まえ、更なる拡充を図るなど、障害福祉サービスを必要とする者が十分なサービスを受けることができるよう、引き続き、必要な措置を講ずること。

十五、平成30年度に予定されている障害福祉サービス等報酬改定に当たっては、安定財源を確保しつつ障害福祉従事者の賃金を含めた処遇改善、キャリアパスの確立、労働環境改善、人材の参入及び定着、専門性向上等による人材の質の確保等に十分に配慮して検討すること。

十六、災害発生時において障害者等が安全にかつ安心して避難することができるよう、個々の障害の特性に対応した福祉避難所の拡充及び専門的知識を有する人材の確保、養成を図ること。また、福祉避難所が十分に機能するよう、福祉避難所の周知に努めるとともに、日常からの避難訓練の実施、避難することが困難な障害者等の把握及びその支援方法等について早急に検討すること。さらに、障害者が一般避難所を利用できるよう施設の整備等に努めるとともに、災害で入院した重度障害者等へのヘルパーの付添い、災害時に閉所を余儀なくされた障害福祉事業所に対する支援などの緊急措置を、関係法令にあらかじめ明記することを検討すること。

十七、施行後3年の見直しの議論に当たっては、障害者の権利に関する条約の理念に基づき、障害種別を踏まえた当事者の参画を十分に確保すること。また、同条約に基づき、障害者が障害のない者と平等に地域社会で生活する権利を有することを前提としつつ、社会的入院等を解消し、地域移行を促進するためのプログラムを策定し、その計画的な推進のための施策を講ずること。

　右決議する。

第2編
障害者総合支援法・児童福祉法の改正後条文

※本編に掲載されている条文中、アミがかかっている箇所は、平成28年6月3日法律第65号「障害者の日常生活及び社会生活を総合的に支援するための法律及び児童福祉法の一部を改正する法律」によって改正されたことを示しています。

●障害者の日常生活及び社会生活を総合的に支援するための法律

〔平成17年11月7日
法律第123号〕

注 平成28年6月3日法律第65号改正現在
（平成30年4月1日施行分改正後条文）

目次 　　　　　　　　　　　　　　　　　　　　　　　　　　　　　　　　頁
　第1章　総則（第1条―第5条）……………………………………………27
　第2章　自立支援給付
　　第1節　通則（第6条―第14条）…………………………………………32
　　第2節　介護給付費、特例介護給付費、訓練等給付費、特例訓練等
　　　　　　給付費、特定障害者特別給付費及び特例特定障害者特別給
　　　　　　付費の支給
　　　第1款　市町村審査会（第15条―第18条）……………………………35
　　　第2款　支給決定等（第19条―第27条）………………………………35
　　　第3款　介護給付費、特例介護給付費、訓練等給付費及び特例訓
　　　　　　　練等給付費の支給（第28条―第31条）………………………39
　　　第4款　特定障害者特別給付費及び特例特定障害者特別給付費の
　　　　　　　支給（第32条―第35条）………………………………………42
　　　第5款　指定障害福祉サービス事業者及び指定障害者支援施設等
　　　　　　　（第36条―第51条）……………………………………………43
　　　第6款　業務管理体制の整備等（第51条の2―第51条の4）………51
　　第3節　地域相談支援給付費、特例地域相談支援給付費、計画相談
　　　　　　支援給付費及び特例計画相談支援給付費の支給
　　　第1款　地域相談支援給付費及び特例地域相談支援給付費の支給
　　　　　　　（第51条の5―第51条の15）…………………………………53
　　　第2款　計画相談支援給付費及び特例計画相談支援給付費の支給
　　　　　　　（第51条の16―第51条の18）…………………………………56
　　　第3款　指定一般相談支援事業者及び指定特定相談支援事業者
　　　　　　　（第51条の19―第51条の30）…………………………………58
　　　第4款　業務管理体制の整備等（第51条の31―第51条の33）………63
　　第4節　自立支援医療費、療養介護医療費及び基準該当療養介護医
　　　　　　療費の支給（第52条―第75条）…………………………………65
　　第5節　補装具費の支給（第76条）………………………………………72
　　第6節　高額障害福祉サービス等給付費の支給（第76条の2）………73
　　第7節　情報公表対象サービス等の利用に資する情報の報告及び公

　　　　表（第76条の3） ……………………………………………………………… 73
　第3章　地域生活支援事業（第77条―第78条） ………………………………… 74
　第4章　事業及び施設（第79条―第86条） ……………………………………… 76
　第5章　障害福祉計画（第87条―第91条） ……………………………………… 79
　第6章　費用（第92条―第96条） ………………………………………………… 82
　第7章　国民健康保険団体連合会の障害者総合支援法関係業務（第96
　　　　条の2―第96条の4） ……………………………………………………… 83
　第8章　審査請求（第97条―第105条） …………………………………………… 84
　第9章　雑則（第105条の2―第108条） ………………………………………… 85
　第10章　罰則（第109条―第115条） ……………………………………………… 86
附則

第1章　総則

（目的）

第1条　この法律は、障害者基本法（昭和45年法律第84号）の基本的な理念にのっとり、身体障害者福祉法（昭和24年法律第283号）、知的障害者福祉法（昭和35年法律第37号）、精神保健及び精神障害者福祉に関する法律（昭和25年法律第123号）、児童福祉法（昭和22年法律第164号）その他障害者及び障害児の福祉に関する法律と相まって、障害者及び障害児が基本的人権を享有する個人としての尊厳にふさわしい日常生活又は社会生活を営むことができるよう、必要な障害福祉サービスに係る給付、地域生活支援事業その他の支援を総合的に行い、もって障害者及び障害児の福祉の増進を図るとともに、障害の有無にかかわらず国民が相互に人格と個性を尊重し安心して暮らすことのできる地域社会の実現に寄与することを目的とする。

（基本理念）

第1条の2　障害者及び障害児が日常生活又は社会生活を営むための支援は、全ての国民が、障害の有無にかかわらず、等しく基本的人権を享有するかけがえのない個人として尊重されるものであるとの理念にのっとり、全ての国民が、障害の有無によって分け隔てられることなく、相互に人格と個性を尊重し合いながら共生する社会を実現するため、全ての障害者及び障害児が可能な限りその身近な場所において必要な日常生活又は社会生活を営むための支援を受けられることにより社会参加の機会が確保されること及びどこで誰と生活するかについての選択の機会が確保され、地域社会において他の人々と共生することを妨げられないこと並びに障害者及び障害児にとって日常生活又は社会生活を営む上で障壁となるような社会における事物、制度、慣行、観念その他一切のものの除去に資することを旨として、総合的かつ計画的に行わなければならない。

（市町村等の責務）

第2条　市町村（特別区を含む。以下同じ。）は、この法律の実施に関し、次に掲げる責務を有する。

一　障害者が自ら選択した場所に居住し、又は障害者若しくは障害児（以下「障害者等」という。）が自立した日常生活又は社会生活を営むことができるよう、当該市町村の区域における障害者等の生活の実態を把握した上で、公共職業安定所その他の職業リハビリテーション（障害者の雇用の促進等に関する法律（昭和35年法律第123号）第2条第7号に規定する職業リハビリテーションをいう。以下同じ。）の措置を実施する機関、教育機関その他の関係機関との緊密な連携を図りつつ、必要な自立支援給付及び地域生活支援事業を総合的かつ計画的に行うこと。
二　障害者等の福祉に関し、必要な情報の提供を行い、並びに相談に応じ、必要な調査及び指導を行い、並びにこれらに付随する業務を行うこと。
三　意思疎通について支援が必要な障害者等が障害福祉サービスを円滑に利用することができるよう必要な便宜を供与すること、障害者等に対する虐待の防止及びその早期発見のために関係機関と連絡調整を行うことその他障害者等の権利の擁護のために必要な援助を行うこと。

2　都道府県は、この法律の実施に関し、次に掲げる責務を有する。
一　市町村が行う自立支援給付及び地域生活支援事業が適正かつ円滑に行われるよう、市町村に対する必要な助言、情報の提供その他の援助を行うこと。
二　市町村と連携を図りつつ、必要な自立支援医療費の支給及び地域生活支援事業を総合的に行うこと。
三　障害者等に関する相談及び指導のうち、専門的な知識及び技術を必要とするものを行うこと。
四　市町村と協力して障害者等の権利の擁護のために必要な援助を行うとともに、市町村が行う障害者等の権利の擁護のために必要な援助が適正かつ円滑に行われるよう、市町村に対する必要な助言、情報の提供その他の援助を行うこと。

3　国は、市町村及び都道府県が行う自立支援給付、地域生活支援事業その他この法律に基づく業務が適正かつ円滑に行われるよう、市町村及び都道府県に対する必要な助言、情報の提供その他の援助を行わなければならない。

4　国及び地方公共団体は、障害者等が自立した日常生活又は社会生活を営むことができるよう、必要な障害福祉サービス、相談支援及び地域生活支援事業の提供体制の確保に努めなければならない。

（国民の責務）
第3条　すべての国民は、その障害の有無にかかわらず、障害者等が自立した日常生活又は社会生活を営めるような地域社会の実現に協力するよう努めなければならない。

（定義）
第4条　この法律において「**障害者**」とは、身体障害者福祉法第4条に規定する身体障害者、知的障害者福祉法にいう知的障害者のうち18歳以上である者及び精神保健及び精神障害者福祉に関する法律第5条に規定する精神障害者（発達障害者支援法（平成16年法律第167号）第2条第2項に規定する発達障害者を含み、知的障害者福祉法にいう知的障害者を除く。以下「精神障害者」という。）のうち18歳以上である者並びに治療方法が確立し

ていない疾病その他の特殊の疾病であって政令で定めるものによる障害の程度が厚生労働大臣が定める程度である者であって18歳以上であるものをいう。

2　この法律において「**障害児**」とは、児童福祉法第4条第2項に規定する障害児をいう。

3　この法律において「**保護者**」とは、児童福祉法第6条に規定する保護者をいう。

4　この法律において「**障害支援区分**」とは、障害者等の障害の多様な特性その他の心身の状態に応じて必要とされる標準的な支援の度合を総合的に示すものとして厚生労働省令で定める区分をいう。

第5条　この法律において「**障害福祉サービス**」とは、居宅介護、重度訪問介護、同行援護、行動援護、療養介護、生活介護、短期入所、重度障害者等包括支援、施設入所支援、自立訓練、就労移行支援、就労継続支援、就労定着支援、自立生活援助及び共同生活援助をいい、「**障害福祉サービス事業**」とは、障害福祉サービス（障害者支援施設、独立行政法人国立重度知的障害者総合施設のぞみの園法（平成14年法律第167号）第11条第1号の規定により独立行政法人国立重度知的障害者総合施設のぞみの園が設置する施設（以下「のぞみの園」という。）その他厚生労働省令で定める施設において行われる施設障害福祉サービス（施設入所支援及び厚生労働省令で定める障害福祉サービスをいう。以下同じ。）を除く。）を行う事業をいう。

2　この法律において「**居宅介護**」とは、障害者等につき、居宅において入浴、排せつ又は食事の介護その他の厚生労働省令で定める便宜を供与することをいう。

3　この法律において「**重度訪問介護**」とは、重度の肢体不自由者その他の障害者であって常時介護を要するものとして厚生労働省令で定めるものにつき、居宅又はこれに相当する場所として厚生労働省令で定める場所における入浴、排せつ又は食事の介護その他の厚生労働省令で定める便宜及び外出時における移動中の介護を総合的に供与することをいう。

4　この法律において「**同行援護**」とは、視覚障害により、移動に著しい困難を有する障害者等につき、外出時において、当該障害者等に同行し、移動に必要な情報を提供するとともに、移動の援護その他の厚生労働省令で定める便宜を供与することをいう。

5　この法律において「**行動援護**」とは、知的障害又は精神障害により行動上著しい困難を有する障害者等であって常時介護を要するものにつき、当該障害者等が行動する際に生じ得る危険を回避するために必要な援護、外出時における移動中の介護その他の厚生労働省令で定める便宜を供与することをいう。

6　この法律において「**療養介護**」とは、医療を要する障害者であって常時介護を要するものとして厚生労働省令で定めるものにつき、主として昼間において、病院その他の厚生労働省令で定める施設において行われる機能訓練、療養上の管理、看護、医学的管理の下における介護及び日常生活上の世話の供与をいい、「**療養介護医療**」とは、療養介護のうち医療に係るものをいう。

7　この法律において「**生活介護**」とは、常時介護を要する障害者として厚生労働省令で定める者につき、主として昼間において、障害者支援施設その他の厚生労働省令で定める施設において行われる入浴、排せつ又は食事の介護、創作的活動又は生産活動の機会の提供その他の厚生労働省令で定める便宜を供与することをいう。

8 この法律において「**短期入所**」とは、居宅においてその介護を行う者の疾病その他の理由により、障害者支援施設その他の厚生労働省令で定める施設への短期間の入所を必要とする障害者等につき、当該施設に短期間の入所をさせ、入浴、排せつ又は食事の介護その他の厚生労働省令で定める便宜を供与することをいう。

9 この法律において「**重度障害者等包括支援**」とは、常時介護を要する障害者等であって、その介護の必要の程度が著しく高いものとして厚生労働省令で定めるものにつき、居宅介護その他の厚生労働省令で定める障害福祉サービスを包括的に提供することをいう。

10 この法律において「**施設入所支援**」とは、その施設に入所する障害者につき、主として夜間において、入浴、排せつ又は食事の介護その他の厚生労働省令で定める便宜を供与することをいう。

11 この法律において「**障害者支援施設**」とは、障害者につき、施設入所支援を行うとともに、施設入所支援以外の施設障害福祉サービスを行う施設（のぞみの園及び第1項の厚生労働省令で定める施設を除く。）をいう。

12 この法律において「**自立訓練**」とは、障害者につき、自立した日常生活又は社会生活を営むことができるよう、厚生労働省令で定める期間にわたり、身体機能又は生活能力の向上のために必要な訓練その他の厚生労働省令で定める便宜を供与することをいう。

13 この法律において「**就労移行支援**」とは、就労を希望する障害者につき、厚生労働省令で定める期間にわたり、生産活動その他の活動の機会の提供を通じて、就労に必要な知識及び能力の向上のために必要な訓練その他の厚生労働省令で定める便宜を供与することをいう。

14 この法律において「**就労継続支援**」とは、通常の事業所に雇用されることが困難な障害者につき、就労の機会を提供するとともに、生産活動その他の活動の機会の提供を通じて、その知識及び能力の向上のために必要な訓練その他の厚生労働省令で定める便宜を供与することをいう。

15 この法律において「**就労定着支援**」とは、就労に向けた支援として厚生労働省令で定めるものを受けて通常の事業所に新たに雇用された障害者につき、厚生労働省令で定める期間にわたり、当該事業所での就労の継続を図るために必要な当該事業所の事業主、障害福祉サービス事業を行う者、医療機関その他の者との連絡調整その他の厚生労働省令で定める便宜を供与することをいう。

16 この法律において「**自立生活援助**」とは、施設入所支援又は共同生活援助を受けていた障害者その他の厚生労働省令で定める障害者が居宅における自立した日常生活を営む上での各般の問題につき、厚生労働省令で定める期間にわたり、定期的な巡回訪問により、又は随時通報を受け、当該障害者からの相談に応じ、必要な情報の提供及び助言その他の厚生労働省令で定める援助を行うことをいう。

17 この法律において「**共同生活援助**」とは、障害者につき、主として夜間において、共同生活を営むべき住居において相談、入浴、排せつ又は食事の介護その他の日常生活上の援助を行うことをいう。

18 この法律において「**相談支援**」とは、基本相談支援、地域相談支援及び計画相談支援を

いい、「**地域相談支援**」とは、地域移行支援及び地域定着支援をいい、「**計画相談支援**」とは、サービス利用支援及び継続サービス利用支援をいい、「**一般相談支援事業**」とは、基本相談支援及び地域相談支援のいずれも行う事業をいい、「**特定相談支援事業**」とは、基本相談支援及び計画相談支援のいずれも行う事業をいう。

19　この法律において「**基本相談支援**」とは、地域の障害者等の福祉に関する各般の問題につき、障害者等、障害児の保護者又は障害者等の介護を行う者からの相談に応じ、必要な情報の提供及び助言を行い、併せてこれらの者と市町村及び第29条第2項に規定する指定障害福祉サービス事業者等との連絡調整（サービス利用支援及び継続サービス利用支援に関するものを除く。）その他の厚生労働省令で定める便宜を総合的に供与することをいう。

20　この法律において「**地域移行支援**」とは、障害者支援施設、のぞみの園若しくは第1項若しくは第6項の厚生労働省令で定める施設に入所している障害者又は精神科病院（精神科病院以外の病院で精神病室が設けられているものを含む。第89条第6項において同じ。）に入院している精神障害者その他の地域における生活に移行するために重点的な支援を必要とする者であって厚生労働省令で定めるものにつき、住居の確保その他の地域における生活に移行するための活動に関する相談その他の厚生労働省令で定める便宜を供与することをいう。

21　この法律において「**地域定着支援**」とは、居宅において単身その他の厚生労働省令で定める状況において生活する障害者につき、当該障害者との常時の連絡体制を確保し、当該障害者に対し、障害の特性に起因して生じた緊急の事態その他の厚生労働省令で定める場合に相談その他の便宜を供与することをいう。

22　この法律において「**サービス利用支援**」とは、第20条第1項若しくは第24条第1項の申請に係る障害者等又は第51条の6第1項若しくは第51条の9第1項の申請に係る障害者の心身の状況、その置かれている環境、当該障害者等又は障害児の保護者の障害福祉サービス又は地域相談支援の利用に関する意向その他の事情を勘案し、利用する障害福祉サービス又は地域相談支援の種類及び内容その他の厚生労働省令で定める事項を定めた計画（以下「**サービス等利用計画案**」という。）を作成し、第19条第1項に規定する支給決定（次項において「支給決定」という。）、第24条第2項に規定する支給決定の変更の決定（次項において「支給決定の変更の決定」という。）、第51条の5第1項に規定する地域相談支援給付決定（次項において「地域相談支援給付決定」という。）又は第51条の9第2項に規定する地域相談支援給付決定の変更の決定（次項において「地域相談支援給付決定の変更の決定」という。）（以下「**支給決定等**」と総称する。）が行われた後に、第29条第2項に規定する指定障害福祉サービス事業者等、第51条の14第1項に規定する指定一般相談支援事業者その他の者（次項において「関係者」という。）との連絡調整その他の便宜を供与するとともに、当該支給決定等に係る障害福祉サービス又は地域相談支援の種類及び内容、これを担当する者その他の厚生労働省令で定める事項を記載した計画（以下「**サービス等利用計画**」という。）を作成することをいう。

23　この法律において「**継続サービス利用支援**」とは、第19条第1項の規定により支給決定を受けた障害者若しくは障害児の保護者（以下「**支給決定障害者等**」という。）又は第51

条の5第1項の規定により地域相談支援給付決定を受けた障害者（以下「**地域相談支援給付決定障害者**」という。）が、第23条に規定する支給決定の有効期間又は第51条の8に規定する地域相談支援給付決定の有効期間内において継続して障害福祉サービス又は地域相談支援を適切に利用することができるよう、当該支給決定障害者等又は地域相談支援給付決定障害者に係るサービス等利用計画（この項の規定により変更されたものを含む。以下同じ。）が適切であるかどうかにつき、厚生労働省令で定める期間ごとに、当該支給決定障害者等の障害福祉サービス又は当該地域相談支援給付決定障害者の地域相談支援の利用状況を検証し、その結果及び当該支給決定に係る障害者等又は当該地域相談支援給付決定に係る障害者の心身の状況、その置かれている環境、当該障害者等又は障害児の保護者の障害福祉サービス又は地域相談支援の利用に関する意向その他の事情を勘案し、サービス等利用計画の見直しを行い、その結果に基づき、次のいずれかの便宜の供与を行うことをいう。

一　サービス等利用計画を変更するとともに、関係者との連絡調整その他の便宜の供与を行うこと。

二　新たな支給決定若しくは地域相談支援給付決定又は支給決定の変更の決定若しくは地域相談支援給付決定の変更の決定が必要であると認められる場合において、当該支給決定等に係る障害者又は障害児の保護者に対し、支給決定等に係る申請の勧奨を行うこと。

24　この法律において「**自立支援医療**」とは、障害者等につき、その心身の障害の状態の軽減を図り、自立した日常生活又は社会生活を営むために必要な医療であって政令で定めるものをいう。

25　この法律において「**補装具**」とは、障害者等の身体機能を補完し、又は代替し、かつ、長期間にわたり継続して使用されるものその他の厚生労働省令で定める基準に該当するものとして、義肢、装具、車いすその他の厚生労働大臣が定めるものをいう。

26　この法律において「**移動支援事業**」とは、障害者等が円滑に外出することができるよう、障害者等の移動を支援する事業をいう。

27　この法律において「**地域活動支援センター**」とは、障害者等を通わせ、創作的活動又は生産活動の機会の提供、社会との交流の促進その他の厚生労働省令で定める便宜を供与する施設をいう。

28　この法律において「**福祉ホーム**」とは、現に住居を求めている障害者につき、低額な料金で、居室その他の設備を利用させるとともに、日常生活に必要な便宜を供与する施設をいう。

第2章　自立支援給付

第1節　通則

（自立支援給付）

第6条　自立支援給付は、介護給付費、特例介護給付費、訓練等給付費、特例訓練等給付

費、特定障害者特別給付費、特例特定障害者特別給付費、地域相談支援給付費、特例地域相談支援給付費、計画相談支援給付費、特例計画相談支援給付費、自立支援医療費、療養介護医療費、基準該当療養介護医療費、補装具費及び高額障害福祉サービス等給付費の支給とする。

　（他の法令による給付等との調整）
第7条　自立支援給付は、当該障害の状態につき、介護保険法（平成9年法律第123号）の規定による介護給付、健康保険法（大正11年法律第70号）の規定による療養の給付その他の法令に基づく給付又は事業であって政令で定めるもののうち自立支援給付に相当するものを受け、又は利用することができるときは政令で定める限度において、当該政令で定める給付又は事業以外の給付であって国又は地方公共団体の負担において自立支援給付に相当するものが行われたときはその限度において、行わない。

　（不正利得の徴収）
第8条　市町村（政令で定める医療に係る自立支援医療費の支給に関しては、都道府県とする。以下「市町村等」という。）は、偽りその他不正の手段により自立支援給付を受けた者があるときは、その者から、その自立支援給付の額に相当する金額の全部又は一部を徴収することができる。

2　市町村等は、第29条第2項に規定する指定障害福祉サービス事業者等、第51条の14第1項に規定する指定一般相談支援事業者、第51条の17第1項第1号に規定する指定特定相談支援事業者又は第54条第2項に規定する指定自立支援医療機関（以下この項において「事業者等」という。）が、偽りその他不正の行為により介護給付費、訓練等給付費、特定障害者特別給付費、地域相談支援給付費、計画相談支援給付費、自立支援医療費又は療養介護医療費の支給を受けたときは、当該事業者等に対し、その支払った額につき返還させるほか、その返還させる額に100分の40を乗じて得た額を支払わせることができる。

3　前2項の規定による徴収金は、地方自治法（昭和22年法律第67号）第231条の3第3項に規定する法律で定める歳入とする。

　（報告等）
第9条　市町村等は、自立支援給付に関して必要があると認めるときは、障害者等、障害児の保護者、障害者等の配偶者若しくは障害者等の属する世帯の世帯主その他その世帯に属する者又はこれらの者であった者に対し、報告若しくは文書その他の物件の提出若しくは提示を命じ、又は当該職員に質問させることができる。

2　前項の規定による質問を行う場合においては、当該職員は、その身分を示す証明書を携帯し、かつ、関係人の請求があるときは、これを提示しなければならない。

3　第1項の規定による権限は、犯罪捜査のために認められたものと解釈してはならない。

第10条　市町村等は、自立支援給付に関して必要があると認めるときは、当該自立支援給付に係る障害福祉サービス、相談支援、自立支援医療、療養介護医療若しくは補装具の販売、貸与若しくは修理（以下「**自立支援給付対象サービス等**」という。）を行う者若しくはこれらを使用する者若しくはこれらの者であった者に対し、報告若しくは文書その他の物件の提出若しくは提示を命じ、又は当該職員に関係者に対して質問させ、若しくは当該

自立支援給付対象サービス等の事業を行う事業所若しくは施設に立ち入り、その設備若しくは帳簿書類その他の物件を検査させることができる。
2　前条第2項の規定は前項の規定による質問又は検査について、同条第3項の規定は前項の規定による権限について準用する。

（厚生労働大臣又は都道府県知事の自立支援給付対象サービス等に関する調査等）

第11条　厚生労働大臣又は都道府県知事は、自立支援給付に関して必要があると認めるときは、自立支援給付に係る障害者等若しくは障害児の保護者又はこれらの者であった者に対し、当該自立支援給付に係る自立支援給付対象サービス等の内容に関し、報告若しくは文書その他の物件の提出若しくは提示を命じ、又は当該職員に質問させることができる。

2　厚生労働大臣又は都道府県知事は、自立支援給付に関して必要があると認めるときは、自立支援給付対象サービス等を行った者若しくはこれらを使用した者に対し、その行った自立支援給付対象サービス等に関し、報告若しくは当該自立支援給付対象サービス等の提供の記録、帳簿書類その他の物件の提出若しくは提示を命じ、又は当該職員に関係者に対して質問させることができる。

3　第9条第2項の規定は前2項の規定による質問について、同条第3項の規定は前2項の規定による権限について準用する。

（指定事務受託法人）

第11条の2　市町村及び都道府県は、次に掲げる事務の一部を、法人であって厚生労働省令で定める要件に該当し、当該事務を適正に実施することができると認められるものとして都道府県知事が指定するもの（以下「**指定事務受託法人**」という。）に委託することができる。

一　第9条第1項、第10条第1項並びに前条第1項及び第2項に規定する事務（これらの規定による命令及び質問の対象となる者並びに立入検査の対象となる事業所及び施設の選定に係るもの並びに当該命令及び当該立入検査を除く。）

二　その他厚生労働省令で定める事務（前号括弧書に規定するものを除く。）

2　指定事務受託法人の役員若しくは職員又はこれらの職にあった者は、正当な理由なしに、当該委託事務に関して知り得た秘密を漏らしてはならない。

3　指定事務受託法人の役員又は職員で、当該委託事務に従事するものは、刑法（明治40年法律第45号）その他の罰則の適用については、法令により公務に従事する職員とみなす。

4　市町村又は都道府県は、第1項の規定により事務を委託したときは、厚生労働省令で定めるところにより、その旨を公示しなければならない。

5　第9条第2項の規定は、第1項の規定により委託を受けて行う同条第1項、第10条第1項並びに前条第1項及び第2項の規定による質問について準用する。

6　前各項に定めるもののほか、指定事務受託法人に関し必要な事項は、政令で定める。

（資料の提供等）

第12条　市町村等は、自立支援給付に関して必要があると認めるときは、障害者等、障害児の保護者、障害者等の配偶者又は障害者等の属する世帯の世帯主その他その世帯に属する者の資産又は収入の状況につき、官公署に対し必要な文書の閲覧若しくは資料の提供を求

め、又は銀行、信託会社その他の機関若しくは障害者の雇用主その他の関係人に報告を求めることができる。

(受給権の保護)

第13条 自立支援給付を受ける権利は、譲り渡し、担保に供し、又は差し押さえることができない。

(租税その他の公課の禁止)

第14条 租税その他の公課は、自立支援給付として支給を受けた金品を標準として、課することができない。

第2節 介護給付費、特例介護給付費、訓練等給付費、特例訓練等給付費、特定障害者特別給付費及び特例特定障害者特別給付費の支給

第1款 市町村審査会

(市町村審査会)

第15条 第26条第2項に規定する審査判定業務を行わせるため、市町村に第19条第1項に規定する介護給付費等の支給に関する審査会(以下「**市町村審査会**」という。)を置く。

(委員)

第16条 市町村審査会の委員の定数は、政令で定める基準に従い条例で定める数とする。

2 委員は、障害者等の保健又は福祉に関する学識経験を有する者のうちから、市町村長(特別区の区長を含む。以下同じ。)が任命する。

(共同設置の支援)

第17条 都道府県は、市町村審査会について地方自治法第252条の7第1項の規定による共同設置をしようとする市町村の求めに応じ、市町村相互間における必要な調整を行うことができる。

2 都道府県は、市町村審査会を共同設置した市町村に対し、その円滑な運営が確保されるように必要な技術的な助言その他の援助をすることができる。

(政令への委任)

第18条 この法律に定めるもののほか、市町村審査会に関し必要な事項は、政令で定める。

第2款 支給決定等

(介護給付費等の支給決定)

第19条 介護給付費、特例介護給付費、訓練等給付費又は特例訓練等給付費(以下「**介護給付費等**」という。)の支給を受けようとする障害者又は障害児の保護者は、市町村の介護給付費等を支給する旨の決定(以下「**支給決定**」という。)を受けなければならない。

2 支給決定は、障害者又は障害児の保護者の居住地の市町村が行うものとする。ただし、障害者又は障害児の保護者が居住地を有しないとき、又は明らかでないときは、その障害者又は障害児の保護者の現在地の市町村が行うものとする。

3 前項の規定にかかわらず、第29条第1項若しくは第30条第1項の規定により介護給付費等の支給を受けて又は身体障害者福祉法第18条第2項若しくは知的障害者福祉法第16条第1項の規定により入所措置が採られて障害者支援施設、のぞみの園又は第5条第1項若しくは第6項の厚生労働省令で定める施設に入所している障害者及び生活保護法(昭和25年

法律第144号）第30条第１項ただし書の規定により入所している障害者（以下この項において「特定施設入所障害者」と総称する。）については、その者が障害者支援施設、のぞみの園、第５条第１項若しくは第６項の厚生労働省令で定める施設又は同法第30条第１項ただし書に規定する施設（以下「**特定施設**」という。）への入所前に有した居住地（継続して２以上の特定施設に入所している特定施設入所障害者（以下この項において「継続入所障害者」という。）については、最初に入所した特定施設への入所前に有した居住地）の市町村が、支給決定を行うものとする。ただし、特定施設への入所前に居住地を有しないか、又は明らかでなかった特定施設入所障害者については、入所前におけるその者の所在地（継続入所障害者については、最初に入所した特定施設の入所前に有した所在地）の市町村が、支給決定を行うものとする。

4　前２項の規定にかかわらず、児童福祉法第24条の２第１項若しくは第24条の24第１項の規定により障害児入所給付費の支給を受けて又は同法第27条第１項第３号若しくは第２項の規定により措置（同法第31条第５項の規定により同法第27条第１項第３号又は第２項の規定による措置とみなされる場合を含む。）が採られて第５条第１項の厚生労働省令で定める施設に入所していた障害者等が、継続して、第29条第１項若しくは第30条第１項の規定により介護給付費等の支給を受けて、身体障害者福祉法第18条第２項若しくは知的障害者福祉法第16条第１項の規定により入所措置が採られ又は生活保護法第30条第１項ただし書の規定により特定施設に入所した場合は、当該障害者等が満18歳となる日の前日に当該障害者等の保護者であった者（以下この項において「保護者であった者」という。）が有した居住地の市町村が、支給決定を行うものとする。ただし、当該障害者等が満18歳となる日の前日に保護者であった者がいないか、保護者であった者が居住地を有しないか、又は保護者であった者の居住地が明らかでない障害者等については、当該障害者等が満18歳となる日の前日におけるその者の所在地の市町村が支給決定を行うものとする。

5　前２項の規定の適用を受ける障害者等が入所している特定施設は、当該特定施設の所在する市町村及び当該障害者等に対し支給決定を行う市町村に、必要な協力をしなければならない。

（申請）

第20条　支給決定を受けようとする障害者又は障害児の保護者は、厚生労働省令で定めるところにより、市町村に申請をしなければならない。

2　市町村は、前項の申請があったときは、次条第１項及び第22条第１項の規定により障害支援区分の認定及び同項に規定する支給要否決定を行うため、厚生労働省令で定めるところにより、当該職員をして、当該申請に係る障害者等又は障害児の保護者に面接をさせ、その心身の状況、その置かれている環境その他厚生労働省令で定める事項について調査をさせるものとする。この場合において、市町村は、当該調査を第51条の14第１項に規定する指定一般相談支援事業者その他の厚生労働省令で定める者（以下この条において「指定一般相談支援事業者等」という。）に委託することができる。

3　前項後段の規定により委託を受けた指定一般相談支援事業者等は、障害者等の保健又は福祉に関する専門的知識及び技術を有するものとして厚生労働省令で定める者に当該委託

4　第2項後段の規定により委託を受けた指定一般相談支援事業者等の役員（業務を執行する社員、取締役、執行役又はこれらに準ずる者をいい、相談役、顧問その他いかなる名称を有する者であるかを問わず、法人に対し業務を執行する社員、取締役、執行役又はこれらに準ずる者と同等以上の支配力を有するものと認められる者を含む。第109条第1項を除き、以下同じ。）若しくは前項の厚生労働省令で定める者又はこれらの職にあった者は、正当な理由なしに、当該委託業務に関して知り得た個人の秘密を漏らしてはならない。

5　第2項後段の規定により委託を受けた指定一般相談支援事業者等の役員又は第3項の厚生労働省令で定める者で、当該委託業務に従事するものは、刑法その他の罰則の適用については、法令により公務に従事する職員とみなす。

6　第2項の場合において、市町村は、当該障害者等又は障害児の保護者が遠隔の地に居住地又は現在地を有するときは、当該調査を他の市町村に嘱託することができる。

（障害支援区分の認定）

第21条　市町村は、前条第1項の申請があったときは、政令で定めるところにより、市町村審査会が行う当該申請に係る障害者等の障害支援区分に関する審査及び判定の結果に基づき、障害支援区分の認定を行うものとする。

2　市町村審査会は、前項の審査及び判定を行うに当たって必要があると認めるときは、当該審査及び判定に係る障害者等、その家族、医師その他の関係者の意見を聴くことができる。

（支給要否決定等）

第22条　市町村は、第20条第1項の申請に係る障害者等の障害支援区分、当該障害者等の介護を行う者の状況、当該障害者等の置かれている環境、当該申請に係る障害者等又は障害児の保護者の障害福祉サービスの利用に関する意向その他の厚生労働省令で定める事項を勘案して介護給付費等の支給の要否の決定（以下この条及び第27条において「**支給要否決定**」という。）を行うものとする。

2　市町村は、支給要否決定を行うに当たって必要があると認めるときは、厚生労働省令で定めるところにより、市町村審査会又は身体障害者福祉法第9条第7項に規定する身体障害者更生相談所（第74条及び第76条第3項において「身体障害者更生相談所」という。）、知的障害者福祉法第9条第6項に規定する知的障害者更生相談所、精神保健及び精神障害者福祉に関する法律第6条第1項に規定する精神保健福祉センター若しくは児童相談所（以下「身体障害者更生相談所等」と総称する。）その他厚生労働省令で定める機関の意見を聴くことができる。

3　市町村審査会、身体障害者更生相談所等又は前項の厚生労働省令で定める機関は、同項の意見を述べるに当たって必要があると認めるときは、当該支給要否決定に係る障害者等、その家族、医師その他の関係者の意見を聴くことができる。

4　市町村は、支給要否決定を行うに当たって必要と認められる場合として厚生労働省令で定める場合には、厚生労働省令で定めるところにより、第20条第1項の申請に係る障害者

又は障害児の保護者に対し、第51条の17第1項第1号に規定する指定特定相談支援事業者が作成するサービス等利用計画案の提出を求めるものとする。

5　前項の規定によりサービス等利用計画案の提出を求められた障害者又は障害児の保護者は、厚生労働省令で定める場合には、同項のサービス等利用計画案に代えて厚生労働省令で定めるサービス等利用計画案を提出することができる。

6　市町村は、前2項のサービス等利用計画案の提出があった場合には、第1項の厚生労働省令で定める事項及び当該サービス等利用計画案を勘案して支給要否決定を行うものとする。

7　市町村は、支給決定を行う場合には、障害福祉サービスの種類ごとに月を単位として厚生労働省令で定める期間において介護給付費等を支給する障害福祉サービスの量（以下「**支給量**」という。）を定めなければならない。

8　市町村は、支給決定を行ったときは、当該支給決定障害者等に対し、厚生労働省令で定めるところにより、支給量その他の厚生労働省令で定める事項を記載した**障害福祉サービス受給者証**（以下「**受給者証**」という。）を交付しなければならない。

（支給決定の有効期間）

第23条　支給決定は、厚生労働省令で定める期間（以下「**支給決定の有効期間**」という。）内に限り、その効力を有する。

（支給決定の変更）

第24条　支給決定障害者等は、現に受けている支給決定に係る障害福祉サービスの種類、支給量その他の厚生労働省令で定める事項を変更する必要があるときは、厚生労働省令で定めるところにより、市町村に対し、当該支給決定の変更の申請をすることができる。

2　市町村は、前項の申請又は職権により、第22条第1項の厚生労働省令で定める事項を勘案し、支給決定障害者等につき、必要があると認めるときは、支給決定の変更の決定を行うことができる。この場合において、市町村は、当該決定に係る支給決定障害者等に対し受給者証の提出を求めるものとする。

3　第19条（第1項を除く。）、第20条（第1項を除く。）及び第22条（第1項を除く。）の規定は、前項の支給決定の変更の決定について準用する。この場合において、必要な技術的読替えは、政令で定める。

4　市町村は、第2項の支給決定の変更の決定を行うに当たり、必要があると認めるときは、障害支援区分の変更の認定を行うことができる。

5　第21条の規定は、前項の障害支援区分の変更の認定について準用する。この場合において、必要な技術的読替えは、政令で定める。

6　市町村は、第2項の支給決定の変更の決定を行った場合には、受給者証に当該決定に係る事項を記載し、これを返還するものとする。

（支給決定の取消し）

第25条　支給決定を行った市町村は、次に掲げる場合には、当該支給決定を取り消すことができる。

一　支給決定に係る障害者等が、第29条第1項に規定する指定障害福祉サービス等及び第

30条第1項第2号に規定する基準該当障害福祉サービスを受ける必要がなくなったと認めるとき。
二 支給決定障害者等が、支給決定の有効期間内に、当該市町村以外の市町村の区域内に居住地を有するに至ったと認めるとき（支給決定に係る障害者が特定施設に入所することにより当該市町村以外の市町村の区域内に居住地を有するに至ったと認めるときを除く。）。
三 支給決定に係る障害者等又は障害児の保護者が、正当な理由なしに第20条第2項（前条第3項において準用する場合を含む。）の規定による調査に応じないとき。
四 その他政令で定めるとき。
2 前項の規定により支給決定の取消しを行った市町村は、厚生労働省令で定めるところにより、当該取消しに係る支給決定障害者等に対し受給者証の返還を求めるものとする。

（都道府県による援助等）
第26条 都道府県は、市町村の求めに応じ、市町村が行う第19条から第22条まで、第24条及び前条の規定による業務に関し、その設置する身体障害者更生相談所等による技術的事項についての協力その他市町村に対する必要な援助を行うものとする。
2 地方自治法第252条の14第1項の規定により市町村の委託を受けて審査判定業務（第21条（第24条第5項において準用する場合を含む。第4項において同じ。）、第22条第2項及び第3項（これらの規定を第24条第3項において準用する場合を含む。第4項において同じ。）並びに第51条の7第2項及び第3項（これらの規定を第51条の9第3項において準用する場合を含む。）の規定により市町村審査会が行う業務をいう。以下この条及び第95条第2項第1号において同じ。）を行う都道府県に、当該審査判定業務を行わせるため、介護給付費等の支給に関する審査会（以下「**都道府県審査会**」という。）を置く。
3 第16条及び第18条の規定は、前項の都道府県審査会について準用する。この場合において、第16条第2項中「市町村長（特別区の区長を含む。以下同じ。）」とあるのは、「都道府県知事」と読み替えるものとする。
4 審査判定業務を都道府県に委託した市町村について第21条並びに第22条第2項及び第3項の規定を適用する場合においては、これらの規定中「市町村審査会」とあるのは、「都道府県審査会」とする。

（政令への委任）
第27条 この款に定めるもののほか、障害支援区分に関する審査及び判定、支給決定、支給要否決定、受給者証、支給決定の変更の決定並びに支給決定の取消しに関し必要な事項は、政令で定める。

　　　　第3款　介護給付費、特例介護給付費、訓練等給付費及び特例訓練等給付費の支給
（介護給付費、特例介護給付費、訓練等給付費及び特例訓練等給付費の支給）
第28条 介護給付費及び**特例介護給付費**の支給は、次に掲げる障害福祉サービスに関して次条及び第30条の規定により支給する給付とする。
一 居宅介護
二 重度訪問介護

三　同行援護
四　行動援護
五　療養介護（医療に係るものを除く。）
六　生活介護
七　短期入所
八　重度障害者等包括支援
九　施設入所支援

2　**訓練等給付費**及び**特例訓練等給付費**の支給は、次に掲げる障害福祉サービスに関して次条及び第30条の規定により支給する給付とする。
一　自立訓練
二　就労移行支援
三　就労継続支援
四　就労定着支援
五　自立生活援助
六　共同生活援助

（介護給付費又は訓練等給付費）

第29条　市町村は、支給決定障害者等が、支給決定の有効期間内において、都道府県知事が指定する障害福祉サービス事業を行う者（以下「**指定障害福祉サービス事業者**」という。）若しくは障害者支援施設（以下「**指定障害者支援施設**」という。）から当該指定に係る障害福祉サービス（以下「**指定障害福祉サービス**」という。）を受けたとき、又はのぞみの園から施設障害福祉サービスを受けたときは、厚生労働省令で定めるところにより、当該支給決定障害者等に対し、当該指定障害福祉サービス又は施設障害福祉サービス（支給量の範囲内のものに限る。以下「**指定障害福祉サービス等**」という。）に要した費用（食事の提供に要する費用、居住若しくは滞在に要する費用その他の日常生活に要する費用又は創作的活動若しくは生産活動に要する費用のうち厚生労働省令で定める費用（以下「**特定費用**」という。）を除く。）について、**介護給付費**又は**訓練等給付費**を支給する。

2　指定障害福祉サービス等を受けようとする支給決定障害者等は、厚生労働省令で定めるところにより、指定障害福祉サービス事業者、指定障害者支援施設又はのぞみの園（以下「指定障害福祉サービス事業者等」という。）に受給者証を提示して当該指定障害福祉サービス等を受けるものとする。ただし、緊急の場合その他やむを得ない事由のある場合については、この限りでない。

3　介護給付費又は訓練等給付費の額は、1月につき、第1号に掲げる額から第2号に掲げる額を控除して得た額とする。
一　同一の月に受けた指定障害福祉サービス等について、障害福祉サービスの種類ごとに指定障害福祉サービス等に通常要する費用（特定費用を除く。）につき、厚生労働大臣が定める基準により算定した費用の額（その額が現に当該指定障害福祉サービス等に要した費用（特定費用を除く。）の額を超えるときは、当該現に指定障害福祉サービス等に要した費用の額）を合計した額

二　当該支給決定障害者等の家計の負担能力その他の事情をしん酌して政令で定める額（当該政令で定める額が前号に掲げる額の100分の10に相当する額を超えるときは、当該相当する額）

4　支給決定障害者等が指定障害福祉サービス事業者等から指定障害福祉サービス等を受けたときは、市町村は、当該支給決定障害者等が当該指定障害福祉サービス事業者等に支払うべき当該指定障害福祉サービス等に要した費用（特定費用を除く。）について、介護給付費又は訓練等給付費として当該支給決定障害者等に支給すべき額の限度において、当該支給決定障害者等に代わり、当該指定障害福祉サービス事業者等に支払うことができる。

5　前項の規定による支払があったときは、支給決定障害者等に対し介護給付費又は訓練等給付費の支給があったものとみなす。

6　市町村は、指定障害福祉サービス事業者等から介護給付費又は訓練等給付費の請求があったときは、第3項第1号の厚生労働大臣が定める基準及び第43条第2項の都道府県の条例で定める指定障害福祉サービスの事業の設備及び運営に関する基準（指定障害福祉サービスの取扱いに関する部分に限る。）又は第44条第2項の都道府県の条例で定める指定障害者支援施設等の設備及び運営に関する基準（施設障害福祉サービスの取扱いに関する部分に限る。）に照らして審査の上、支払うものとする。

7　市町村は、前項の規定による審査及び支払に関する事務を国民健康保険法（昭和33年法律第192号）第45条第5項に規定する国民健康保険団体連合会（以下「連合会」という。）に委託することができる。

8　前各項に定めるもののほか、介護給付費及び訓練等給付費の支給並びに指定障害福祉サービス事業者等の介護給付費及び訓練等給付費の請求に関し必要な事項は、厚生労働省令で定める。

　　（特例介護給付費又は特例訓練等給付費）

第30条　市町村は、次に掲げる場合において、必要があると認めるときは、厚生労働省令で定めるところにより、当該指定障害福祉サービス等又は第2号に規定する基準該当障害福祉サービス（支給量の範囲内のものに限る。）に要した費用（特定費用を除く。）について、**特例介護給付費**又は**特例訓練等給付費**を支給することができる。

一　支給決定障害者等が、第20条第1項の申請をした日から当該支給決定の効力が生じた日の前日までの間に、緊急その他やむを得ない理由により指定障害福祉サービス等を受けたとき。

二　支給決定障害者等が、指定障害福祉サービス等以外の障害福祉サービス（次に掲げる事業所又は施設により行われるものに限る。以下「**基準該当障害福祉サービス**」という。）を受けたとき。

　イ　第43条第1項の都道府県の条例で定める基準又は同条第2項の都道府県の条例で定める指定障害福祉サービスの事業の設備及び運営に関する基準に定める事項のうち都道府県の条例で定めるものを満たすと認められる事業を行う事業所（以下「**基準該当事業所**」という。）

　ロ　第44条第1項の都道府県の条例で定める基準又は同条第2項の都道府県の条例で定

める指定障害者支援施設等の設備及び運営に関する基準に定める事項のうち都道府県の条例で定めるものを満たすと認められる施設（以下「**基準該当施設**」という。）

三　その他政令で定めるとき。

2　都道府県が前項第2号イ及びロの条例を定めるに当たっては、第1号から第3号までに掲げる事項については厚生労働省令で定める基準に従い定めるものとし、第4号に掲げる事項については厚生労働省令で定める基準を標準として定めるものとし、その他の事項については厚生労働省令で定める基準を参酌するものとする。

一　基準該当障害福祉サービスに従事する従業者及びその員数

二　基準該当障害福祉サービスの事業に係る居室及び病室の床面積

三　基準該当障害福祉サービスの事業の運営に関する事項であって、障害者又は障害児の保護者のサービスの適切な利用の確保、障害者等の安全の確保及び秘密の保持等に密接に関連するものとして厚生労働省令で定めるもの

四　基準該当障害福祉サービスの事業に係る利用定員

3　特例介護給付費又は特例訓練等給付費の額は、1月につき、同一の月に受けた次の各号に掲げる障害福祉サービスの区分に応じ、当該各号に定める額を合計した額から、それぞれ当該支給決定障害者等の家計の負担能力その他の事情をしん酌して政令で定める額（当該政令で定める額が当該合計した額の100分の10に相当する額を超えるときは、当該相当する額）を控除して得た額を基準として、市町村が定める。

一　指定障害福祉サービス等　前条第3項第1号の厚生労働大臣が定める基準により算定した費用の額（その額が現に当該指定障害福祉サービス等に要した費用（特定費用を除く。）の額を超えるときは、当該現に指定障害福祉サービス等に要した費用の額）

二　基準該当障害福祉サービス　障害福祉サービスの種類ごとに基準該当障害福祉サービスに通常要する費用（特定費用を除く。）につき厚生労働大臣が定める基準により算定した費用の額（その額が現に当該基準該当障害福祉サービスに要した費用（特定費用を除く。）の額を超えるときは、当該現に基準該当障害福祉サービスに要した費用の額）

4　前3項に定めるもののほか、特例介護給付費及び特例訓練等給付費の支給に関し必要な事項は、厚生労働省令で定める。

（介護給付費等の額の特例）

第31条　市町村が、災害その他の厚生労働省令で定める特別の事情があることにより、障害福祉サービスに要する費用を負担することが困難であると認めた支給決定障害者等が受ける介護給付費又は訓練等給付費の支給について第29条第3項の規定を適用する場合においては、同項第2号中「額)」とあるのは、「額）の範囲内において市町村が定める額」とする。

2　前項に規定する支給決定障害者等が受ける特例介護給付費又は特例訓練等給付費の支給について前条第3項の規定を適用する場合においては、同項中「を控除して得た額を基準として、市町村が定める」とあるのは、「の範囲内において市町村が定める額を控除して得た額とする」とする。

第4款　特定障害者特別給付費及び特例特定障害者特別給付費の支給

第32条及び第33条　削除

（特定障害者特別給付費の支給）

第34条　市町村は、施設入所支援、共同生活援助その他の政令で定める障害福祉サービス（以下この項において「**特定入所等サービス**」という。）に係る支給決定を受けた障害者のうち所得の状況その他の事情をしん酌して厚生労働省令で定めるもの（以下この項及び次条第1項において「**特定障害者**」という。）が、支給決定の有効期間内において、指定障害者支援施設若しくはのぞみの園（以下「指定障害者支援施設等」という。）に入所し、又は共同生活援助を行う住居に入居して、当該指定障害者支援施設等又は指定障害福祉サービス事業者から特定入所等サービスを受けたときは、当該特定障害者に対し、当該指定障害者支援施設等又は共同生活援助を行う住居における食事の提供に要した費用又は居住に要した費用（同項において「**特定入所等費用**」という。）について、政令で定めるところにより、**特定障害者特別給付費**を支給する。

2　第29条第2項及び第4項から第7項までの規定は、特定障害者特別給付費の支給について準用する。この場合において、必要な技術的読替えは、政令で定める。

3　前2項に定めるもののほか、特定障害者特別給付費の支給及び指定障害者支援施設等又は指定障害福祉サービス事業者の特定障害者特別給付費の請求に関し必要な事項は、厚生労働省令で定める。

（特例特定障害者特別給付費の支給）

第35条　市町村は、次に掲げる場合において、必要があると認めるときは、特定障害者に対し、当該指定障害者支援施設等若しくは基準該当施設又は共同生活援助を行う住居における特定入所等費用について、政令で定めるところにより、**特例特定障害者特別給付費**を支給することができる。

一　特定障害者が、第20条第1項の申請をした日から当該支給決定の効力が生じた日の前日までの間に、緊急その他やむを得ない理由により指定障害福祉サービス等を受けたとき。

二　特定障害者が、基準該当障害福祉サービスを受けたとき。

2　前項に定めるもののほか、特例特定障害者特別給付費の支給に関し必要な事項は、厚生労働省令で定める。

第5款　指定障害福祉サービス事業者及び指定障害者支援施設等

（指定障害福祉サービス事業者の指定）

第36条　第29条第1項の指定障害福祉サービス事業者の指定は、厚生労働省令で定めるところにより、障害福祉サービス事業を行う者の申請により、障害福祉サービスの種類及び障害福祉サービス事業を行う事業所（以下この款において「**サービス事業所**」という。）ごとに行う。

2　就労継続支援その他の厚生労働省令で定める障害福祉サービス（以下この条及び次条第1項において「**特定障害福祉サービス**」という。）に係る第29条第1項の指定障害福祉サービス事業者の指定は、当該特定障害福祉サービスの量を定めてするものとする。

3　都道府県知事は、第1項の申請があった場合において、次の各号（療養介護に係る指定

の申請にあっては、第7号を除く。）のいずれかに該当するときは、指定障害福祉サービス事業者の指定をしてはならない。

一　申請者が都道府県の条例で定める者でないとき。
二　当該申請に係るサービス事業所の従業者の知識及び技能並びに人員が、第43条第1項の都道府県の条例で定める基準を満たしていないとき。
三　申請者が、第43条第2項の都道府県の条例で定める指定障害福祉サービスの事業の設備及び運営に関する基準に従って適正な障害福祉サービス事業の運営をすることができないと認められるとき。
四　申請者が、禁錮以上の刑に処せられ、その執行を終わり、又は執行を受けることがなくなるまでの者であるとき。
五　申請者が、この法律その他国民の保健医療若しくは福祉に関する法律で政令で定めるものの規定により罰金の刑に処せられ、その執行を終わり、又は執行を受けることがなくなるまでの者であるとき。
五の二　申請者が、労働に関する法律の規定であって政令で定めるものにより罰金の刑に処せられ、その執行を終わり、又は執行を受けることがなくなるまでの者であるとき。
六　申請者が、第50条第1項（同条第3項において準用する場合を含む。以下この項において同じ。）、第51条の29第1項若しくは第2項又は第76条の3第6項の規定により指定を取り消され、その取消しの日から起算して5年を経過しない者（当該指定を取り消された者が法人である場合においては、当該取消しの処分に係る行政手続法（平成5年法律第88号）第15条の規定による通知があった日前60日以内に当該法人の役員又はそのサービス事業所を管理する者その他の政令で定める使用人（以下「役員等」という。）であった者で当該取消しの日から起算して5年を経過しないものを含み、当該指定を取り消された者が法人でない場合においては、当該通知があった日前60日以内に当該者の管理者であった者で当該取消しの日から起算して5年を経過しないものを含む。）であるとき。ただし、当該指定の取消しが、指定障害福祉サービス事業者の指定の取消しのうち当該指定の取消しの処分の理由となった事実及び当該事実の発生を防止するための当該指定障害福祉サービス事業者による業務管理体制の整備についての取組の状況その他の当該事実に関して当該指定障害福祉サービス事業者が有していた責任の程度を考慮して、この号本文に規定する指定の取消しに該当しないこととすることが相当であると認められるものとして厚生労働省令で定めるものに該当する場合を除く。
七　申請者と密接な関係を有する者（申請者（法人に限る。以下この号において同じ。）の株式の所有その他の事由を通じて当該申請者の事業を実質的に支配し、若しくはその事業に重要な影響を与える関係にある者として厚生労働省令で定めるもの（以下この号において「申請者の親会社等」という。）、申請者の親会社等が株式の所有その他の事由を通じてその事業を実質的に支配し、若しくはその事業に重要な影響を与える関係にある者として厚生労働省令で定めるもの又は当該申請者が株式の所有その他の事由を通じてその事業を実質的に支配し、若しくはその事業に重要な影響を与える関係にある者として厚生労働省令で定めるもののうち、当該申請者と厚生労働省令で定める密接な関係

を有する法人をいう。）が、第50条第１項、第51条の29第１項若しくは第２項又は第76条の３第６項の規定により指定を取り消され、その取消しの日から起算して５年を経過していないとき。ただし、当該指定の取消しが、指定障害福祉サービス事業者の指定の取消しのうち当該指定の取消しの処分の理由となった事実及び当該事実の発生を防止するための当該指定障害福祉サービス事業者による業務管理体制の整備についての取組の状況その他の当該事実に関して当該指定障害福祉サービス事業者が有していた責任の程度を考慮して、この号本文に規定する指定の取消しに該当しないこととすることが相当であると認められるものとして厚生労働省令で定めるものに該当する場合を除く。

八　申請者が、第50条第１項、第51条の29第１項若しくは第２項又は第76条の３第６項の規定による指定の取消しの処分に係る行政手続法第15条の規定による通知があった日から当該処分をする日又は処分をしないことを決定する日までの間に第46条第２項又は第51条の25第２項若しくは第４項の規定による事業の廃止の届出をした者（当該事業の廃止について相当の理由がある者を除く。）で、当該届出の日から起算して５年を経過しないものであるとき。

九　申請者が、第48条第１項（同条第３項において準用する場合を含む。）又は第51条の27第１項若しくは第２項の規定による検査が行われた日から聴聞決定予定日（当該検査の結果に基づき第50条第１項又は第51条の29第１項若しくは第２項の規定による指定の取消しの処分に係る聴聞を行うか否かの決定をすることが見込まれる日として厚生労働省令で定めるところにより都道府県知事が当該申請者に当該検査が行われた日から10日以内に特定の日を通知した場合における当該特定の日をいう。）までの間に第46条第２項又は第51条の25第２項若しくは第４項の規定による事業の廃止の届出をした者（当該事業の廃止について相当の理由がある者を除く。）で、当該届出の日から起算して５年を経過しないものであるとき。

十　第８号に規定する期間内に第46条第２項又は第51条の25第２項若しくは第４項の規定による事業の廃止の届出があった場合において、申請者が、同号の通知の日前60日以内に当該届出に係る法人（当該事業の廃止について相当の理由がある法人を除く。）の役員等又は当該届出に係る法人でない者（当該事業の廃止について相当の理由がある者を除く。）の管理者であった者で、当該届出の日から起算して５年を経過しないものであるとき。

十一　申請者が、指定の申請前５年以内に障害福祉サービスに関し不正又は著しく不当な行為をした者であるとき。

十二　申請者が、法人で、その役員等のうちに第４号から第６号まで又は第８号から前号までのいずれかに該当する者のあるものであるとき。

十三　申請者が、法人でない者で、その管理者が第４号から第６号まで又は第８号から第11号までのいずれかに該当する者であるとき。

４　都道府県が前項第１号の条例を定めるに当たっては、厚生労働省令で定める基準に従い定めるものとする。

５　都道府県知事は、特定障害福祉サービスにつき第１項の申請があった場合において、当

該都道府県又は当該申請に係るサービス事業所の所在地を含む区域（第89条第2項第2号の規定により都道府県が定める区域をいう。）における当該申請に係る種類ごとの指定障害福祉サービスの量が、同条第1項の規定により当該都道府県が定める都道府県障害福祉計画において定める当該都道府県若しくは当該区域の当該指定障害福祉サービスの必要な量に既に達しているか、又は当該申請に係る事業者の指定によってこれを超えることになると認めるとき、その他の当該都道府県障害福祉計画の達成に支障を生ずるおそれがあると認めるときは、第29条第1項の指定をしないことができる。

（指定障害福祉サービス事業者の指定の変更）

第37条 指定障害福祉サービス事業者は、第29条第1項の指定に係る特定障害福祉サービスの量を増加しようとするときは、厚生労働省令で定めるところにより、同項の指定の変更を申請することができる。

2　前条第3項から第5項までの規定は、前項の指定の変更の申請があった場合について準用する。この場合において、必要な技術的読替えは、政令で定める。

（指定障害者支援施設の指定）

第38条 第29条第1項の指定障害者支援施設の指定は、厚生労働省令で定めるところにより、障害者支援施設の設置者の申請により、施設障害福祉サービスの種類及び当該障害者支援施設の入所定員を定めて、行う。

2　都道府県知事は、前項の申請があった場合において、当該都道府県における当該申請に係る指定障害者支援施設の入所定員の総数が、第89条第1項の規定により当該都道府県が定める都道府県障害福祉計画において定める当該都道府県の当該指定障害者支援施設の必要入所定員総数に既に達しているか、又は当該申請に係る施設の指定によってこれを超えることになると認めるとき、その他の当該都道府県障害福祉計画の達成に支障を生ずるおそれがあると認めるときは、第29条第1項の指定をしないことができる。

3　第36条第3項及び第4項の規定は、第29条第1項の指定障害者支援施設の指定について準用する。この場合において、必要な技術的読替えは、政令で定める。

（指定障害者支援施設の指定の変更）

第39条 指定障害者支援施設の設置者は、第29条第1項の指定に係る施設障害福祉サービスの種類を変更しようとするとき、又は当該指定に係る入所定員を増加しようとするときは、厚生労働省令で定めるところにより、同項の指定の変更を申請することができる。

2　前条第2項及び第3項の規定は、前項の指定の変更の申請があった場合について準用する。この場合において、必要な技術的読替えは、政令で定める。

第40条　削除

（指定の更新）

第41条　第29条第1項の指定障害福祉サービス事業者及び指定障害者支援施設の指定は、6年ごとにそれらの更新を受けなければ、その期間の経過によって、それらの効力を失う。

2　前項の更新の申請があった場合において、同項の期間（以下この条において「指定の有効期間」という。）の満了の日までにその申請に対する処分がされないときは、従前の指定は、指定の有効期間の満了後もその処分がされるまでの間は、なおその効力を有する。

3　前項の場合において、指定の更新がされたときは、その指定の有効期間は、従前の指定の有効期間の満了の日の翌日から起算するものとする。

4　第36条及び第38条の規定は、第1項の指定の更新について準用する。この場合において、必要な技術的読替えは、政令で定める。

（指定障害福祉サービス事業者及び指定障害者支援施設等の設置者の責務）

第42条　指定障害福祉サービス事業者及び指定障害者支援施設等の設置者（以下「**指定事業者等**」という。）は、障害者等が自立した日常生活又は社会生活を営むことができるよう、障害者等の意思決定の支援に配慮するとともに、市町村、公共職業安定所その他の職業リハビリテーションの措置を実施する機関、教育機関その他の関係機関との緊密な連携を図りつつ、障害福祉サービスを当該障害者等の意向、適性、障害の特性その他の事情に応じ、常に障害者等の立場に立って効果的に行うように努めなければならない。

2　指定事業者等は、その提供する障害福祉サービスの質の評価を行うことその他の措置を講ずることにより、障害福祉サービス又は相談支援の質の向上に努めなければならない。

3　指定事業者等は、障害者等の人格を尊重するとともに、この法律又はこの法律に基づく命令を遵守し、障害者等のため忠実にその職務を遂行しなければならない。

（指定障害福祉サービスの事業の基準）

第43条　指定障害福祉サービス事業者は、当該指定に係るサービス事業所ごとに、都道府県の条例で定める基準に従い、当該指定障害福祉サービスに従事する従業者を有しなければならない。

2　指定障害福祉サービス事業者は、都道府県の条例で定める指定障害福祉サービスの事業の設備及び運営に関する基準に従い、指定障害福祉サービスを提供しなければならない。

3　都道府県が前2項の条例を定めるに当たっては、第1号から第3号までに掲げる事項については厚生労働省令で定める基準に従い定めるものとし、第4号に掲げる事項については厚生労働省令で定める基準を標準として定めるものとし、その他の事項については厚生労働省令で定める基準を参酌するものとする。

一　指定障害福祉サービスに従事する従業者及びその員数

二　指定障害福祉サービスの事業に係る居室及び病室の床面積

三　指定障害福祉サービスの事業の運営に関する事項であって、障害者又は障害児の保護者のサービスの適切な利用の確保、障害者等の適切な処遇及び安全の確保並びに秘密の保持等に密接に関連するものとして厚生労働省令で定めるもの

四　指定障害福祉サービスの事業に係る利用定員

4　指定障害福祉サービス事業者は、第46条第2項の規定による事業の廃止又は休止の届出をしたときは、当該届出の日前1月以内に当該指定障害福祉サービスを受けていた者であって、当該事業の廃止又は休止の日以後においても引き続き当該指定障害福祉サービスに相当するサービスの提供を希望する者に対し、必要な障害福祉サービスが継続的に提供されるよう、他の指定障害福祉サービス事業者その他関係者との連絡調整その他の便宜の提供を行わなければならない。

（指定障害者支援施設等の基準）

第44条　指定障害者支援施設等の設置者は、都道府県の条例で定める基準に従い、施設障害福祉サービスに従事する従業者を有しなければならない。
2　指定障害者支援施設等の設置者は、都道府県の条例で定める指定障害者支援施設等の設備及び運営に関する基準に従い、施設障害福祉サービスを提供しなければならない。
3　都道府県が前2項の条例を定めるに当たっては、次に掲げる事項については厚生労働省令で定める基準に従い定めるものとし、その他の事項については厚生労働省令で定める基準を参酌するものとする。
　一　施設障害福祉サービスに従事する従業者及びその員数
　二　指定障害者支援施設等に係る居室の床面積
　三　指定障害者支援施設等の運営に関する事項であって、障害者のサービスの適切な利用、適切な処遇及び安全の確保並びに秘密の保持に密接に関連するものとして厚生労働省令で定めるもの
4　指定障害者支援施設の設置者は、第47条の規定による指定の辞退をするときは、同条に規定する予告期間の開始日の前日に当該施設障害福祉サービスを受けていた者であって、当該指定の辞退の日以後においても引き続き当該施設障害福祉サービスに相当するサービスの提供を希望する者に対し、必要な施設障害福祉サービスが継続的に提供されるよう、他の指定障害者支援施設等の設置者その他関係者との連絡調整その他の便宜の提供を行わなければならない。

第45条　削除

（変更の届出等）
第46条　指定障害福祉サービス事業者は、当該指定に係るサービス事業所の名称及び所在地その他厚生労働省令で定める事項に変更があったとき、又は休止した当該指定障害福祉サービスの事業を再開したときは、厚生労働省令で定めるところにより、10日以内に、その旨を都道府県知事に届け出なければならない。
2　指定障害福祉サービス事業者は、当該指定障害福祉サービスの事業を廃止し、又は休止しようとするときは、厚生労働省令で定めるところにより、その廃止又は休止の日の1月前までに、その旨を都道府県知事に届け出なければならない。
3　指定障害者支援施設の設置者は、設置者の住所その他の厚生労働省令で定める事項に変更があったときは、厚生労働省令で定めるところにより、10日以内に、その旨を都道府県知事に届け出なければならない。

（指定の辞退）
第47条　指定障害者支援施設は、3月以上の予告期間を設けて、その指定を辞退することができる。

（都道府県知事等による連絡調整又は援助）
第47条の2　都道府県知事又は市町村長は、第43条第4項又は第44条第4項に規定する便宜の提供が円滑に行われるため必要があると認めるときは、当該指定障害福祉サービス事業者、指定障害者支援施設の設置者その他の関係者相互間の連絡調整又は当該指定障害福祉サービス事業者、指定障害者支援施設の設置者その他の関係者に対する助言その他の援助

を行うことができる。

2　厚生労働大臣は、同一の指定障害福祉サービス事業者又は指定障害者支援施設の設置者について2以上の都道府県知事が前項の規定による連絡調整又は援助を行う場合において、第43条第4項又は第44条第4項に規定する便宜の提供が円滑に行われるため必要があると認めるときは、当該都道府県知事相互間の連絡調整又は当該指定障害福祉サービス事業者若しくは指定障害者支援施設の設置者に対する都道府県の区域を超えた広域的な見地からの助言その他の援助を行うことができる。

　　（報告等）

第48条　都道府県知事又は市町村長は、必要があると認めるときは、指定障害福祉サービス事業者若しくは指定障害福祉サービス事業者であった者若しくは当該指定に係るサービス事業所の従業者であった者（以下この項において「指定障害福祉サービス事業者であった者等」という。）に対し、報告若しくは帳簿書類その他の物件の提出若しくは提示を命じ、指定障害福祉サービス事業者若しくは当該指定に係るサービス事業所の従業者若しくは指定障害福祉サービス事業者であった者等に対し出頭を求め、又は当該職員に関係者に対して質問させ、若しくは当該指定障害福祉サービス事業者の当該指定に係るサービス事業所、事務所その他当該指定障害福祉サービスの事業に関係のある場所に立ち入り、その設備若しくは帳簿書類その他の物件を検査させることができる。

2　第9条第2項の規定は前項の規定による質問又は検査について、同条第3項の規定は前項の規定による権限について準用する。

3　前2項の規定は、指定障害者支援施設等の設置者について準用する。この場合において、必要な技術的読替えは、政令で定める。

　　（勧告、命令等）

第49条　都道府県知事は、指定障害福祉サービス事業者が、次の各号に掲げる場合に該当すると認めるときは、当該指定障害福祉サービス事業者に対し、期限を定めて、当該各号に定める措置をとるべきことを勧告することができる。

　一　当該指定に係るサービス事業所の従業者の知識若しくは技能又は人員について第43条第1項の都道府県の条例で定める基準に適合していない場合　当該基準を遵守すること。

　二　第43条第2項の都道府県の条例で定める指定障害福祉サービスの事業の設備及び運営に関する基準に従って適正な指定障害福祉サービスの事業の運営をしていない場合　当該基準を遵守すること。

　三　第43条第4項に規定する便宜の提供を適正に行っていない場合　当該便宜の提供を適正に行うこと。

2　都道府県知事は、指定障害者支援施設等の設置者が、次の各号（のぞみの園の設置者にあっては、第3号を除く。以下この項において同じ。）に掲げる場合に該当すると認めるときは、当該指定障害者支援施設等の設置者に対し、期限を定めて、当該各号に定める措置をとるべきことを勧告することができる。

　一　指定障害者支援施設等の従業者の知識若しくは技能又は人員について第44条第1項の

都道府県の条例で定める基準に適合していない場合　当該基準を遵守すること。
二　第44条第2項の都道府県の条例で定める指定障害者支援施設等の設備及び運営に関する基準に従って適正な施設障害福祉サービスの事業の運営をしていない場合　当該基準を遵守すること。
三　第44条第4項に規定する便宜の提供を適正に行っていない場合　当該便宜の提供を適正に行うこと。

3　都道府県知事は、前2項の規定による勧告をした場合において、その勧告を受けた指定事業者等が、前2項の期限内にこれに従わなかったときは、その旨を公表することができる。

4　都道府県知事は、第1項又は第2項の規定による勧告を受けた指定事業者等が、正当な理由がなくてその勧告に係る措置をとらなかったときは、当該指定事業者等に対し、期限を定めて、その勧告に係る措置をとるべきことを命ずることができる。

5　都道府県知事は、前項の規定による命令をしたときは、その旨を公示しなければならない。

6　市町村は、介護給付費、訓練等給付費又は特定障害者特別給付費の支給に係る指定障害福祉サービス等を行った指定事業者等について、第1項各号又は第2項各号（のぞみの園の設置者にあっては、第3号を除く。）に掲げる場合のいずれかに該当すると認めるときは、その旨を当該指定に係るサービス事業所又は施設の所在地の都道府県知事に通知しなければならない。

（指定の取消し等）

第50条　都道府県知事は、次の各号のいずれかに該当する場合においては、当該指定障害福祉サービス事業者に係る第29条第1項の指定を取り消し、又は期間を定めてその指定の全部若しくは一部の効力を停止することができる。
一　指定障害福祉サービス事業者が、第36条第3項第4号から第5号の2まで、第12号又は第13号のいずれかに該当するに至ったとき。
二　指定障害福祉サービス事業者が、第42条第3項の規定に違反したと認められるとき。
三　指定障害福祉サービス事業者が、当該指定に係るサービス事業所の従業者の知識若しくは技能又は人員について、第43条第1項の都道府県の条例で定める基準を満たすことができなくなったとき。
四　指定障害福祉サービス事業者が、第43条第2項の都道府県の条例で定める指定障害福祉サービスの事業の設備及び運営に関する基準に従って適正な指定障害福祉サービスの事業の運営をすることができなくなったとき。
五　介護給付費若しくは訓練等給付費又は療養介護医療費の請求に関し不正があったとき。
六　指定障害福祉サービス事業者が、第48条第1項の規定により報告又は帳簿書類その他の物件の提出若しくは提示を命ぜられてこれに従わず、又は虚偽の報告をしたとき。
七　指定障害福祉サービス事業者又は当該指定に係るサービス事業所の従業者が、第48条第1項の規定により出頭を求められてこれに応ぜず、同項の規定による質問に対して答

弁せず、若しくは虚偽の答弁をし、又は同項の規定による検査を拒み、妨げ、若しくは忌避したとき。ただし、当該指定に係るサービス事業所の従業者がその行為をした場合において、その行為を防止するため、当該指定障害福祉サービス事業者が相当の注意及び監督を尽くしたときを除く。

八　指定障害福祉サービス事業者が、不正の手段により第29条第１項の指定を受けたとき。

九　前各号に掲げる場合のほか、指定障害福祉サービス事業者が、この法律その他国民の保健医療若しくは福祉に関する法律で政令で定めるもの又はこれらの法律に基づく命令若しくは処分に違反したとき。

十　前各号に掲げる場合のほか、指定障害福祉サービス事業者が、障害福祉サービスに関し不正又は著しく不当な行為をしたとき。

十一　指定障害福祉サービス事業者が法人である場合において、その役員等のうちに指定の取消し又は指定の全部若しくは一部の効力の停止をしようとするとき前５年以内に障害福祉サービスに関し不正又は著しく不当な行為をした者があるとき。

十二　指定障害福祉サービス事業者が法人でない場合において、その管理者が指定の取消し又は指定の全部若しくは一部の効力の停止をしようとするとき前５年以内に障害福祉サービスに関し不正又は著しく不当な行為をした者であるとき。

２　市町村は、自立支援給付に係る指定障害福祉サービスを行った指定障害福祉サービス事業者について、前項各号のいずれかに該当すると認めるときは、その旨を当該指定に係るサービス事業所の所在地の都道府県知事に通知しなければならない。

３　前２項の規定は、指定障害者支援施設について準用する。この場合において、必要な技術的読替えは、政令で定める。

（公示）

第51条　都道府県知事は、次に掲げる場合には、その旨を公示しなければならない。

一　第29条第１項の指定障害福祉サービス事業者又は指定障害者支援施設の指定をしたとき。

二　第46条第２項の規定による事業の廃止の届出があったとき。

三　第47条の規定による指定障害者支援施設の指定の辞退があったとき。

四　前条第１項（同条第３項において準用する場合を含む。）又は第76条の３第６項の規定により指定障害福祉サービス事業者又は指定障害者支援施設の指定を取り消したとき。

第６款　業務管理体制の整備等

（業務管理体制の整備等）

第51条の２　指定事業者等は、第42条第３項に規定する義務の履行が確保されるよう、厚生労働省令で定める基準に従い、業務管理体制を整備しなければならない。

２　指定事業者等は、次の各号に掲げる区分に応じ、当該各号に定める者に対し、厚生労働省令で定めるところにより、業務管理体制の整備に関する事項を届け出なければならない。

一 次号及び第3号に掲げる指定事業者等以外の指定事業者等　都道府県知事
二 当該指定に係る事業所又は施設が一の地方自治法第252条の19第1項の指定都市（以下「指定都市」という。）の区域に所在する指定事業者等　指定都市の長
三 当該指定に係る事業所若しくは施設が2以上の都道府県の区域に所在する指定事業者等（のぞみの園の設置者を除く。第4項、次条第2項及び第3項並びに第51条の4第5項において同じ。）又はのぞみの園の設置者　厚生労働大臣

3　前項の規定により届出をした指定事業者等は、その届け出た事項に変更があったときは、厚生労働省令で定めるところにより、遅滞なく、その旨を当該届出をした厚生労働大臣、都道府県知事又は指定都市の長（以下この款において「厚生労働大臣等」という。）に届け出なければならない。

4　第2項の規定による届出をした指定事業者等は、同項各号に掲げる区分の変更により、同項の規定により当該届出をした厚生労働大臣等以外の厚生労働大臣等に届出を行うときは、厚生労働省令で定めるところにより、その旨を当該届出をした厚生労働大臣等にも届け出なければならない。

5　厚生労働大臣等は、前3項の規定による届出が適正になされるよう、相互に密接な連携を図るものとする。

（報告等）

第51条の3　前条第2項の規定による届出を受けた厚生労働大臣等は、当該届出をした指定事業者等（同条第4項の規定による届出を受けた厚生労働大臣等にあっては、同項の規定による届出をした指定事業者等を除く。）における同条第1項の規定による業務管理体制の整備に関して必要があると認めるときは、当該指定事業者等に対し、報告若しくは帳簿書類その他の物件の提出若しくは提示を命じ、当該指定事業者等若しくは当該指定事業者等の従業者に対し出頭を求め、又は当該職員に関係者に対して質問させ、若しくは当該指定事業者等の当該指定に係る事業所若しくは施設、事務所その他の指定障害福祉サービス等の提供に関係のある場所に立ち入り、その設備若しくは帳簿書類その他の物件を検査させることができる。

2　厚生労働大臣又は指定都市の長が前項の権限を行うときは、当該指定事業者等に係る指定を行った都道府県知事（次条第5項において「関係都道府県知事」という。）と密接な連携の下に行うものとする。

3　都道府県知事は、その行った又はその行おうとする指定に係る指定事業者等における前条第1項の規定による業務管理体制の整備に関して必要があると認めるときは、厚生労働大臣又は指定都市の長に対し、第1項の権限を行うよう求めることができる。

4　厚生労働大臣又は指定都市の長は、前項の規定による都道府県知事の求めに応じて第1項の権限を行ったときは、厚生労働省令で定めるところにより、その結果を当該権限を行うよう求めた都道府県知事に通知しなければならない。

5　第9条第2項の規定は第1項の規定による質問又は検査について、同条第3項の規定は第1項の規定による権限について準用する。

（勧告、命令等）

第51条の4 第51条の2第2項の規定による届出を受けた厚生労働大臣等は、当該届出をした指定事業者等（同条第4項の規定による届出を受けた厚生労働大臣等にあっては、同項の規定による届出をした指定事業者等を除く。）が、同条第1項の厚生労働省令で定める基準に従って適正な業務管理体制の整備をしていないと認めるときは、当該指定事業者等に対し、期限を定めて、当該厚生労働省令で定める基準に従って適正な業務管理体制を整備すべきことを勧告することができる。

2　厚生労働大臣等は、前項の規定による勧告をした場合において、その勧告を受けた指定事業者等が、同項の期限内にこれに従わなかったときは、その旨を公表することができる。

3　厚生労働大臣等は、第1項の規定による勧告を受けた指定事業者等が、正当な理由がなくてその勧告に係る措置をとらなかったときは、当該指定事業者等に対し、期限を定めて、その勧告に係る措置をとるべきことを命ずることができる。

4　厚生労働大臣等は、前項の規定による命令をしたときは、その旨を公示しなければならない。

5　厚生労働大臣又は指定都市の長は、指定事業者等が第3項の規定による命令に違反したときは、厚生労働省令で定めるところにより、当該違反の内容を関係都道府県知事に通知しなければならない。

第3節　地域相談支援給付費、特例地域相談支援給付費、計画相談支援給付費及び特例計画相談支援給付費の支給

第1款　地域相談支援給付費及び特例地域相談支援給付費の支給

（地域相談支援給付費等の相談支援給付決定）

第51条の5　地域相談支援給付費又は特例地域相談支援給付費（以下「**地域相談支援給付費等**」という。）の支給を受けようとする障害者は、市町村の地域相談支援給付費等を支給する旨の決定（以下「**地域相談支援給付決定**」という。）を受けなければならない。

2　第19条（第1項を除く。）の規定は、地域相談支援給付決定について準用する。この場合において、必要な技術的読替えは、政令で定める。

（申請）

第51条の6　地域相談支援給付決定を受けようとする障害者は、厚生労働省令で定めるところにより、市町村に申請しなければならない。

2　第20条（第1項を除く。）の規定は、前項の申請について準用する。この場合において、必要な技術的読替えは、政令で定める。

（給付要否決定等）

第51条の7　市町村は、前条第1項の申請があったときは、当該申請に係る障害者の心身の状態、当該障害者の地域相談支援の利用に関する意向その他の厚生労働省令で定める事項を勘案して地域相談支援給付費等の支給の要否の決定（以下この条及び第51条の12において「**給付要否決定**」という。）を行うものとする。

2　市町村は、給付要否決定を行うに当たって必要があると認めるときは、厚生労働省令で定めるところにより、市町村審査会、身体障害者更生相談所等その他厚生労働省令で定め

る機関の意見を聴くことができる。
3 市町村審査会、身体障害者更生相談所等又は前項の厚生労働省令で定める機関は、同項の意見を述べるに当たって必要があると認めるときは、当該給付要否決定に係る障害者、その家族、医師その他の関係者の意見を聴くことができる。
4 市町村は、給付要否決定を行うに当たって必要と認められる場合として厚生労働省令で定める場合には、厚生労働省令で定めるところにより、前条第1項の申請に係る障害者に対し、第51条の17第1項第1号に規定する指定特定相談支援事業者が作成するサービス等利用計画案の提出を求めるものとする。
5 前項の規定によりサービス等利用計画案の提出を求められた障害者は、厚生労働省令で定める場合には、同項のサービス等利用計画案に代えて厚生労働省令で定めるサービス等利用計画案を提出することができる。
6 市町村は、前2項のサービス等利用計画案の提出があった場合には、第1項の厚生労働省令で定める事項及び当該サービス等利用計画案を勘案して給付要否決定を行うものとする。
7 市町村は、地域相談支援給付決定を行う場合には、地域相談支援の種類ごとに月を単位として厚生労働省令で定める期間において地域相談支援給付費等を支給する地域相談支援の量(以下「**地域相談支援給付量**」という。)を定めなければならない。
8 市町村は、地域相談支援給付決定を行ったときは、当該地域相談支援給付決定障害者に対し、厚生労働省令で定めるところにより、地域相談支援給付量その他の厚生労働省令で定める事項を記載した地域相談支援受給者証(以下「**地域相談支援受給者証**」という。)を交付しなければならない。

(地域相談支援給付決定の有効期間)
第51条の8 地域相談支援給付決定は、厚生労働省令で定める期間(以下「**地域相談支援給付決定の有効期間**」という。)内に限り、その効力を有する。

(地域相談支援給付決定の変更)
第51条の9 地域相談支援給付決定障害者は、現に受けている地域相談支援給付決定に係る地域相談支援の種類、地域相談支援給付量その他の厚生労働省令で定める事項を変更する必要があるときは、厚生労働省令で定めるところにより、市町村に対し、当該地域相談支援給付決定の変更の申請をすることができる。
2 市町村は、前項の申請又は職権により、第51条の7第1項の厚生労働省令で定める事項を勘案し、地域相談支援給付決定障害者につき、必要があると認めるときは、地域相談支援給付決定の変更の決定を行うことができる。この場合において、市町村は、当該決定に係る地域相談支援給付決定障害者に対し地域相談支援受給者証の提出を求めるものとする。
3 第19条(第1項を除く。)、第20条(第1項を除く。)及び第51条の7(第1項を除く。)の規定は、前項の地域相談支援給付決定の変更の決定について準用する。この場合において、必要な技術的読替えは、政令で定める。
4 市町村は、第2項の地域相談支援給付決定の変更の決定を行った場合には、地域相談支

援受給者証に当該決定に係る事項を記載し、これを返還するものとする。

（地域相談支援給付決定の取消し）

第51条の10 地域相談支援給付決定を行った市町村は、次に掲げる場合には、当該地域相談支援給付決定を取り消すことができる。

一 地域相談支援給付決定に係る障害者が、第51条の14第1項に規定する指定地域相談支援を受ける必要がなくなったと認めるとき。

二 地域相談支援給付決定障害者が、地域相談支援給付決定の有効期間内に、当該市町村以外の市町村の区域内に居住地を有するに至ったと認めるとき（地域相談支援給付決定に係る障害者が特定施設に入所することにより当該市町村以外の市町村の区域内に居住地を有するに至ったと認めるときを除く。）。

三 地域相談支援給付決定に係る障害者が、正当な理由なしに第51条の6第2項及び前条第3項において準用する第20条第2項の規定による調査に応じないとき。

四 その他政令で定めるとき。

2 前項の規定により地域相談支援給付決定の取消しを行った市町村は、厚生労働省令で定めるところにより、当該取消しに係る地域相談支援給付決定障害者に対し地域相談支援受給者証の返還を求めるものとする。

（都道府県による援助等）

第51条の11 都道府県は、市町村の求めに応じ、市町村が行う第51条の5から第51条の7まで、第51条の9及び前条の規定による業務に関し、その設置する身体障害者更生相談所等による技術的事項についての協力その他市町村に対する必要な援助を行うものとする。

（政令への委任）

第51条の12 第51条の5から前条までに定めるもののほか、地域相談支援給付決定、給付要否決定、地域相談支援受給者証、地域相談支援給付決定の変更の決定及び地域相談支援給付決定の取消しに関し必要な事項は、政令で定める。

（地域相談支援給付費及び特例地域相談支援給付費の支給）

第51条の13 **地域相談支援給付費**及び**特例地域相談支援給付費**の支給は、地域相談支援に関して次条及び第51条の15の規定により支給する給付とする。

（地域相談支援給付費）

第51条の14 市町村は、地域相談支援給付決定障害者が、地域相談支援給付決定の有効期間内において、都道府県知事が指定する一般相談支援事業を行う者（以下「**指定一般相談支援事業者**」という。）から当該指定に係る地域相談支援（以下「**指定地域相談支援**」という。）を受けたときは、厚生労働省令で定めるところにより、当該地域相談支援給付決定障害者に対し、当該指定地域相談支援（地域相談支援給付量の範囲内のものに限る。以下この条及び次条において同じ。）に要した費用について、**地域相談支援給付費**を支給する。

2 指定地域相談支援を受けようとする地域相談支援給付決定障害者は、厚生労働省令で定めるところにより、指定一般相談支援事業者に地域相談支援受給者証を提示して当該指定地域相談支援を受けるものとする。ただし、緊急の場合その他やむを得ない事由のある場合については、この限りでない。

3 地域相談支援給付費の額は、指定地域相談支援の種類ごとに指定地域相談支援に通常要する費用につき、厚生労働大臣が定める基準により算定した費用の額（その額が現に当該指定地域相談支援に要した費用の額を超えるときは、当該現に指定地域相談支援に要した費用の額）とする。

4 地域相談支援給付決定障害者が指定一般相談支援事業者から指定地域相談支援を受けたときは、市町村は、当該地域相談支援給付決定障害者が当該指定一般相談支援事業者に支払うべき当該指定地域相談支援に要した費用について、地域相談支援給付費として当該地域相談支援給付決定障害者に支給すべき額の限度において、当該地域相談支援給付決定障害者に代わり、当該指定一般相談支援事業者に支払うことができる。

5 前項の規定による支払があったときは、地域相談支援給付決定障害者に対し地域相談支援給付費の支給があったものとみなす。

6 市町村は、指定一般相談支援事業者から地域相談支援給付費の請求があったときは、第3項の厚生労働大臣が定める基準及び第51条の23第2項の厚生労働省令で定める指定地域相談支援の事業の運営に関する基準（指定地域相談支援の取扱いに関する部分に限る。）に照らして審査の上、支払うものとする。

7 市町村は、前項の規定による審査及び支払に関する事務を連合会に委託することができる。

8 前各項に定めるもののほか、地域相談支援給付費の支給及び指定一般相談支援事業者の地域相談支援給付費の請求に関し必要な事項は、厚生労働省令で定める。

（特例地域相談支援給付費）

第51条の15 市町村は、地域相談支援給付決定障害者が、第51条の6第1項の申請をした日から当該地域相談支援給付決定の効力が生じた日の前日までの間に、緊急その他やむを得ない理由により指定地域相談支援を受けた場合において、必要があると認めるときは、厚生労働省令で定めるところにより、当該指定地域相談支援に要した費用について、**特例地域相談支援給付費**を支給することができる。

2 特例地域相談支援給付費の額は、前条第3項の厚生労働大臣が定める基準により算定した費用の額（その額が現に当該指定地域相談支援に要した費用の額を超えるときは、当該現に指定地域相談支援に要した費用の額）を基準として、市町村が定める。

3 前2項に定めるもののほか、特例地域相談支援給付費の支給に関し必要な事項は、厚生労働省令で定める。

第2款 計画相談支援給付費及び特例計画相談支援給付費の支給

（計画相談支援給付費及び特例計画相談支援給付費の支給）

第51条の16 計画相談支援給付費及び**特例計画相談支援給付費**の支給は、計画相談支援に関して次条及び第51条の18の規定により支給する給付とする。

（計画相談支援給付費）

第51条の17 市町村は、次の各号に掲げる者（以下「**計画相談支援対象障害者等**」という。）に対し、当該各号に定める場合の区分に応じ、当該各号に規定する計画相談支援に要した費用について、**計画相談支援給付費**を支給する。

一　第22条第４項（第24条第３項において準用する場合を含む。）の規定により、サービス等利用計画案の提出を求められた第20条第１項若しくは第24条第１項の申請に係る障害者若しくは障害児の保護者又は第51条の７第４項（第51条の９第３項において準用する場合を含む。）の規定により、サービス等利用計画案の提出を求められた第51条の６第１項若しくは第51条の９第１項の申請に係る障害者　市町村長が指定する特定相談支援事業を行う者（以下「**指定特定相談支援事業者**」という。）から当該指定に係るサービス利用支援（次項において「**指定サービス利用支援**」という。）を受けた場合であって、当該申請に係る支給決定等を受けたとき。

二　支給決定障害者等又は地域相談支援給付決定障害者　指定特定相談支援事業者から当該指定に係る継続サービス利用支援（次項において「**指定継続サービス利用支援**」という。）を受けたとき。

2　計画相談支援給付費の額は、指定サービス利用支援又は指定継続サービス利用支援（以下「**指定計画相談支援**」という。）に通常要する費用につき、厚生労働大臣が定める基準により算定した費用の額（その額が現に当該指定計画相談支援に要した費用の額を超えるときは、当該現に指定計画相談支援に要した費用の額）とする。

3　計画相談支援対象障害者等が指定特定相談支援事業者から指定計画相談支援を受けたときは、市町村は、当該計画相談支援対象障害者等が当該指定特定相談支援事業者に支払うべき当該指定計画相談支援に要した費用について、計画相談支援給付費として当該計画相談支援対象障害者等に対し支給すべき額の限度において、当該計画相談支援対象障害者等に代わり、当該指定特定相談支援事業者に支払うことができる。

4　前項の規定による支払があったときは、計画相談支援対象障害者等に対し計画相談支援給付費の支給があったものとみなす。

5　市町村は、指定特定相談支援事業者から計画相談支援給付費の請求があったときは、第２項の厚生労働大臣が定める基準及び第51条の24第２項の厚生労働省令で定める指定計画相談支援の事業の運営に関する基準（指定計画相談支援の取扱いに関する部分に限る。）に照らして審査の上、支払うものとする。

6　市町村は、前項の規定による審査及び支払に関する事務を連合会に委託することができる。

7　前各項に定めるもののほか、計画相談支援給付費の支給及び指定特定相談支援事業者の計画相談支援給付費の請求に関し必要な事項は、厚生労働省令で定める。

（特例計画相談支援給付費）

第51条の18　市町村は、計画相談支援対象障害者等が、指定計画相談支援以外の計画相談支援（第51条の24第１項の厚生労働省令で定める基準及び同条第２項の厚生労働省令で定める指定計画相談支援の事業の運営に関する基準に定める事項のうち厚生労働省令で定めるものを満たすと認められる事業を行う事業所により行われるものに限る。以下この条において「**基準該当計画相談支援**」という。）を受けた場合において、必要があると認めるときは、厚生労働省令で定めるところにより、基準該当計画相談支援に要した費用について、**特例計画相談支援給付費**を支給することができる。

2 特例計画相談支援給付費の額は、当該基準該当計画相談支援について前条第2項の厚生労働大臣が定める基準により算定した費用の額（その額が現に当該基準該当計画相談支援に要した費用の額を超えるときは、当該現に基準該当計画相談支援に要した費用の額）を基準として、市町村が定める。

3 前2項に定めるもののほか、特例計画相談支援給付費の支給に関し必要な事項は、厚生労働省令で定める。

第3款 指定一般相談支援事業者及び指定特定相談支援事業者

(指定一般相談支援事業者の指定)

第51条の19 第51条の14第1項の指定一般相談支援事業者の指定は、厚生労働省令で定めるところにより、一般相談支援事業を行う者の申請により、地域相談支援の種類及び一般相談支援事業を行う事業所（以下この款において「**一般相談支援事業所**」という。）ごとに行う。

2 第36条第3項（第4号、第10号及び第13号を除く。）の規定は、第51条の14第1項の指定一般相談支援事業者の指定について準用する。この場合において、第36条第3項第1号中「都道府県の条例で定める者」とあるのは、「法人」と読み替えるほか、必要な技術的読替えは、政令で定める。

(指定特定相談支援事業者の指定)

第51条の20 第51条の17第1項第1号の指定特定相談支援事業者の指定は、厚生労働省令で定めるところにより、総合的に相談支援を行う者として厚生労働省令で定める基準に該当する者の申請により、特定相談支援事業を行う事業所（以下この款において「**特定相談支援事業所**」という。）ごとに行う。

2 第36条第3項（第4号、第10号及び第13号を除く。）の規定は、第51条の17第1項第1号の指定特定相談支援事業者の指定について準用する。この場合において、第36条第3項第1号中「都道府県の条例で定める者」とあるのは、「法人」と読み替えるほか、必要な技術的読替えは、政令で定める。

(指定の更新)

第51条の21 第51条の14第1項の指定一般相談支援事業者及び第51条の17第1項第1号の指定特定相談支援事業者の指定は、6年ごとにそれらの更新を受けなければ、その期間の経過によって、それらの効力を失う。

2 第41条第2項及び第3項並びに前2条の規定は、前項の指定の更新について準用する。この場合において、必要な技術的読替えは、政令で定める。

(指定一般相談支援事業者及び指定特定相談支援事業者の責務)

第51条の22 指定一般相談支援事業者及び指定特定相談支援事業者（以下「**指定相談支援事業者**」という。）は、障害者等が自立した日常生活又は社会生活を営むことができるよう、障害者等の意思決定の支援に配慮するとともに、市町村、公共職業安定所その他の職業リハビリテーションの措置を実施する機関、教育機関その他の関係機関との緊密な連携を図りつつ、相談支援を当該障害者等の意向、適性、障害の特性その他の事情に応じ、常に障害者等の立場に立って効果的に行うように努めなければならない。

2　指定相談支援事業者は、その提供する相談支援の質の評価を行うことその他の措置を講ずることにより、相談支援の質の向上に努めなければならない。

3　指定相談支援事業者は、障害者等の人格を尊重するとともに、この法律又はこの法律に基づく命令を遵守し、障害者等のため忠実にその職務を遂行しなければならない。

（指定地域相談支援の事業の基準）

第51条の23　指定一般相談支援事業者は、当該指定に係る一般相談支援事業所ごとに、厚生労働省令で定める基準に従い、当該指定地域相談支援に従事する従業者を有しなければならない。

2　指定一般相談支援事業者は、厚生労働省令で定める指定地域相談支援の事業の運営に関する基準に従い、指定地域相談支援を提供しなければならない。

3　指定一般相談支援事業者は、第51条の25第2項の規定による事業の廃止又は休止の届出をしたときは、当該届出の日前1月以内に当該指定地域相談支援を受けていた者であって、当該事業の廃止又は休止の日以後においても引き続き当該指定地域相談支援に相当するサービスの提供を希望する者に対し、必要な地域相談支援が継続的に提供されるよう、他の指定一般相談支援事業者その他関係者との連絡調整その他の便宜の提供を行わなければならない。

（指定計画相談支援の事業の基準）

第51条の24　指定特定相談支援事業者は、当該指定に係る特定相談支援事業所ごとに、厚生労働省令で定める基準に従い、当該指定計画相談支援に従事する従業者を有しなければならない。

2　指定特定相談支援事業者は、厚生労働省令で定める指定計画相談支援の事業の運営に関する基準に従い、指定計画相談支援を提供しなければならない。

3　指定特定相談支援事業者は、次条第4項の規定による事業の廃止又は休止の届出をしたときは、当該届出の日前1月以内に当該指定計画相談支援を受けていた者であって、当該事業の廃止又は休止の日以後においても引き続き当該指定計画相談支援に相当するサービスの提供を希望する者に対し、必要な計画相談支援が継続的に提供されるよう、他の指定特定相談支援事業者その他関係者との連絡調整その他の便宜の提供を行わなければならない。

（変更の届出等）

第51条の25　指定一般相談支援事業者は、当該指定に係る一般相談支援事業所の名称及び所在地その他厚生労働省令で定める事項に変更があったとき、又は休止した当該指定地域相談支援の事業を再開したときは、厚生労働省令で定めるところにより、10日以内に、その旨を都道府県知事に届け出なければならない。

2　指定一般相談支援事業者は、当該指定地域相談支援の事業を廃止し、又は休止しようとするときは、厚生労働省令で定めるところにより、その廃止又は休止の日の1月前までに、その旨を都道府県知事に届け出なければならない。

3　指定特定相談支援事業者は、当該指定に係る特定相談支援事業所の名称及び所在地その他厚生労働省令で定める事項に変更があったとき、又は休止した当該指定計画相談支援の

事業を再開したときは、厚生労働省令で定めるところにより、10日以内に、その旨を市町村長に届け出なければならない。
4 指定特定相談支援事業者は、当該指定計画相談支援の事業を廃止し、又は休止しようとするときは、厚生労働省令で定めるところにより、その廃止又は休止の日の1月前までに、その旨を市町村長に届け出なければならない。

（都道府県知事等による連絡調整又は援助）

第51条の26 第47条の2の規定は、指定一般相談支援事業者が行う第51条の23第3項に規定する便宜の提供について準用する。
2 市町村長は、指定特定相談支援事業者による第51条の24第3項に規定する便宜の提供が円滑に行われるため必要があると認めるときは、当該指定特定相談支援事業者その他の関係者相互間の連絡調整又は当該指定特定相談支援事業者その他の関係者に対する助言その他の援助を行うことができる。

（報告等）

第51条の27 都道府県知事又は市町村長は、必要があると認めるときは、指定一般相談支援事業者若しくは指定一般相談支援事業者であった者若しくは当該指定に係る一般相談支援事業所の従業者であった者（以下この項において「指定一般相談支援事業者であった者等」という。）に対し、報告若しくは帳簿書類その他の物件の提出若しくは提示を命じ、指定一般相談支援事業者若しくは当該指定に係る一般相談支援事業所の従業者若しくは指定一般相談支援事業者であった者等に対し出頭を求め、又は当該職員に関係者に対して質問させ、若しくは当該指定一般相談支援事業者の当該指定に係る一般相談支援事業所、事務所その他当該指定地域相談支援の事業に関係のある場所に立ち入り、その設備若しくは帳簿書類その他の物件を検査させることができる。
2 市町村長は、必要があると認めるときは、指定特定相談支援事業者若しくは指定特定相談支援事業者であった者若しくは当該指定に係る特定相談支援事業所の従業者であった者（以下この項において「指定特定相談支援事業者であった者等」という。）に対し、報告若しくは帳簿書類その他の物件の提出若しくは提示を命じ、指定特定相談支援事業者若しくは当該指定に係る特定相談支援事業所の従業者若しくは指定特定相談支援事業者であった者等に対し出頭を求め、又は当該職員に関係者に対して質問させ、若しくは当該指定特定相談支援事業者の当該指定に係る特定相談支援事業所、事務所その他当該指定計画相談支援の事業に関係のある場所に立ち入り、その設備若しくは帳簿書類その他の物件を検査させることができる。
3 第9条第2項の規定は前2項の規定による質問又は検査について、同条第3項の規定は前2項の規定による権限について準用する。

（勧告、命令等）

第51条の28 都道府県知事は、指定一般相談支援事業者が、次の各号に掲げる場合に該当すると認めるときは、当該指定一般相談支援事業者に対し、期限を定めて、当該各号に定める措置をとるべきことを勧告することができる。
一 当該指定に係る一般相談支援事業所の従業者の知識若しくは技能又は人員について第

51条の23第1項の厚生労働省令で定める基準に適合していない場合　当該基準を遵守すること。
二　第51条の23第2項の厚生労働省令で定める指定地域相談支援の事業の運営に関する基準に従って適正な指定地域相談支援の事業の運営をしていない場合　当該基準を遵守すること。
三　第51条の23第3項に規定する便宜の提供を適正に行っていない場合　当該便宜の提供を適正に行うこと。

2　市町村長は、指定特定相談支援事業者が、次の各号に掲げる場合に該当すると認めるときは、当該指定特定相談支援事業者に対し、期限を定めて、当該各号に定める措置をとるべきことを勧告することができる。
一　当該指定に係る特定相談支援事業所の従業者の知識若しくは技能又は人員について第51条の24第1項の厚生労働省令で定める基準に適合していない場合　当該基準を遵守すること。
二　第51条の24第2項の厚生労働省令で定める指定計画相談支援の事業の運営に関する基準に従って適正な指定計画相談支援の事業の運営をしていない場合　当該基準を遵守すること。
三　第51条の24第3項に規定する便宜の提供を適正に行っていない場合　当該便宜の提供を適正に行うこと。

3　都道府県知事は、第1項の規定による勧告をした場合において、市町村長は、前項の規定による勧告をした場合において、その勧告を受けた指定相談支援事業者が、前2項の期限内にこれに従わなかったときは、その旨を公表することができる。

4　都道府県知事は、第1項の規定による勧告を受けた指定一般相談支援事業者が、正当な理由がなくてその勧告に係る措置をとらなかったとき、市町村長は、第2項の規定による勧告を受けた指定特定相談支援事業者が、正当な理由がなくてその勧告に係る措置をとらなかったときは、当該指定相談支援事業者に対し、期限を定めて、その勧告に係る措置をとるべきことを命ずることができる。

5　都道府県知事又は市町村長は、前項の規定による命令をしたときは、その旨を公示しなければならない。

6　市町村は、地域相談支援給付費の支給に係る指定地域相談支援を行った指定一般相談支援事業者について、第1項各号に掲げる場合のいずれかに該当すると認めるときは、その旨を当該指定に係る一般相談支援事業所の所在地の都道府県知事に通知しなければならない。

（指定の取消し等）
第51条の29　都道府県知事は、次の各号のいずれかに該当する場合においては、当該指定一般相談支援事業者に係る第51条の14第1項の指定を取り消し、又は期間を定めてその指定の全部若しくは一部の効力を停止することができる。
一　指定一般相談支援事業者が、第51条の19第2項において準用する第36条第3項第5号、第5号の2又は第12号のいずれかに該当するに至ったとき。

二　指定一般相談支援事業者が、第51条の22第3項の規定に違反したと認められるとき。

三　指定一般相談支援事業者が、当該指定に係る一般相談支援事業所の従業者の知識若しくは技能又は人員について、第51条の23第1項の厚生労働省令で定める基準を満たすことができなくなったとき。

四　指定一般相談支援事業者が、第51条の23第2項の厚生労働省令で定める指定地域相談支援の事業の運営に関する基準に従って適正な指定地域相談支援の事業の運営をすることができなくなったとき。

五　地域相談支援給付費の請求に関し不正があったとき。

六　指定一般相談支援事業者が、第51条の27第1項の規定により報告又は帳簿書類その他の物件の提出若しくは提示を命ぜられてこれに従わず、又は虚偽の報告をしたとき。

七　指定一般相談支援事業者又は当該指定に係る一般相談支援事業所の従業者が、第51条の27第1項の規定により出頭を求められてこれに応ぜず、同項の規定による質問に対して答弁せず、若しくは虚偽の答弁をし、又は同項の規定による検査を拒み、妨げ、若しくは忌避したとき。ただし、当該指定に係る一般相談支援事業所の従業者がその行為をした場合において、その行為を防止するため、当該指定一般相談支援事業者が相当の注意及び監督を尽くしたときを除く。

八　指定一般相談支援事業者が、不正の手段により第51条の14第1項の指定を受けたとき。

九　前各号に掲げる場合のほか、指定一般相談支援事業者が、この法律その他国民の福祉に関する法律で政令で定めるもの又はこれらの法律に基づく命令若しくは処分に違反したとき。

十　前各号に掲げる場合のほか、指定一般相談支援事業者が、地域相談支援に関し不正又は著しく不当な行為をしたとき。

十一　指定一般相談支援事業者の役員又はその一般相談支援事業所を管理する者その他の政令で定める使用人のうちに指定の取消し又は指定の全部若しくは一部の効力の停止をしようとするとき前5年以内に地域相談支援に関し不正又は著しく不当な行為をした者があるとき。

2　市町村長は、次の各号のいずれかに該当する場合においては、当該指定特定相談支援事業者に係る第51条の17第1項第1号の指定を取り消し、又は期間を定めてその指定の全部若しくは一部の効力を停止することができる。

一　指定特定相談支援事業者が、第51条の20第2項において準用する第36条第3項第5号、第5号の2又は第12号のいずれかに該当するに至ったとき。

二　指定特定相談支援事業者が、第51条の22第3項の規定に違反したと認められるとき。

三　指定特定相談支援事業者が、当該指定に係る特定相談支援事業所の従業者の知識若しくは技能又は人員について、第51条の24第1項の厚生労働省令で定める基準を満たすことができなくなったとき。

四　指定特定相談支援事業者が、第51条の24第2項の厚生労働省令で定める指定計画相談支援の事業の運営に関する基準に従って適正な指定計画相談支援の事業の運営をするこ

五　計画相談支援給付費の請求に関し不正があったとき。
　　六　指定特定相談支援事業者が、第51条の27第2項の規定により報告又は帳簿書類その他の物件の提出若しくは提示を命ぜられてこれに従わず、又は虚偽の報告をしたとき。
　　七　指定特定相談支援事業者又は当該指定に係る特定相談支援事業所の従業者が、第51条の27第2項の規定により出頭を求められてこれに応ぜず、同項の規定による質問に対して答弁せず、若しくは虚偽の答弁をし、又は同項の規定による検査を拒み、妨げ、若しくは忌避したとき。ただし、当該指定に係る特定相談支援事業所の従業者がその行為をした場合において、その行為を防止するため、当該指定特定相談支援事業者が相当の注意及び監督を尽くしたときを除く。
　　八　指定特定相談支援事業者が、不正の手段により第51条の17第1項第1号の指定を受けたとき。
　　九　前各号に掲げる場合のほか、指定特定相談支援事業者が、この法律その他国民の福祉に関する法律で政令で定めるもの又はこれらの法律に基づく命令若しくは処分に違反したとき。
　　十　前各号に掲げる場合のほか、指定特定相談支援事業者が、計画相談支援に関し不正又は著しく不当な行為をしたとき。
　　十一　指定特定相談支援事業者の役員又はその特定相談支援事業所を管理する者その他の政令で定める使用人のうちに指定の取消し又は指定の全部若しくは一部の効力の停止をしようとするとき前5年以内に計画相談支援に関し不正又は著しく不当な行為をした者があるとき。
3　市町村は、地域相談支援給付費の支給に係る指定地域相談支援を行った指定一般相談支援事業者について、第1項各号のいずれかに該当すると認めるときは、その旨を当該指定に係る一般相談支援事業所の所在地の都道府県知事に通知しなければならない。

（公示）
第51条の30　都道府県知事は、次に掲げる場合には、その旨を公示しなければならない。
　　一　第51条の14第1項の指定一般相談支援事業者の指定をしたとき。
　　二　第51条の25第2項の規定による事業の廃止の届出があったとき。
　　三　前条第1項又は第76条の3第6項の規定により指定一般相談支援事業者の指定を取り消したとき。
2　市町村長は、次に掲げる場合には、その旨を公示しなければならない。
　　一　第51条の17第1項第1号の指定特定相談支援事業者の指定をしたとき。
　　二　第51条の25第4項の規定による事業の廃止の届出があったとき。
　　三　前条第2項の規定により指定特定相談支援事業者の指定を取り消したとき。

　　　第4款　業務管理体制の整備等
（業務管理体制の整備等）
第51条の31　指定相談支援事業者は、第51条の22第3項に規定する義務の履行が確保されるよう、厚生労働省令で定める基準に従い、業務管理体制を整備しなければならない。

2 指定相談支援事業者は、次の各号に掲げる区分に応じ、当該各号に定める者に対し、厚生労働省令で定めるところにより、業務管理体制の整備に関する事項を届け出なければならない。
　一 次号から第4号までに掲げる指定相談支援事業者以外の指定相談支援事業者　都道府県知事
　二 特定相談支援事業のみを行う指定特定相談支援事業者であって、当該指定に係る事業所が一の市町村の区域に所在するもの　市町村長
　三 当該指定に係る事業所が一の指定都市の区域に所在する指定相談支援事業者（前号に掲げるものを除く。）　指定都市の長
　四 当該指定に係る事業所が2以上の都道府県の区域に所在する指定相談支援事業者　厚生労働大臣
3 前項の規定により届出をした指定相談支援事業者は、その届け出た事項に変更があったときは、厚生労働省令で定めるところにより、遅滞なく、その旨を当該届出をした厚生労働大臣、都道府県知事、指定都市の長又は市町村長（以下この款において「厚生労働大臣等」という。）に届け出なければならない。
4 第2項の規定による届出をした指定相談支援事業者は、同項各号に掲げる区分の変更により、同項の規定により当該届出をした厚生労働大臣等以外の厚生労働大臣等に届出を行うときは、厚生労働省令で定めるところにより、その旨を当該届出をした厚生労働大臣等にも届け出なければならない。
5 厚生労働大臣等は、前3項の規定による届出が適正になされるよう、相互に密接な連携を図るものとする。
　（報告等）
第51条の32 前条第2項の規定による届出を受けた厚生労働大臣等は、当該届出をした指定相談支援事業者（同条第4項の規定による届出を受けた厚生労働大臣等にあっては、同項の規定による届出をした指定相談支援事業者を除く。）における同条第1項の規定による業務管理体制の整備に関して必要があると認めるときは、当該指定相談支援事業者に対し、報告若しくは帳簿書類その他の物件の提出若しくは提示を命じ、当該指定相談支援事業者若しくは当該指定相談支援事業者の従業者に対し出頭を求め、又は当該職員に関係者に対して質問させ、若しくは当該指定相談支援事業者の当該指定に係る事業所、事務所その他の指定地域相談支援若しくは指定計画相談支援の提供に関係のある場所に立ち入り、その設備若しくは帳簿書類その他の物件を検査させることができる。
2 厚生労働大臣が前項の権限を行うときは当該指定一般相談支援事業者に係る指定を行った都道府県知事（以下この項及び次条第5項において「関係都道府県知事」という。）又は当該指定特定相談支援事業者に係る指定を行った市町村長（以下この項及び次条第5項において「関係市町村長」という。）と、都道府県知事が前項の権限を行うときは関係市町村長と、指定都市の長が同項の権限を行うときは関係都道府県知事と密接な連携の下に行うものとする。
3 都道府県知事は、その行った又はその行おうとする指定に係る指定一般相談支援事業者

における前条第1項の規定による業務管理体制の整備に関して必要があると認めるときは、厚生労働大臣又は指定都市の長に対し、市町村長は、その行った又はその行おうとする指定に係る指定特定相談支援事業者における同項の規定による業務管理体制の整備に関して必要があると認めるときは、厚生労働大臣又は都道府県知事に対し、第1項の権限を行うよう求めることができる。

4　厚生労働大臣、都道府県知事又は指定都市の長は、前項の規定による都道府県知事又は市町村長の求めに応じて第1項の権限を行ったときは、厚生労働省令で定めるところにより、その結果を当該権限を行うよう求めた都道府県知事又は市町村長に通知しなければならない。

5　第9条第2項の規定は第1項の規定による質問又は検査について、同条第3項の規定は第1項の規定による権限について準用する。

（勧告、命令等）

第51条の33　第51条の31第2項の規定による届出を受けた厚生労働大臣等は、当該届出をした指定相談支援事業者（同条第4項の規定による届出を受けた厚生労働大臣等にあっては、同項の規定による届出をした指定相談支援事業者を除く。）が、同条第1項の厚生労働省令で定める基準に従って適正な業務管理体制の整備をしていないと認めるときは、当該指定相談支援事業者に対し、期限を定めて、当該厚生労働省令で定める基準に従って適正な業務管理体制を整備すべきことを勧告することができる。

2　厚生労働大臣等は、前項の規定による勧告をした場合において、その勧告を受けた指定相談支援事業者が、同項の期限内にこれに従わなかったときは、その旨を公表することができる。

3　厚生労働大臣等は、第1項の規定による勧告を受けた指定相談支援事業者が、正当な理由がなくてその勧告に係る措置をとらなかったときは、当該指定相談支援事業者に対し、期限を定めて、その勧告に係る措置をとるべきことを命ずることができる。

4　厚生労働大臣等は、前項の規定による命令をしたときは、その旨を公示しなければならない。

5　厚生労働大臣、都道府県知事又は指定都市の長は、指定相談支援事業者が第3項の規定による命令に違反したときは、厚生労働省令で定めるところにより、当該違反の内容を関係都道府県知事又は関係市町村長に通知しなければならない。

第4節　自立支援医療費、療養介護医療費及び基準該当療養介護医療費の支給

（自立支援医療費の支給認定）

第52条　自立支援医療費の支給を受けようとする障害者又は障害児の保護者は、市町村等の自立支援医療費を支給する旨の認定（以下「**支給認定**」という。）を受けなければならない。

2　第19条第2項の規定は市町村等が行う支給認定について、同条第3項から第5項までの規定は市町村が行う支給認定について準用する。この場合において、必要な技術的読替えは、政令で定める。

（申請）

第53条　支給認定を受けようとする障害者又は障害児の保護者は、厚生労働省令で定めるところにより、市町村等に申請をしなければならない。

2　前項の申請は、都道府県が支給認定を行う場合には、政令で定めるところにより、当該障害者又は障害児の保護者の居住地の市町村（障害者又は障害児の保護者が居住地を有しないか、又はその居住地が明らかでないときは、その障害者又は障害児の保護者の現在地の市町村）を経由して行うことができる。

（支給認定等）

第54条　市町村等は、前条第1項の申請に係る障害者等が、その心身の障害の状態からみて自立支援医療を受ける必要があり、かつ、当該障害者等又はその属する世帯の他の世帯員の所得の状況、治療状況その他の事情を勘案して政令で定める基準に該当する場合には、厚生労働省令で定める自立支援医療の種類ごとに支給認定を行うものとする。ただし、当該障害者等が、自立支援医療のうち厚生労働省令で定める種類の医療を、戦傷病者特別援護法（昭和38年法律第168号）又は心神喪失等の状態で重大な他害行為を行った者の医療及び観察等に関する法律（平成15年法律第110号）の規定により受けることができるときは、この限りでない。

2　市町村等は、支給認定をしたときは、厚生労働省令で定めるところにより、都道府県知事が指定する医療機関（以下「**指定自立支援医療機関**」という。）の中から、当該支給認定に係る障害者等が自立支援医療を受けるものを定めるものとする。

3　市町村等は、支給認定をしたときは、支給認定を受けた障害者又は障害児の保護者（以下「**支給認定障害者等**」という。）に対し、厚生労働省令で定めるところにより、次条に規定する支給認定の有効期間、前項の規定により定められた指定自立支援医療機関の名称その他の厚生労働省令で定める事項を記載した**自立支援医療受給者証**（以下「医療受給者証」という。）を交付しなければならない。

（支給認定の有効期間）

第55条　支給認定は、厚生労働省令で定める期間（以下「**支給認定の有効期間**」という。）内に限り、その効力を有する。

（支給認定の変更）

第56条　支給認定障害者等は、現に受けている支給認定に係る第54条第2項の規定により定められた指定自立支援医療機関その他の厚生労働省令で定める事項について変更の必要があるときは、厚生労働省令で定めるところにより、市町村等に対し、支給認定の変更の申請をすることができる。

2　市町村等は、前項の申請又は職権により、支給認定障害者等につき、同項の厚生労働省令で定める事項について変更の必要があると認めるときは、厚生労働省令で定めるところにより、支給認定の変更の認定を行うことができる。この場合において、市町村等は、当該支給認定障害者等に対し医療受給者証の提出を求めるものとする。

3　第19条第2項の規定は市町村等が行う前項の支給認定の変更の認定について、同条第3項から第5項までの規定は市町村が行う前項の支給認定の変更の認定について準用する。この場合において、必要な技術的読替えは、政令で定める。

4　市町村等は、第2項の支給認定の変更の認定を行った場合には、医療受給者証に当該認定に係る事項を記載し、これを返還するものとする。

　（支給認定の取消し）
第57条　支給認定を行った市町村等は、次に掲げる場合には、当該支給認定を取り消すことができる。
　一　支給認定に係る障害者等が、その心身の障害の状態からみて自立支援医療を受ける必要がなくなったと認めるとき。
　二　支給認定障害者等が、支給認定の有効期間内に、当該市町村等以外の市町村等の区域内に居住地を有するに至ったと認めるとき（支給認定に係る障害者が特定施設に入所することにより当該市町村以外の市町村の区域内に居住地を有するに至ったと認めるときを除く。）。
　三　支給認定に係る障害者等が、正当な理由なしに第9条第1項の規定による命令に応じないとき。
　四　その他政令で定めるとき。
2　前項の規定により支給認定の取消しを行った市町村等は、厚生労働省令で定めるところにより、当該取消しに係る支給認定障害者等に対し医療受給者証の返還を求めるものとする。

　（自立支援医療費の支給）
第58条　市町村等は、支給認定に係る障害者等が、支給認定の有効期間内において、第54条第2項の規定により定められた指定自立支援医療機関から当該指定に係る自立支援医療（以下「**指定自立支援医療**」という。）を受けたときは、厚生労働省令で定めるところにより、当該支給認定障害者等に対し、当該指定自立支援医療に要した費用について、**自立支援医療費**を支給する。
2　指定自立支援医療を受けようとする支給認定障害者等は、厚生労働省令で定めるところにより、指定自立支援医療機関に医療受給者証を提示して当該指定自立支援医療を受けるものとする。ただし、緊急の場合その他やむを得ない事由のある場合については、この限りでない。
3　自立支援医療費の額は、1月につき、第1号に掲げる額（当該指定自立支援医療に食事療養（健康保険法第63条第2項第1号に規定する食事療養をいう。以下この項において同じ。）が含まれるときは、当該額及び第2号に掲げる額の合算額、当該指定自立支援医療に生活療養（同条第2項第2号に規定する生活療養をいう。以下この項において同じ。）が含まれるときは、当該額及び第3号に掲げる額の合算額）とする。
　一　同一の月に受けた指定自立支援医療（食事療養及び生活療養を除く。）につき健康保険の療養に要する費用の額の算定方法の例により算定した額から、当該支給認定障害者等の家計の負担能力、障害の状態その他の事情をしん酌して政令で定める額（当該政令で定める額が当該算定した額の100分の10に相当する額を超えるときは、当該相当する額）を控除して得た額
　二　当該指定自立支援医療（食事療養に限る。）につき健康保険の療養に要する費用の額

の算定方法の例により算定した額から、健康保険法第85条第2項に規定する食事療養標準負担額、支給認定障害者等の所得の状況その他の事情を勘案して厚生労働大臣が定める額を控除した額

三　当該指定自立支援医療（生活療養に限る。）につき健康保険の療養に要する費用の額の算定方法の例により算定した額から、健康保険法第85条の2第2項に規定する生活療養標準負担額、支給認定障害者等の所得の状況その他の事情を勘案して厚生労働大臣が定める額を控除した額

4　前項に規定する療養に要する費用の額の算定方法の例によることができないとき、及びこれによることを適当としないときの自立支援医療に要する費用の額の算定方法は、厚生労働大臣の定めるところによる。

5　支給認定に係る障害者等が指定自立支援医療機関から指定自立支援医療を受けたときは、市町村等は、当該支給認定障害者等が当該指定自立支援医療機関に支払うべき当該指定自立支援医療に要した費用について、自立支援医療費として当該支給認定障害者等に支給すべき額の限度において、当該支給認定障害者等に代わり、当該指定自立支援医療機関に支払うことができる。

6　前項の規定による支払があったときは、支給認定障害者等に対し自立支援医療費の支給があったものとみなす。

（指定自立支援医療機関の指定）

第59条　第54条第2項の指定は、厚生労働省令で定めるところにより、病院若しくは診療所（これらに準ずるものとして政令で定めるものを含む。以下同じ。）又は薬局の開設者の申請により、同条第1項の厚生労働省令で定める自立支援医療の種類ごとに行う。

2　都道府県知事は、前項の申請があった場合において、次の各号のいずれかに該当するときは、指定自立支援医療機関の指定をしないことができる。

一　当該申請に係る病院若しくは診療所又は薬局が、健康保険法第63条第3項第1号に規定する保険医療機関若しくは保険薬局又は厚生労働省令で定める事業所若しくは施設でないとき。

二　当該申請に係る病院若しくは診療所若しくは薬局又は申請者が、自立支援医療費の支給に関し診療又は調剤の内容の適切さを欠くおそれがあるとして重ねて第63条の規定による指導又は第67条第1項の規定による勧告を受けたものであるとき。

三　申請者が、第67条第3項の規定による命令に従わないものであるとき。

四　前3号のほか、当該申請に係る病院若しくは診療所又は薬局が、指定自立支援医療機関として著しく不適当と認めるものであるとき。

3　第36条第3項（第1号から第3号まで及び第7号を除く。）の規定は、指定自立支援医療機関の指定について準用する。この場合において、必要な技術的読替えは、政令で定める。

（指定の更新）

第60条　第54条第2項の指定は、6年ごとにその更新を受けなければ、その期間の経過によって、その効力を失う。

2　健康保険法第68条第２項の規定は、前項の指定の更新について準用する。この場合において、必要な技術的読替えは、政令で定める。

（指定自立支援医療機関の責務）
第61条　指定自立支援医療機関は、厚生労働省令で定めるところにより、良質かつ適切な自立支援医療を行わなければならない。

（診療方針）
第62条　指定自立支援医療機関の診療方針は、健康保険の診療方針の例による。
2　前項に規定する診療方針によることができないとき、及びこれによることを適当としないときの診療方針は、厚生労働大臣が定めるところによる。

（都道府県知事の指導）
第63条　指定自立支援医療機関は、自立支援医療の実施に関し、都道府県知事の指導を受けなければならない。

（変更の届出）
第64条　指定自立支援医療機関は、当該指定に係る医療機関の名称及び所在地その他厚生労働省令で定める事項に変更があったときは、厚生労働省令で定めるところにより、その旨を都道府県知事に届け出なければならない。

（指定の辞退）
第65条　指定自立支援医療機関は、１月以上の予告期間を設けて、その指定を辞退することができる。

（報告等）
第66条　都道府県知事は、自立支援医療の実施に関して必要があると認めるときは、指定自立支援医療機関若しくは指定自立支援医療機関の開設者若しくは管理者、医師、薬剤師その他の従業者であった者（以下この項において「開設者であった者等」という。）に対し報告若しくは診療録、帳簿書類その他の物件の提出若しくは提示を命じ、指定自立支援医療機関の開設者若しくは管理者、医師、薬剤師その他の従業者（開設者であった者等を含む。）に対し出頭を求め、又は当該職員に関係者に対して質問させ、若しくは指定自立支援医療機関について設備若しくは診療録、帳簿書類その他の物件を検査させることができる。
2　第９条第２項の規定は前項の規定による質問又は検査について、同条第３項の規定は前項の規定による権限について準用する。
3　指定自立支援医療機関が、正当な理由がなく、第１項の規定による報告若しくは提出若しくは提示をせず、若しくは虚偽の報告をし、又は同項の規定による検査を拒み、妨げ、若しくは忌避したときは、都道府県知事は、当該指定自立支援医療機関に対する市町村等の自立支援医療費の支払を一時差し止めることを指示し、又は差し止めることができる。

（勧告、命令等）
第67条　都道府県知事は、指定自立支援医療機関が、第61条又は第62条の規定に従って良質かつ適切な自立支援医療を行っていないと認めるときは、当該指定自立支援医療機関の開設者に対し、期限を定めて、第61条又は第62条の規定を遵守すべきことを勧告することが

できる。
2　都道府県知事は、前項の規定による勧告をした場合において、その勧告を受けた指定自立支援医療機関の開設者が、同項の期限内にこれに従わなかったときは、その旨を公表することができる。
3　都道府県知事は、第1項の規定による勧告を受けた指定自立支援医療機関の開設者が、正当な理由がなくてその勧告に係る措置をとらなかったときは、当該指定自立支援医療機関の開設者に対し、期限を定めて、その勧告に係る措置をとるべきことを命ずることができる。
4　都道府県知事は、前項の規定による命令をしたときは、その旨を公示しなければならない。
5　市町村は、指定自立支援医療を行った指定自立支援医療機関の開設者について、第61条又は第62条の規定に従って良質かつ適切な自立支援医療を行っていないと認めるときは、その旨を当該指定に係る医療機関の所在地の都道府県知事に通知しなければならない。

　　（指定の取消し等）
第68条　都道府県知事は、次の各号のいずれかに該当する場合においては、当該指定自立支援医療機関に係る第54条第2項の指定を取り消し、又は期間を定めてその指定の全部若しくは一部の効力を停止することができる。
　一　指定自立支援医療機関が、第59条第2項各号のいずれかに該当するに至ったとき。
　二　指定自立支援医療機関が、第59条第3項の規定により準用する第36条第3項第4号から第5号の2まで、第12号又は第13号のいずれかに該当するに至ったとき。
　三　指定自立支援医療機関が、第61条又は第62条の規定に違反したとき。
　四　自立支援医療費の請求に関し不正があったとき。
　五　指定自立支援医療機関が、第66条第1項の規定により報告若しくは診療録、帳簿書類その他の物件の提出若しくは提示を命ぜられてこれに従わず、又は虚偽の報告をしたとき。
　六　指定自立支援医療機関の開設者又は従業者が、第66条第1項の規定により出頭を求められてこれに応ぜず、同項の規定による質問に対して答弁せず、若しくは虚偽の答弁をし、又は同項の規定による検査を拒み、妨げ、若しくは忌避したとき。ただし、当該指定自立支援医療機関の従業者がその行為をした場合において、その行為を防止するため、当該指定自立支援医療機関の開設者が相当の注意及び監督を尽くしたときを除く。
2　第50条第1項第8号から第12号まで及び第2項の規定は、前項の指定自立支援医療機関の指定の取消し又は効力の停止について準用する。この場合において、必要な技術的読替えは、政令で定める。

　　（公示）
第69条　都道府県知事は、次に掲げる場合には、その旨を公示しなければならない。
　一　第54条第2項の指定自立支援医療機関の指定をしたとき。
　二　第64条の規定による届出（同条の厚生労働省令で定める事項の変更に係るものを除く。）があったとき。

三　第65条の規定による指定自立支援医療機関の指定の辞退があったとき。

四　前条の規定により指定自立支援医療機関の指定を取り消したとき。

（療養介護医療費の支給）

第70条　市町村は、介護給付費（療養介護に係るものに限る。）に係る支給決定を受けた障害者が、支給決定の有効期間内において、指定障害福祉サービス事業者等から当該指定に係る療養介護医療を受けたときは、厚生労働省令で定めるところにより、当該支給決定に係る障害者に対し、当該療養介護医療に要した費用について、**療養介護医療費**を支給する。

2　第58条第3項から第6項までの規定は、療養介護医療費について準用する。この場合において、必要な技術的読替えは、政令で定める。

（基準該当療養介護医療費の支給）

第71条　市町村は、特例介護給付費（療養介護に係るものに限る。）に係る支給決定を受けた障害者が、基準該当事業所又は基準該当施設から当該療養介護医療（以下「**基準該当療養介護医療**」という。）を受けたときは、厚生労働省令で定めるところにより、当該支給決定に係る障害者に対し、当該基準該当療養介護医療に要した費用について、**基準該当療養介護医療費**を支給する。

2　第58条第3項及び第4項の規定は、基準該当療養介護医療費について準用する。この場合において、必要な技術的読替えは、政令で定める。

（準用）

第72条　第61条及び第62条の規定は、療養介護医療を行う指定障害福祉サービス事業者等又は基準該当療養介護医療を行う基準該当事業所若しくは基準該当施設について準用する。

（自立支援医療費等の審査及び支払）

第73条　都道府県知事は、指定自立支援医療機関、療養介護医療を行う指定障害福祉サービス事業者等又は基準該当療養介護医療を行う基準該当事業所若しくは基準該当施設（以下この条において「公費負担医療機関」という。）の診療内容並びに自立支援医療費、療養介護医療費及び基準該当療養介護医療費（以下この条及び第75条において「自立支援医療費等」という。）の請求を随時審査し、かつ、公費負担医療機関が第58条第5項（第70条第2項において準用する場合を含む。）の規定によって請求することができる自立支援医療費等の額を決定することができる。

2　公費負担医療機関は、都道府県知事が行う前項の決定に従わなければならない。

3　都道府県知事は、第1項の規定により公費負担医療機関が請求することができる自立支援医療費等の額を決定するに当たっては、社会保険診療報酬支払基金法（昭和23年法律第129号）に定める審査委員会、国民健康保険法に定める国民健康保険診療報酬審査委員会その他政令で定める医療に関する審査機関の意見を聴かなければならない。

4　市町村等は、公費負担医療機関に対する自立支援医療費等の支払に関する事務を社会保険診療報酬支払基金、連合会その他厚生労働省令で定める者に委託することができる。

5　前各項に定めるもののほか、自立支援医療費等の請求に関し必要な事項は、厚生労働省令で定める。

6　第1項の規定による自立支援医療費等の額の決定については、審査請求をすることができない。

　　（都道府県による援助等）
第74条　市町村は、支給認定又は自立支援医療費を支給しない旨の認定を行うに当たって必要があると認めるときは、厚生労働省令で定めるところにより、身体障害者更生相談所その他厚生労働省令で定める機関の意見を聴くことができる。

2　都道府県は、市町村の求めに応じ、市町村が行うこの節の規定による業務に関し、その設置する身体障害者更生相談所その他厚生労働省令で定める機関による技術的事項についての協力その他市町村に対する必要な援助を行うものとする。

　　（政令への委任）
第75条　この節に定めるもののほか、支給認定、医療受給者証、支給認定の変更の認定及び支給認定の取消しその他自立支援医療費等に関し必要な事項は、政令で定める。

　　第5節　補装具費の支給
第76条　市町村は、障害者又は障害児の保護者から申請があった場合において、当該申請に係る障害者等の障害の状態からみて、当該障害者等が補装具の購入、借受け又は修理（以下この条及び次条において「購入等」という。）を必要とする者であると認めるとき（補装具の借受けにあっては、補装具の借受けによることが適当である場合として厚生労働省令で定める場合に限る。）は、当該障害者又は障害児の保護者（以下この条において「**補装具費支給対象障害者等**」という。）に対し、当該補装具の購入等に要した費用について、**補装具費**を支給する。ただし、当該申請に係る障害者等又はその属する世帯の他の世帯員のうち政令で定める者の所得が政令で定める基準以上であるときは、この限りでない。

2　補装具費の額は、1月につき、同一の月に購入等をした補装具について、補装具の購入等に通常要する費用の額を勘案して厚生労働大臣が定める基準により算定した費用の額（その額が現に当該補装具の購入等に要した費用の額を超えるときは、当該現に補装具の購入等に要した費用の額。以下この項において「基準額」という。）を合計した額から、当該補装具費支給対象障害者等の家計の負担能力その他の事情をしん酌して政令で定める額（当該政令で定める額が基準額を合計した額の100分の10に相当する額を超えるときは、当該相当する額）を控除して得た額とする。

3　市町村は、補装具費の支給に当たって必要があると認めるときは、厚生労働省令で定めるところにより、身体障害者更生相談所その他厚生労働省令で定める機関の意見を聴くことができる。

4　第19条第2項から第5項までの規定は、補装具費の支給に係る市町村の認定について準用する。この場合において、必要な技術的読替えは、政令で定める。

5　厚生労働大臣は、第2項の規定により厚生労働大臣の定める基準を適正なものとするため、必要な調査を行うことができる。

6　前各項に定めるもののほか、補装具費の支給に関し必要な事項は、厚生労働省令で定める。

第6節　高額障害福祉サービス等給付費の支給

第76条の2　市町村は、次に掲げる者が受けた障害福祉サービス及び介護保険法第24条第2項に規定する介護給付等対象サービスのうち政令で定めるもの並びに補装具の購入等に要した費用の合計額（それぞれ厚生労働大臣が定める基準により算定した費用の額（その額が現に要した費用の額を超えるときは、当該現に要した額）の合計額を限度とする。）から当該費用につき支給された介護給付費等及び同法第20条に規定する介護給付等のうち政令で定めるもの並びに補装具費の合計額を控除して得た額が、著しく高額であるときは、当該者に対し、**高額障害福祉サービス等給付費**を支給する。

一　支給決定障害者等

二　65歳に達する前に長期間にわたり障害福祉サービス（介護保険法第24条第2項に規定する介護給付等対象サービスに相当するものとして政令で定めるものに限る。）に係る支給決定を受けていた障害者であって、同項に規定する介護給付等対象サービス（障害福祉サービスに相当するものとして政令で定めるものに限る。）を受けているもの（支給決定を受けていない者に限る。）のうち、当該障害者の所得の状況及び障害の程度その他の事情を勘案して政令で定めるもの

2　前項に定めるもののほか、高額障害福祉サービス等給付費の支給要件、支給額その他高額障害福祉サービス等給付費の支給に関し必要な事項は、障害福祉サービス及び補装具の購入等に要する費用の負担の家計に与える影響を考慮して、政令で定める。

第7節　情報公表対象サービス等の利用に資する情報の報告及び公表

第76条の3　指定障害福祉サービス事業者、指定一般相談支援事業者及び指定特定相談支援事業者並びに指定障害者支援施設等の設置者（以下この条において「**対象事業者**」という。）は、指定障害福祉サービス等、指定地域相談支援又は指定計画相談支援（以下この条において「**情報公表対象サービス等**」という。）の提供を開始しようとするとき、その他厚生労働省令で定めるときは、厚生労働省令で定めるところにより、**情報公表対象サービス等情報**（その提供する情報公表対象サービス等の内容及び情報公表対象サービス等を提供する事業者又は施設の運営状況に関する情報であって、情報公表対象サービス等を利用し、又は利用しようとする障害者等が適切かつ円滑に当該情報公表対象サービス等を利用する機会を確保するために公表されることが適当なものとして厚生労働省令で定めるものをいう。第8項において同じ。）を、当該情報公表対象サービス等を提供する事業所又は施設の所在地を管轄する都道府県知事に報告しなければならない。

2　都道府県知事は、前項の規定による報告を受けた後、厚生労働省令で定めるところにより、当該報告の内容を公表しなければならない。

3　都道府県知事は、前項の規定による公表を行うため必要があると認めるときは、第1項の規定による報告が真正であることを確認するのに必要な限度において、当該報告をした対象事業者に対し、当該報告の内容について、調査を行うことができる。

4　都道府県知事は、対象事業者が第1項の規定による報告をせず、若しくは虚偽の報告をし、又は前項の規定による調査を受けず、若しくは調査を妨げたときは、期間を定めて、当該対象事業者に対し、その報告を行い、若しくはその報告の内容を是正し、又はその調

5 都道府県知事は、指定特定相談支援事業者に対して前項の規定による処分をしたときは、遅滞なく、その旨をその指定をした市町村長に通知しなければならない。

6 都道府県知事は、指定障害福祉サービス事業者若しくは指定一般相談支援事業者又は指定障害者支援施設の設置者が第4項の規定による命令に従わないときは、当該指定障害福祉サービス事業者、指定一般相談支援事業者又は指定障害者支援施設の指定を取り消し、又は期間を定めてその指定の全部若しくは一部の効力を停止することができる。

7 都道府県知事は、指定特定相談支援事業者が第4項の規定による命令に従わない場合において、当該指定特定相談支援事業者の指定を取り消し、又は期間を定めてその指定の全部若しくは一部の効力を停止することが適当であると認めるときは、理由を付して、その旨をその指定をした市町村長に通知しなければならない。

8 都道府県知事は、情報公表対象サービス等を利用し、又は利用しようとする障害者等が適切かつ円滑に当該情報公表対象サービス等を利用する機会の確保に資するため、情報公表対象サービス等の質及び情報公表対象サービス等に従事する従業者に関する情報(情報公表対象サービス等情報に該当するものを除く。)であって厚生労働省令で定めるものの提供を希望する対象事業者から提供を受けた当該情報について、公表を行うよう配慮するものとする。

第3章 地域生活支援事業

(市町村の地域生活支援事業)

第77条 市町村は、厚生労働省令で定めるところにより、**地域生活支援事業**として、次に掲げる事業を行うものとする。

一 障害者等の自立した日常生活及び社会生活に関する理解を深めるための研修及び啓発を行う事業

二 障害者等、障害者等の家族、地域住民等により自発的に行われる障害者等が自立した日常生活及び社会生活を営むことができるようにするための活動に対する支援を行う事業

三 障害者等が障害福祉サービスその他のサービスを利用しつつ、自立した日常生活又は社会生活を営むことができるよう、地域の障害者等の福祉に関する各般の問題につき、障害者等、障害児の保護者又は障害者等の介護を行う者からの相談に応じ、必要な情報の提供及び助言その他の厚生労働省令で定める便宜を供与するとともに、障害者等に対する虐待の防止及びその早期発見のための関係機関との連絡調整その他の障害者等の権利の擁護のために必要な援助を行う事業(次号に掲げるものを除く。)

四 障害福祉サービスの利用の観点から成年後見制度を利用することが有用であると認められる障害者で成年後見制度の利用に要する費用について補助を受けなければ成年後見制度の利用が困難であると認められるものにつき、当該費用のうち厚生労働省令で定める費用を支給する事業

五　障害者に係る民法（明治29年法律第89号）に規定する後見、保佐及び補助の業務を適正に行うことができる人材の育成及び活用を図るための研修を行う事業
六　聴覚、言語機能、音声機能その他の障害のため意思疎通を図ることに支障がある障害者等その他の日常生活を営むのに支障がある障害者等につき、**意思疎通支援**（手話その他厚生労働省令で定める方法により当該障害者等とその他の者の意思疎通を支援することをいう。以下同じ。）を行う者の派遣、日常生活上の便宜を図るための用具であって厚生労働大臣が定めるものの給付又は貸与その他の厚生労働省令で定める便宜を供与する事業
七　意思疎通支援を行う者を養成する事業
八　移動支援事業
九　障害者等につき、地域活動支援センターその他の厚生労働省令で定める施設に通わせ、創作的活動又は生産活動の機会の提供、社会との交流の促進その他の厚生労働省令で定める便宜を供与する事業

2　都道府県は、市町村の地域生活支援事業の実施体制の整備の状況その他の地域の実情を勘案して、関係市町村の意見を聴いて、当該市町村に代わって前項各号に掲げる事業の一部を行うことができる。

3　市町村は、第1項各号に掲げる事業のほか、現に住居を求めている障害者につき低額な料金で福祉ホームその他の施設において当該施設の居室その他の設備を利用させ、日常生活に必要な便宜を供与する事業その他の障害者等が自立した日常生活又は社会生活を営むために必要な事業を行うことができる。

（基幹相談支援センター）

第77条の2　**基幹相談支援センター**は、地域における相談支援の中核的な役割を担う機関として、前条第1項第3号及び第4号に掲げる事業並びに身体障害者福祉法第9条第5項第2号及び第3号、知的障害者福祉法第9条第5項第2号及び第3号並びに精神保健及び精神障害者福祉に関する法律第49条第1項に規定する業務を総合的に行うことを目的とする施設とする。

2　市町村は、基幹相談支援センターを設置することができる。

3　市町村は、一般相談支援事業を行う者その他の厚生労働省令で定める者に対し、第1項の事業及び業務の実施を委託することができる。

4　前項の委託を受けた者は、第1項の事業及び業務を実施するため、厚生労働省令で定めるところにより、あらかじめ、厚生労働省令で定める事項を市町村長に届け出て、基幹相談支援センターを設置することができる。

5　基幹相談支援センターを設置する者は、第1項の事業及び業務の効果的な実施のために、指定障害福祉サービス事業者等、医療機関、民生委員法（昭和23年法律第198号）に定める民生委員、身体障害者福祉法第12条の3第1項又は第2項の規定により委託を受けた身体障害者相談員、知的障害者福祉法第15条の2第1項又は第2項の規定により委託を受けた知的障害者相談員、意思疎通支援を行う者を養成し、又は派遣する事業の関係者その他の関係者との連携に努めなければならない。

6　第3項の規定により委託を受けて第1項の事業及び業務を実施するため基幹相談支援センターを設置する者（その者が法人である場合にあっては、その役員）若しくはその職員又はこれらの職にあった者は、正当な理由なしに、その業務に関して知り得た秘密を漏らしてはならない。

（都道府県の地域生活支援事業）

第78条　都道府県は、厚生労働省令で定めるところにより、地域生活支援事業として、第77条第1項第3号、第6号及び第7号に掲げる事業のうち、特に専門性の高い相談支援に係る事業及び特に専門性の高い意思疎通支援を行う者を養成し、又は派遣する事業、意思疎通支援を行う者の派遣に係る市町村相互間の連絡調整その他の広域的な対応が必要な事業として厚生労働省令で定める事業を行うものとする。

2　都道府県は、前項に定めるもののほか、障害福祉サービス又は相談支援の質の向上のために障害福祉サービス若しくは相談支援を提供する者又はこれらの者に対し必要な指導を行う者を育成する事業その他障害者等が自立した日常生活又は社会生活を営むために必要な事業を行うことができる。

第4章　事業及び施設

（事業の開始等）

第79条　都道府県は、次に掲げる事業を行うことができる。

一　障害福祉サービス事業
二　一般相談支援事業及び特定相談支援事業
三　移動支援事業
四　地域活動支援センターを経営する事業
五　福祉ホームを経営する事業

2　国及び都道府県以外の者は、厚生労働省令で定めるところにより、あらかじめ、厚生労働省令で定める事項を都道府県知事に届け出て、前項各号に掲げる事業を行うことができる。

3　前項の規定による届出をした者は、厚生労働省令で定める事項に変更が生じたときは、変更の日から1月以内に、その旨を都道府県知事に届け出なければならない。

4　国及び都道府県以外の者は、第1項各号に掲げる事業を廃止し、又は休止しようとするときは、あらかじめ、厚生労働省令で定める事項を都道府県知事に届け出なければならない。

（障害福祉サービス事業、地域活動支援センター及び福祉ホームの基準）

第80条　都道府県は、障害福祉サービス事業（施設を必要とするものに限る。以下この条及び第82条第2項において同じ。）、地域活動支援センター及び福祉ホームの設備及び運営について、条例で基準を定めなければならない。

2　都道府県が前項の条例を定めるに当たっては、第1号から第3号までに掲げる事項については厚生労働省令で定める基準に従い定めるものとし、第4号に掲げる事項については

厚生労働省令で定める基準を標準として定めるものとし、その他の事項については厚生労働省令で定める基準を参酌するものとする。
一　障害福祉サービス事業に従事する従業者及びその員数並びに地域活動支援センター及び福祉ホームに配置する従業者及びその員数
二　障害福祉サービス事業に係る居室及び病室の床面積並びに福祉ホームに係る居室の床面積
三　障害福祉サービス事業の運営に関する事項であって、障害者の適切な処遇及び安全の確保並びに秘密の保持に密接に関連するものとして厚生労働省令で定めるもの並びに地域活動支援センター及び福祉ホームの運営に関する事項であって、障害者等の安全の確保及び秘密の保持に密接に関連するものとして厚生労働省令で定めるもの
四　障害福祉サービス事業、地域活動支援センター及び福祉ホームに係る利用定員
3　第1項の障害福祉サービス事業を行う者並びに地域活動支援センター及び福祉ホームの設置者は、同項の基準を遵守しなければならない。

（報告の徴収等）

第81条　都道府県知事は、障害者等の福祉のために必要があると認めるときは、障害福祉サービス事業、一般相談支援事業、特定相談支援事業若しくは移動支援事業を行う者若しくは地域活動支援センター若しくは福祉ホームの設置者に対して、報告若しくは帳簿書類その他の物件の提出若しくは提示を求め、又は当該職員に関係者に対して質問させ、若しくはその事業所若しくは施設に立ち入り、その設備若しくは帳簿書類その他の物件を検査させることができる。

2　第9条第2項の規定は前項の規定による質問又は検査について、同条第3項の規定は前項の規定による権限について準用する。

（事業の停止等）

第82条　都道府県知事は、障害福祉サービス事業、一般相談支援事業、特定相談支援事業又は移動支援事業を行う者が、この章の規定若しくは当該規定に基づく命令若しくはこれらに基づいてする処分に違反したとき、その事業に関し不当に営利を図り、若しくはその事業に係る者の処遇につき不当な行為をしたとき、又は身体障害者福祉法第18条の2、知的障害者福祉法第21条若しくは児童福祉法第21条の7の規定に違反したときは、その事業を行う者に対して、その事業の制限又は停止を命ずることができる。

2　都道府県知事は、障害福祉サービス事業を行う者又は地域活動支援センター若しくは福祉ホームの設置者が、この章の規定若しくは当該規定に基づく命令若しくはこれらに基づいてする処分に違反したとき、当該障害福祉サービス事業、地域活動支援センター若しくは福祉ホームが第80条第1項の基準に適合しなくなったとき、又は身体障害者福祉法第18条の2、知的障害者福祉法第21条若しくは児童福祉法第21条の7の規定に違反したときは、その事業を行う者又はその設置者に対して、その施設の設備若しくは運営の改善又はその事業の停止若しくは廃止を命ずることができる。

（施設の設置等）

第83条　国は、障害者支援施設を設置しなければならない。

2 　都道府県は、障害者支援施設を設置することができる。
3 　市町村は、あらかじめ厚生労働省令で定める事項を都道府県知事に届け出て、障害者支援施設を設置することができる。
4 　国、都道府県及び市町村以外の者は、社会福祉法（昭和26年法律第45号）の定めるところにより、障害者支援施設を設置することができる。
5 　前各項に定めるもののほか、障害者支援施設の設置、廃止又は休止に関し必要な事項は、政令で定める。

　（施設の基準）
第84条　都道府県は、障害者支援施設の設備及び運営について、条例で基準を定めなければならない。
2 　都道府県が前項の条例を定めるに当たっては、第1号から第3号までに掲げる事項については厚生労働省令で定める基準に従い定めるものとし、第4号に掲げる事項については厚生労働省令で定める基準を標準として定めるものとし、その他の事項については厚生労働省令で定める基準を参酌するものとする。
　一　障害者支援施設に配置する従業者及びその員数
　二　障害者支援施設に係る居室の床面積
　三　障害者支援施設の運営に関する事項であって、障害者の適切な処遇及び安全の確保並びに秘密の保持に密接に関連するものとして厚生労働省令で定めるもの
　四　障害者支援施設に係る利用定員
3 　国、都道府県及び市町村以外の者が設置する障害者支援施設については、第1項の基準を社会福祉法第65条第1項の基準とみなして、同法第62条第4項、第65条第3項及び第71条の規定を適用する。

　（報告の徴収等）
第85条　都道府県知事は、市町村が設置した障害者支援施設の運営を適切にさせるため、必要があると認めるときは、当該施設の長に対して、必要と認める事項の報告若しくは帳簿書類その他の物件の提出若しくは提示を求め、又は当該職員に関係者に対して質問させ、若しくはその施設に立ち入り、設備若しくは帳簿書類その他の物件を検査させることができる。
2 　第9条第2項の規定は前項の規定による質問又は検査について、同条第3項の規定は前項の規定による権限について準用する。

　（事業の停止等）
第86条　都道府県知事は、市町村が設置した障害者支援施設について、その設備又は運営が第84条第1項の基準に適合しなくなったと認め、又は法令の規定に違反すると認めるときは、その事業の停止又は廃止を命ずることができる。
2 　都道府県知事は、前項の規定による処分をするには、文書をもって、その理由を示さなければならない。

第5章　障害福祉計画

(基本指針)

第87条　厚生労働大臣は、障害福祉サービス及び相談支援並びに市町村及び都道府県の地域生活支援事業の提供体制を整備し、自立支援給付及び地域生活支援事業の円滑な実施を確保するための基本的な指針(以下「**基本指針**」という。)を定めるものとする。

2　基本指針においては、次に掲げる事項を定めるものとする。

一　障害福祉サービス及び相談支援の提供体制の確保に関する基本的事項

二　障害福祉サービス、相談支援並びに市町村及び都道府県の地域生活支援事業の提供体制の確保に係る目標に関する事項

三　次条第1項に規定する市町村障害福祉計画及び第89条第1項に規定する都道府県障害福祉計画の作成に関する事項

四　その他自立支援給付及び地域生活支援事業の円滑な実施を確保するために必要な事項

3　基本指針は、児童福祉法第33条の19第1項に規定する基本指針と一体のものとして作成することができる。

4　厚生労働大臣は、基本指針の案を作成し、又は基本指針を変更しようとするときは、あらかじめ、障害者等及びその家族その他の関係者の意見を反映させるために必要な措置を講ずるものとする。

5　厚生労働大臣は、障害者等の生活の実態、障害者等を取り巻く環境の変化その他の事情を勘案して必要があると認めるときは、速やかに基本指針を変更するものとする。

6　厚生労働大臣は、基本指針を定め、又はこれを変更したときは、遅滞なく、これを公表しなければならない。

(市町村障害福祉計画)

第88条　市町村は、基本指針に即して、障害福祉サービスの提供体制の確保その他この法律に基づく業務の円滑な実施に関する計画(以下「**市町村障害福祉計画**」という。)を定めるものとする。

2　市町村障害福祉計画においては、次に掲げる事項を定めるものとする。

一　障害福祉サービス、相談支援及び地域生活支援事業の提供体制の確保に係る目標に関する事項

二　各年度における指定障害福祉サービス、指定地域相談支援又は指定計画相談支援の種類ごとの必要な量の見込み

三　地域生活支援事業の種類ごとの実施に関する事項

3　市町村障害福祉計画においては、前項各号に掲げるもののほか、次に掲げる事項について定めるよう努めるものとする。

一　前項第2号の指定障害福祉サービス、指定地域相談支援又は指定計画相談支援の種類ごとの必要な見込量の確保のための方策

二　前項第2号の指定障害福祉サービス、指定地域相談支援又は指定計画相談支援及び同項第3号の地域生活支援事業の提供体制の確保に係る医療機関、教育機関、公共職業安

定所その他の職業リハビリテーションの措置を実施する機関その他の関係機関との連携に関する事項
4 市町村障害福祉計画は、当該市町村の区域における障害者等の数及びその障害の状況を勘案して作成されなければならない。
5 市町村は、当該市町村の区域における障害者等の心身の状況、その置かれている環境その他の事情を正確に把握した上で、これらの事情を勘案して、市町村障害福祉計画を作成するよう努めるものとする。
6 市町村障害福祉計画は、児童福祉法第33条の20第1項に規定する市町村障害児福祉計画と一体のものとして作成することができる。
7 市町村障害福祉計画は、障害者基本法第11条第3項に規定する市町村障害者計画、社会福祉法第107条に規定する市町村地域福祉計画その他の法律の規定による計画であって障害者等の福祉に関する事項を定めるものと調和が保たれたものでなければならない。
8 市町村は、市町村障害福祉計画を定め、又は変更しようとするときは、あらかじめ、住民の意見を反映させるために必要な措置を講ずるよう努めるものとする。
9 市町村は、第89条の3第1項に規定する協議会(以下この項及び第89条第7項において「協議会」という。)を設置したときは、市町村障害福祉計画を定め、又は変更しようとする場合において、あらかじめ、協議会の意見を聴くよう努めなければならない。
10 障害者基本法第36条第4項の合議制の機関を設置する市町村は、市町村障害福祉計画を定め、又は変更しようとするときは、あらかじめ、当該機関の意見を聴かなければならない。
11 市町村は、市町村障害福祉計画を定め、又は変更しようとするときは、第2項に規定する事項について、あらかじめ、都道府県の意見を聴かなければならない。
12 市町村は、市町村障害福祉計画を定め、又は変更したときは、遅滞なく、これを都道府県知事に提出しなければならない。
第88条の2 市町村は、定期的に、前条第2項各号に掲げる事項(市町村障害福祉計画に同条第3項各号に掲げる事項を定める場合にあっては、当該各号に掲げる事項を含む。)について、調査、分析及び評価を行い、必要があると認めるときは、当該市町村障害福祉計画を変更することその他の必要な措置を講ずるものとする。

(都道府県障害福祉計画)
第89条 都道府県は、基本指針に即して、市町村障害福祉計画の達成に資するため、各市町村を通ずる広域的な見地から、障害福祉サービスの提供体制の確保その他この法律に基づく業務の円滑な実施に関する計画(以下「**都道府県障害福祉計画**」という。)を定めるものとする。
2 都道府県障害福祉計画においては、次に掲げる事項を定めるものとする。
 一 障害福祉サービス、相談支援及び地域生活支援事業の提供体制の確保に係る目標に関する事項
 二 当該都道府県が定める区域ごとに当該区域における各年度の指定障害福祉サービス、指定地域相談支援又は指定計画相談支援の種類ごとの必要な量の見込み

三　各年度の指定障害者支援施設の必要入所定員総数
　四　地域生活支援事業の種類ごとの実施に関する事項
3　都道府県障害福祉計画においては、前項各号に掲げる事項のほか、次に掲げる事項について定めるよう努めるものとする。
　一　前項第2号の区域ごとの指定障害福祉サービス又は指定地域相談支援の種類ごとの必要な見込量の確保のための方策
　二　前項第2号の区域ごとの指定障害福祉サービス、指定地域相談支援又は指定計画相談支援に従事する者の確保又は資質の向上のために講ずる措置に関する事項
　三　指定障害者支援施設の施設障害福祉サービスの質の向上のために講ずる措置に関する事項
　四　前項第2号の区域ごとの指定障害福祉サービス又は指定地域相談支援及び同項第4号の地域生活支援事業の提供体制の確保に係る医療機関、教育機関、公共職業安定所その他の職業リハビリテーションの措置を実施する機関その他の関係機関との連携に関する事項
4　都道府県障害福祉計画は、児童福祉法第33条の22第1項に規定する都道府県障害児福祉計画と一体のものとして作成することができる。
5　都道府県障害福祉計画は、障害者基本法第11条第2項に規定する都道府県障害者計画、社会福祉法第108条に規定する都道府県地域福祉支援計画その他の法律の規定による計画であって障害者等の福祉に関する事項を定めるものと調和が保たれたものでなければならない。
6　都道府県障害福祉計画は、医療法（昭和23年法律第205号）第30条の4第1項に規定する医療計画と相まって、精神科病院に入院している精神障害者の退院の促進に資するものでなければならない。
7　都道府県は、協議会を設置したときは、都道府県障害福祉計画を定め、又は変更しようとする場合において、あらかじめ、協議会の意見を聴くよう努めなければならない。
8　都道府県は、都道府県障害福祉計画を定め、又は変更しようとするときは、あらかじめ、障害者基本法第36条第1項の合議制の機関の意見を聴かなければならない。
9　都道府県は、都道府県障害福祉計画を定め、又は変更したときは、遅滞なく、これを厚生労働大臣に提出しなければならない。

第89条の2　都道府県は、定期的に、前条第2項各号に掲げる事項（都道府県障害福祉計画に同条第3項各号に掲げる事項を定める場合にあっては、当該各号に掲げる事項を含む。）について、調査、分析及び評価を行い、必要があると認めるときは、当該都道府県障害福祉計画を変更することその他の必要な措置を講ずるものとする。

　（協議会の設置）
第89条の3　地方公共団体は、単独で又は共同して、障害者等への支援の体制の整備を図るため、関係機関、関係団体並びに障害者等及びその家族並びに障害者等の福祉、医療、教育又は雇用に関連する職務に従事する者その他の関係者（次項において「関係機関等」という。）により構成される協議会を置くように努めなければならない。

2　前項の協議会は、関係機関等が相互の連絡を図ることにより、地域における障害者等への支援体制に関する課題について情報を共有し、関係機関等の連携の緊密化を図るとともに、地域の実情に応じた体制の整備について協議を行うものとする。

（都道府県知事の助言等）

第90条　都道府県知事は、市町村に対し、市町村障害福祉計画の作成上の技術的事項について必要な助言をすることができる。

2　厚生労働大臣は、都道府県に対し、都道府県障害福祉計画の作成の手法その他都道府県障害福祉計画の作成上の重要な技術的事項について必要な助言をすることができる。

（国の援助）

第91条　国は、市町村又は都道府県が、市町村障害福祉計画又は都道府県障害福祉計画に定められた事業を実施しようとするときは、当該事業が円滑に実施されるように必要な助言その他の援助の実施に努めるものとする。

第6章　費用

（市町村の支弁）

第92条　次に掲げる費用は、市町村の支弁とする。

一　介護給付費等、特定障害者特別給付費及び特例特定障害者特別給付費（以下「障害福祉サービス費等」という。）の支給に要する費用

二　地域相談支援給付費、特例地域相談支援給付費、計画相談支援給付費及び特例計画相談支援給付費（第94条第1項において「相談支援給付費等」という。）の支給に要する費用

三　自立支援医療費（第8条第1項の政令で定める医療に係るものを除く。）、療養介護医療費及び基準該当療養介護医療費の支給に要する費用

四　補装具費の支給に要する費用

五　高額障害福祉サービス等給付費の支給に要する費用

六　市町村が行う地域生活支援事業に要する費用

（都道府県の支弁）

第93条　次に掲げる費用は、都道府県の支弁とする。

一　自立支援医療費（第8条第1項の政令で定める医療に係るものに限る。）の支給に要する費用

二　都道府県が行う地域生活支援事業に要する費用

（都道府県の負担及び補助）

第94条　都道府県は、政令で定めるところにより、第92条の規定により市町村が支弁する費用について、次に掲げるものを負担する。

一　第92条第1号、第2号及び第5号に掲げる費用のうち、国及び都道府県が負担すべきものとして当該市町村における障害福祉サービス費等及び高額障害福祉サービス等給付費の支給に係る障害者等の障害支援区分ごとの人数、相談支援給付費等の支給に係る障

害者等の人数その他の事情を勘案して政令で定めるところにより算定した額（以下「障害福祉サービス費等負担対象額」という。）の100分の25
二　第92条第3号及び第4号に掲げる費用のうち、その100分の25
2　都道府県は、当該都道府県の予算の範囲内において、政令で定めるところにより、第92条の規定により市町村が支弁する費用のうち、同条第6号に掲げる費用の100分の25以内を補助することができる。

（国の負担及び補助）
第95条　国は、政令で定めるところにより、次に掲げるものを負担する。
一　第92条の規定により市町村が支弁する費用のうち、障害福祉サービス費等負担対象額の100分の50
二　第92条の規定により市町村が支弁する費用のうち、同条第3号及び第4号に掲げる費用の100分の50
三　第93条の規定により都道府県が支弁する費用のうち、同条第1号に掲げる費用の100分の50
2　国は、予算の範囲内において、政令で定めるところにより、次に掲げるものを補助することができる。
一　第19条から第22条まで、第24条及び第25条の規定により市町村が行う支給決定に係る事務の処理に要する費用（地方自治法第252条の14第1項の規定により市町村が審査判定業務を都道府県審査会に委託している場合にあっては、当該委託に係る費用を含む。）並びに第51条の5から第51条の7まで、第51条の9及び第51条の10の規定により市町村が行う地域相談支援給付決定に係る事務の100分の50以内
二　第92条及び第93条の規定により市町村及び都道府県が支弁する費用のうち、第92条第6号及び第93条第2号に掲げる費用の100分の50以内

（準用規定）
第96条　社会福祉法第58条第2項から第4項までの規定は、国有財産特別措置法（昭和27年法律第219号）第2条第2項第3号の規定又は同法第3条第1項第4号及び第2項の規定により普通財産の譲渡又は貸付けを受けた社会福祉法人に準用する。

第7章　国民健康保険団体連合会の障害者総合支援法関係業務

（連合会の業務）
第96条の2　連合会は、国民健康保険法の規定による業務のほか、第29条第7項（第34条第2項において準用する場合を含む。）、第51条の14第7項及び第51条の17第6項の規定により市町村から委託を受けて行う介護給付費、訓練等給付費、特定障害者特別給付費、地域相談支援給付費及び計画相談支援給付費の審査及び支払に関する業務を行う。

（議決権の特例）
第96条の3　連合会が前条の規定により行う業務（次条において「障害者総合支援法関係業務」という。）については、国民健康保険法第86条において準用する同法第29条の規定に

かかわらず、厚生労働省令で定めるところにより、規約をもって議決権に関する特段の定めをすることができる。

（区分経理）

第96条の4 連合会は、障害者総合支援法関係業務に係る経理については、その他の経理と区分して整理しなければならない。

第8章　審査請求

（審査請求）

第97条 市町村の介護給付費等又は地域相談支援給付費等に係る処分に不服がある障害者又は障害児の保護者は、都道府県知事に対して審査請求をすることができる。

2　前項の審査請求は、時効の中断に関しては、裁判上の請求とみなす。

（不服審査会）

第98条 都道府県知事は、条例で定めるところにより、前条第1項の審査請求の事件を取り扱わせるため、障害者介護給付費等不服審査会（以下「不服審査会」という。）を置くことができる。

2　不服審査会の委員の定数は、政令で定める基準に従い、条例で定める員数とする。

3　委員は、人格が高潔であって、介護給付費等又は地域相談支援給付費等に関する処分の審理に関し公正かつ中立な判断をすることができ、かつ、障害者等の保健又は福祉に関する学識経験を有する者のうちから、都道府県知事が任命する。

（委員の任期）

第99条 委員の任期は、3年とする。ただし、補欠の委員の任期は、前任者の残任期間とする。

2　委員は、再任されることができる。

（会長）

第100条 不服審査会に、委員のうちから委員が選挙する会長1人を置く。

2　会長に事故があるときは、前項の規定に準じて選挙された者が、その職務を代行する。

（審査請求の期間及び方式）

第101条 審査請求は、処分があったことを知った日の翌日から起算して3月以内に、文書又は口頭でしなければならない。ただし、正当な理由により、この期間内に審査請求をすることができなかったことを疎明したときは、この限りでない。

（市町村に対する通知）

第102条 都道府県知事は、審査請求がされたときは、行政不服審査法（平成26年法律第68号）第24条の規定により当該審査請求を却下する場合を除き、原処分をした市町村及びその他の利害関係人に通知しなければならない。

（審理のための処分）

第103条 都道府県知事は、審理を行うため必要があると認めるときは、審査請求人若しくは関係人に対して報告若しくは意見を求め、その出頭を命じて審問し、又は医師その他都

道府県知事の指定する者(次項において「医師等」という。)に診断その他の調査をさせることができる。

2　都道府県は、前項の規定により出頭した関係人又は診断その他の調査をした医師等に対し、政令で定めるところにより、旅費、日当及び宿泊料又は報酬を支給しなければならない。

(政令等への委任)

第104条　この章及び行政不服審査法に定めるもののほか、審査請求の手続に関し必要な事項は政令で、不服審査会に関し必要な事項は当該不服審査会を設置した都道府県の条例で定める。

(審査請求と訴訟との関係)

第105条　第97条第1項に規定する処分の取消しの訴えは、当該処分についての審査請求に対する裁決を経た後でなければ、提起することができない。

第9章　雑則

(連合会に対する監督)

第105条の2　連合会について国民健康保険法第106条及び第108条の規定を適用する場合において、これらの規定中「事業」とあるのは、「事業(障害者の日常生活及び社会生活を総合的に支援するための法律(平成17年法律第123号)第96条の3に規定する障害者総合支援法関係業務を含む。)」とする。

(大都市等の特例)

第106条　この法律中都道府県が処理することとされている事務に関する規定で政令で定めるものは、指定都市及び地方自治法第252条の22第1項の中核市(以下「中核市」という。)並びに児童福祉法第59条の4第1項に規定する児童相談所設置市(以下「児童相談所設置市」という。)においては、政令で定めるところにより、指定都市若しくは中核市又は児童相談所設置市(以下「指定都市等」という。)が処理するものとする。この場合においては、この法律中都道府県に関する規定は、指定都市等に関する規定として指定都市等に適用があるものとする。

(権限の委任)

第107条　この法律に規定する厚生労働大臣の権限は、厚生労働省令で定めるところにより、地方厚生局長に委任することができる。

2　前項の規定により地方厚生局長に委任された権限は、厚生労働省令で定めるところにより、地方厚生支局長に委任することができる。

(実施規定)

第108条　この法律に特別の規定があるものを除くほか、この法律の実施のための手続その他その執行について必要な細則は、厚生労働省令で定める。

第10章　罰則

第109条　市町村審査会、都道府県審査会若しくは不服審査会の委員若しくは連合会の役員若しくは職員又はこれらの者であった者が、正当な理由なしに、職務上知り得た自立支援給付対象サービス等を行った者の業務上の秘密又は個人の秘密を漏らしたときは、1年以下の懲役又は100万円以下の罰金に処する。

2　第11条の2第2項、第20条第4項（第24条第3項、第51条の6第2項及び第51条の9第3項において準用する場合を含む。）又は第77条の2第6項の規定に違反した者は、1年以下の懲役又は100万円以下の罰金に処する。

第110条　第11条第1項の規定による報告若しくは物件の提出若しくは提示をせず、若しくは虚偽の報告若しくは虚偽の物件の提出若しくは提示をし、又は同項の規定による当該職員の質問若しくは第11条の2第1項の規定により委託を受けた指定事務受託法人の職員の第11条第1項の規定による質問に対して、答弁せず、若しくは虚偽の答弁をした者は、30万円以下の罰金に処する。

第111条　第48条第1項（同条第3項において準用する場合を含む。）、第51条の3第1項、第51条の27第1項若しくは第2項若しくは第51条の32第1項の規定による報告若しくは物件の提出若しくは提示をせず、若しくは虚偽の報告若しくは虚偽の物件の提出若しくは提示をし、又はこれらの規定による当該職員の質問に対して、答弁せず、若しくは虚偽の答弁をし、若しくはこれらの規定による検査を拒み、妨げ、若しくは忌避した者は、30万円以下の罰金に処する。

第112条　法人の代表者又は法人若しくは人の代理人、使用人その他の従業者が、その法人又は人の業務に関して前条の違反行為をしたときは、行為者を罰するほか、その法人又は人に対しても、同条の刑を科する。

第113条　正当な理由なしに、第103条第1項の規定による処分に違反して、出頭せず、陳述をせず、報告をせず、若しくは虚偽の陳述若しくは報告をし、又は診断その他の調査をしなかった者は、30万円以下の罰金に処する。ただし、不服審査会の行う審査の手続における請求人又は第102条の規定により通知を受けた市町村その他の利害関係人は、この限りでない。

第114条　第11条第2項の規定による報告若しくは物件の提出若しくは提示をせず、若しくは虚偽の報告若しくは虚偽の物件の提出若しくは提示をし、又は同項の規定による当該職員の質問若しくは第11条の2第1項の規定により委託を受けた指定事務受託法人の職員の第11条第2項の規定による質問に対して、答弁せず、若しくは虚偽の答弁をした者は、10万円以下の過料に処する。

第115条　市町村等は、条例で、正当な理由なしに、第9条第1項の規定による報告若しくは物件の提出若しくは提示をせず、若しくは虚偽の報告若しくは虚偽の物件の提出若しくは提示をし、又は同項の規定による当該職員の質問若しくは第11条の2第1項の規定により委託を受けた指定事務受託法人の職員の第9条第1項の規定による質問に対して、答弁せず、若しくは虚偽の答弁をした者に対し10万円以下の過料を科する規定を設けることが

できる。
2 　市町村等は、条例で、正当な理由なしに、第10条第１項の規定による報告若しくは物件の提出若しくは提示をせず、若しくは虚偽の報告若しくは虚偽の物件の提出若しくは提示をし、又は同項の規定による当該職員の質問若しくは第11条の２第１項の規定により委託を受けた指定事務受託法人の職員の第10条第１項の規定による質問に対して、答弁せず、若しくは虚偽の答弁をし、若しくは同項の規定による検査を拒み、妨げ、若しくは忌避した者に対し10万円以下の過料を科する規定を設けることができる。
3 　市町村は、条例で、第24条第２項、第25条第２項、第51の９第２項又は第51条の10第２項の規定による受給者証又は地域相談支援受給者証の提出又は返還を求められてこれに応じない者に対し10万円以下の過料を科する規定を設けることができる。

 抄

（施行期日）

第１条　この法律は、平成18年４月１日から施行する。ただし、次の各号に掲げる規定は、当該各号に定める日から施行する。
一　附則第24条〔中略〕及び第122条の規定　公布の日〔平成17年11月７日〕
二　第５条第１項（居宅介護、行動援護、児童デイサービス、短期入所及び共同生活援助に係る部分を除く。）、第３項、第５項、第６項、第９項から第15項まで、第17項及び第19項から第22項まで、第２章第１節（サービス利用計画作成費、特定障害者特別給付費、特例特定障害者特別給付費、療養介護医療費、基準該当療養介護医療費及び補装具費の支給に係る部分に限る。）、第28条第１項（第２号、第４号、第５号及び第８号から第10号までに係る部分に限る。）及び第２項（第１号から第３号までに係る部分に限る。）、第32条、第34条、第35条、第36条第４項（第37条第２項において準用する場合を含む。）、第38条から第40条まで、第41条（指定障害者支援施設及び指定相談支援事業者の指定に係る部分に限る。）、第42条（指定障害者支援施設等の設置者及び指定相談支援事業者に係る部分に限る。）、第44条、第45条、第46条第１項（指定相談支援事業者に係る部分に限る。）及び第２項、第47条、第48条第３項及び第４項、第49条第２項及び第３項並びに同条第４項から第７項まで（指定障害者支援施設等の設置者及び指定相談支援事業者に係る部分に限る。）、第50条第３項及び第４項、第51条（指定障害者支援施設及び指定相談支援事業者に係る部分に限る。）、第70条から第72条まで、第73条、第74条第２項及び第75条（療養介護医療及び基準該当療養介護医療に係る部分に限る。）、第２章第４節、第３章、第４章（障害福祉サービス事業に係る部分を除く。）、第５章、第92条第１号（サービス利用計画作成費、特定障害者特別給付費及び特例特定障害者特別給付費の支給に係る部分に限る。）、第２号（療養介護医療費及び基準該当療養介護医療費の支給に係る部分に限る。）、第３号及び第４号、第93条第２号、第94条第１項第２号（第92条第３号に係る部分に限る。）及び第２項、第95条第１項第２号（第92条第２号に係る部分を除く。）及び第２項第２号、第96条、第110条（サービス利用計画作成費、

特定障害者特別給付費、特例特定障害者特別給付費、療養介護医療費、基準該当療養介護医療費及び補装具費の支給に係る部分に限る。）、第111条及び第112条（第48条第１項の規定を同条第３項及び第４項において準用する場合に係る部分に限る。）並びに第114条並びに第115条第１項及び第２項（サービス利用計画作成費、特定障害者特別給付費、特例特定障害者特別給付費、療養介護医療費、基準該当療養介護医療費及び補装具費の支給に係る部分に限る。）並びに附則第18条から第23条まで〔中略〕の規定　平成18年10月１日

（自立支援給付の特例）

第２条　児童福祉法第63条の２及び第63条の３の規定による通知に係る児童は、第19条から第25条まで、第29条から第31条まで、第34条、第35条、第51条の５から第51条の10まで、第51条の14、第51条の15、第70条、第71条、第76条の２、第92条、第94条及び第95条の規定の適用については、障害者とみなす。

２　前項の規定により障害者とみなされた障害児であって、特定施設へ入所する前日において、児童福祉法第24条の２第１項の規定により障害児入所給付費の支給を受けて又は同法第27条第１項第３号若しくは第２項の規定により措置（同法第31条第５項の規定により同法第27条第１項第３号又は第２項の規定による措置とみなされる場合を含む。）が採られて第５条第１項の厚生労働省令で定める施設に入所していた障害児に係る第19条第４項の規定の適用については、同項中「当該障害者等が満18歳となる日の前日に当該障害者等の保護者であった者（以下この項において「保護者であった者」という。）」とあるのは「当該障害児が特定施設へ入所する日の前日に当該障害児の保護者」と、同項ただし書中「当該障害者等が満18歳となる日の前日」とあるのは「当該障害児が特定施設へ入所する日の前日」と、「保護者であった者」とあるのは「当該障害児の保護者」と読み替えるものとする。

（検討）

第３条　政府は、この法律の施行後３年を目途として、この法律及び障害者等の福祉に関する他の法律の規定の施行の状況、障害児の児童福祉施設への入所に係る実施主体の在り方等を勘案し、この法律の規定について、障害者等の範囲を含め検討を加え、その結果に基づいて必要な措置を講ずるものとする。

２　政府は、この法律の施行後５年を経過した場合において、第２章第２節第５款、第３節及び第４節の規定の施行の状況について検討を加え、その結果に基づいて必要な措置を講ずるものとする。

３　政府は、障害者等の福祉に関する施策の実施の状況、障害者等の経済的な状況等を踏まえ、就労の支援を含めた障害者等の所得の確保に係る施策の在り方について検討を加え、その結果に基づいて必要な措置を講ずるものとする。

（支給決定障害者等に関する経過措置）

第５条　施行日において現に附則第25条の規定による改正前の児童福祉法第21条の11第２項の規定により居宅生活支援費の支給の決定を受けている障害児の保護者、附則第34条の規定による改正前の身体障害者福祉法第17条の５第２項の規定により居宅生活支援費の支給

の決定を受けている障害者及び附則第51条の規定による改正前の知的障害者福祉法第15条の6第2項の規定により居宅生活支援費の支給の決定を受けている障害者については、施行日に、第19条第1項の規定による支給決定を受けたものとみなす。

2　前項の規定により支給決定を受けたものとみなされた障害者又は障害児の保護者についてこの法律の規定を適用する場合において必要な読替えは、政令で定める。

（指定障害福祉サービス事業者に係る経過措置）

第10条　施行日において現に附則第25条の規定による改正前の児童福祉法第6条の2第2項に規定する児童居宅介護（行動援護及び外出介護に該当するものを除く。）に係る同法第21条の10第1項の指定を受けている者、附則第34条の規定による改正前の身体障害者福祉法第4条の2第2項に規定する身体障害者居宅介護（外出介護に該当するものを除く。）に係る同法第17条の4第1項の指定を受けている者及び附則第51条の規定による改正前の知的障害者福祉法第4条第2項に規定する知的障害者居宅介護（行動援護及び外出介護に該当するものを除く。）に係る同法第15条の5第1項の指定を受けている者並びに附則第45条の規定による改正前の精神保健及び精神障害者福祉に関する法律第50条の3の2第2項に規定する精神障害者居宅介護等事業（外出介護に該当するものを除く。）を行っている者であって厚生労働省令で定めるものは、施行日に、居宅介護に係る第29条第1項の指定を受けたものとみなす。

2　施行日において現に附則第25条の規定による改正前の児童福祉法第6条の2第2項に規定する児童居宅介護（行動援護に該当するものに限る。）に係る同法第21条の10第1項の指定を受けている者及び附則第51条の規定による改正前の知的障害者福祉法第4条第2項に規定する知的障害者居宅介護（行動援護に該当するものに限る。）に係る同法第15条の5第1項の指定を受けている者は、施行日に、行動援護に係る第29条第1項の指定を受けたものとみなす。

3　施行日において現に附則第25条の規定による改正前の児童福祉法第6条の2第3項に規定する児童デイサービスに係る同法第21条の10第1項の指定を受けている者は、施行日に、児童デイサービスに係る第29条第1項の指定を受けたものとみなす。

4　施行日において現に附則第25条の規定による改正前の児童福祉法第6条の2第4項に規定する児童短期入所に係る同法第21条の10第1項の指定を受けている者、附則第34条の規定による改正前の身体障害者福祉法第4条の2第4項に規定する身体障害者短期入所に係る同法第17条の4第1項の指定を受けている者及び附則第51条の規定による改正前の知的障害者福祉法第4条第4項に規定する知的障害者短期入所に係る同法第15条の5第1項の指定を受けている者並びに附則第45条の規定による改正前の精神保健及び精神障害者福祉に関する法律第50条の3の2第3項に規定する精神障害者短期入所事業を行っている者であって厚生労働省令で定めるものは、施行日に、短期入所に係る第29条第1項の指定を受けたものとみなす。

5　施行日において現に附則第51条の規定による改正前の知的障害者福祉法第4条第5項に規定する知的障害者地域生活援助に係る同法第15条の5第1項の指定を受けている者及び附則第45条の規定による改正前の精神保健及び精神障害者福祉に関する法律第50条の3の

2 第4項に規定する精神障害者地域生活援助事業を行っている者であって厚生労働省令で定めるものは、施行日に、共同生活援助に係る第29条第1項の指定を受けたものとみなす。

6 前各項の規定により第29条第1項の指定を受けたものとみなされた者に係る同項の指定は、当該者が、施行日から1年以内であって厚生労働省令で定める期間内に第36条第1項の申請をしないときは、第41条第1項の規定にかかわらず、当該期間の経過によって、その効力を失う。

第11条 施行日において現に附則第25条の規定による改正前の児童福祉法第6条の2第2項に規定する児童居宅介護（外出介護に該当するものに限る。）に係る同法第21条の10第1項の指定を受けている者、附則第34条の規定による改正前の身体障害者福祉法第4条の2第2項に規定する身体障害者居宅介護（外出介護に該当するものに限る。）に係る同法第17条の4第1項の指定を受けている者及び附則第51条の規定による改正前の知的障害者福祉法第4条第2項に規定する知的障害者居宅介護（外出介護に該当するものに限る。）に係る同法第15条の5第1項の指定を受けている者並びに附則第45条の規定による改正前の精神保健及び精神障害者福祉に関する法律第50条の3の2第2項に規定する精神障害者居宅介護等事業（外出介護に該当するものに限る。）を行っている者であって厚生労働省令で定めるものは、施行日に、外出介護に係る第29条第1項の指定を受けたものとみなす。

2 施行日において現に附則第34条の規定による改正前の身体障害者福祉法第4条の2第3項に規定する身体障害者デイサービスに係る同法第17条の4第1項の指定を受けている者及び附則第51条の規定による改正前の知的障害者福祉法第4条第3項に規定する知的障害者デイサービスに係る同法第15条の5第1項の指定を受けている者は、施行日に、障害者デイサービスに係る第29条第1項の指定を受けたものとみなす。

3 前2項の規定により第29条第1項の指定を受けたものとみなされた者に係る同項の指定は、第41条第1項の規定にかかわらず、附則第1条第2号に掲げる規定の施行の日においてその効力を失う。

（自立支援医療に関する経過措置）

第13条 施行日において現に附則第25条の規定による改正前の児童福祉法第20条第1項の規定による育成医療の給付又は育成医療に要する費用の支給を受けている障害児の保護者、附則第34条の規定による改正前の身体障害者福祉法第19条第1項の規定による更生医療の給付又は更生医療に要する費用の支給を受けている障害者並びに附則第45条の規定による改正前の精神保健及び精神障害者福祉に関する法律第32条第1項の規定による医療に必要な費用の負担を受けている障害者及び障害児の保護者については、厚生労働省令で定めるところにより、施行日に、第52条第1項の規定による支給認定を受けたものとみなす。

第14条 施行日において現に附則第34条の規定による改正前の身体障害者福祉法第19条の2第1項の指定を受けている医療機関及び附則第45条の規定による改正前の精神保健及び精神障害者福祉に関する法律第32条第1項の医療を担当するものとして厚生労働省令で定める基準に該当する医療機関は、施行日に、第54条第2項の指定があったものとみなす。

2 前項の規定により第54条第2項の指定があったものとみなされた医療機関に係る同項の

指定は、当該医療機関が、施行日から１年以内であって厚生労働省令で定める期間内に第59条第１項の申請をしないときは、第60条第１項の規定にかかわらず、当該期間の経過によって、その効力を失う。

　　　（障害福祉サービス事業の届出に関する経過措置）
第15条　施行日において現に障害福祉サービス事業を行っている国及び都道府県以外の者（附則第８条第２項の規定により障害福祉サービス事業とみなされた事業を行う者を含む。）であって、当該障害福祉サービス事業に相当する事業に係る附則第25条の規定による改正前の児童福祉法第34条の３第１項、附則第34条の規定による改正前の身体障害者福祉法第26条第１項、附則第45条の規定による改正前の精神保健及び精神障害者福祉に関する法律第50条の３第１項又は附則第51条の規定による改正前の知的障害者福祉法第18条の規定による届出をしているものは、施行日に、第79条第２項の規定による届出をしたものとみなす。

　　　（特定施設入所障害者に関する経過措置）
第18条　附則第41条第１項又は第58条第１項の規定によりなお従前の例により運営をすることができることとされた附則第41条第１項に規定する身体障害者更生援護施設又は附則第58条第１項に規定する知的障害者援護施設（附則第52条の規定による改正前の知的障害者福祉法第21条の８に規定する知的障害者通勤寮を除く。）は、障害者支援施設とみなして、第19条第３項及び第４項の規定を適用する。

２　附則第１条第２号に掲げる規定の施行の日以後、当分の間、第19条第３項中「第18条第２項」とあるのは「第18条」と、「第16条第１項の規定により入所措置」とあるのは「第15条の４若しくは第16条第１項の規定により入所若しくは入居の措置」と、「又は第５条第１項」とあるのは「若しくは第５条第１項」と、「定める施設に入所して」とあるのは「定める施設に入所し、又は共同生活援助を行う住居に入居して」と、「又は同法」とあるのは「、共同生活援助を行う住居又は同法」と、「入所前」とあるのは「入所又は入居の前」と、「特定施設に入所して」とあるのは「特定施設に入所又は入居をして」と、「入所した」とあるのは「入所又は入居をした」と、同条第４項中「第18条第２項」とあるのは「第18条」と、「第16条第１項の規定により入所措置」とあるのは「第15条の４若しくは第16条第１項の規定により入所若しくは入居の措置」と、「入所した」とあるのは「入所又は入居をした」と、同条第５項中「入所して」とあるのは「入所し、又は入居して」とする。

　　　（支給決定障害者等に関する経過措置）
第19条　附則第１条第２号に掲げる規定の施行の日において現に附則第35条の規定による改正前の身体障害者福祉法第17条の11第２項の規定により施設訓練等支援費の支給の決定を受けている障害者及び同法第17条の32第４項の規定により同条第１項に規定する国立施設に入所している障害者並びに附則第52条の規定による改正前の知的障害者福祉法第15条の12第２項の規定により施設訓練等支援費の支給の決定を受けている障害者については、厚生労働省令で定めるところにより、同日に、第19条第１項の規定による支給決定を受けたものとみなす。ただし、当該障害者が同項の規定による支給決定を受けたときは、この限

りでない。
2 前項の規定により支給決定を受けたものとみなされた障害者について、この法律の規定を適用する場合において必要な読替えは、政令で定める。

　（旧法指定施設に関する経過措置）

第20条　附則第41条第1項又は第58条第1項の規定によりなお従前の例により運営をすることができることとされた附則第41条第1項に規定する身体障害者更生援護施設又は附則第58条第1項に規定する知的障害者援護施設であって、附則第1条第2号に掲げる規定の施行の日の前日において附則第35条の規定による改正前の身体障害者福祉法第17条の10第1項の指定又は附則第52条の規定による改正前の知的障害者福祉法第15条の11第1項の指定を受けているもの（以下この条及び次条第1項において「旧法指定施設」という。）については、附則第1条第2号に掲げる規定の施行の日から同条第3号に掲げる規定の施行の日の前日までの間は、当該旧法指定施設において行われる附則第35条の規定による改正前の身体障害者福祉法第5条第2項に規定する身体障害者施設支援又は附則第52条の規定による改正前の知的障害者福祉法第5条第2項に規定する知的障害者施設支援に相当するサービス（以下「旧法施設支援」という。）を障害福祉サービスとみなし、附則第1条第2号に掲げる規定の施行の日に、当該障害福祉サービスに係る第29条第1項の指定があったものとみなす。

　（旧法施設支援に関する経過措置）

第21条　附則第1条第2号に掲げる規定の施行の日から同条第3号に掲げる規定の施行の日の前日までの間は、市町村は、支給決定障害者等が支給決定の有効期間内において、前条の規定により第29条第1項の指定があったものとみなされた旧法指定施設（第50条第3項において準用する同条第1項の規定により当該指定を取り消されたものを除く。次条において「特定旧法指定施設」という。）から、旧法施設支援（以下この条及び次条において「指定旧法施設支援」という。）を受けたときは、政令で定めるところにより、当該支給決定障害者等に対し、当該指定旧法施設支援（厚生労働省令で定める量の範囲内のものに限る。）に要した費用（特定費用を除く。）について、介護給付費を支給する。

2 前項の規定により支給する介護給付費の額は、第29条第3項の規定にかかわらず、1月につき、第1号に掲げる額から第2号に掲げる額を控除して得た額とする。

　一　同一の月に受けた指定旧法施設支援について、指定旧法施設支援に通常要する費用（特定費用を除く。）につき、厚生労働大臣が定める基準により算定した費用の額（その額が現に当該指定旧法施設支援に要した費用（特定費用を除く。）の額を超えるときは、当該現に指定旧法施設支援に要した費用の額）を合計した額

　二　当該支給決定障害者等の家計の負担能力その他の事情をしん酌して政令で定める額（当該政令で定める額が前号に掲げる額の100分の10に相当する額を超えるときは、当該相当する額）

　（特定旧法受給者に関する経過措置）

第22条　附則第1条第2号に掲げる規定の施行の日において現に特定旧法指定施設に入所している附則第35条の規定による改正前の身体障害者福祉法第17条の11第2項の規定による

支給の決定又は附則第52条の規定による改正前の知的障害者福祉法第15条の12第2項の規定による支給の決定（以下この条において「旧法施設支給決定」という。）を受けて附則第35条の規定による改正前の身体障害者福祉法第17条の10第1項の施設訓練等支援費又は附則第52条の規定による改正前の知的障害者福祉法第15条の11第1項の施設訓練等支援費を受けていた者（以下この条において「特定旧法受給者」という。）は、附則第1条第2号に掲げる規定の施行の日以後引き続き当該特定旧法指定施設に入所している間（当該特定旧法指定施設に継続して1以上の他の特定旧法指定施設又は障害者支援施設若しくはのぞみの園に入所することにより当該1以上の他の特定旧法指定施設又は障害者支援施設若しくはのぞみの園のそれぞれの所在する場所に順次居住地を有するに至った特定旧法受給者にあっては、当該1以上の他の特定旧法指定施設又は障害者支援施設若しくはのぞみの園に継続して入所している間を含む。）は、第19条第2項及び第3項の規定にかかわらず、当該旧法施設支給決定を行った市町村が支給決定を行うものとする。

2 前項の規定の適用を受ける障害者が入所している特定旧法指定施設又は障害者支援施設若しくはのぞみの園は、当該特定旧法指定施設又は障害者支援施設若しくはのぞみの園の所在する市町村及び当該障害者に対し支給決定を行う市町村に、必要な協力をしなければならない。

3 特定旧法受給者については、附則第1条第2号に掲げる規定の施行の日から同条第3号に掲げる規定の施行の日の前日までの間に限り、同条第2号に掲げる規定の施行の日以後引き続き特定旧法指定施設に入所している間（当該特定旧法指定施設に係る第50条第3項において準用する同条第1項の規定による指定の取消しその他やむを得ない理由により、当該特定旧法指定施設に継続して1以上の他の特定旧法指定施設又は指定障害者支援施設等に入所した特定旧法受給者にあっては、当該1以上の他の特定旧法指定施設又は指定障害者支援施設等に継続して入所している間を含む。）は、当該旧法施設支給決定を行った市町村は、当該特定旧法受給者を第19条第1項の規定による支給決定を受けた障害者とみなして、当該特定旧法受給者が当該特定旧法指定施設（当該1以上の他の特定旧法指定施設又は指定障害者支援施設等に入所した特定旧法受給者にあっては、当該1以上の他の特定旧法指定施設又は指定障害者支援施設等）から指定旧法施設支援又は指定障害福祉サービス等を受けたときは、厚生労働省令で定めるところにより、当該特定旧法受給者に対し、当該指定旧法施設支援又は指定障害福祉サービス等に要した費用（特定費用を除く。）について、介護給付費又は訓練等給付費を支給する。ただし、当該特定旧法受給者が同項の規定による支給決定を受けたときは、この限りでない。

4 前項の規定により特定旧法受給者に対して支給される介護給付費又は訓練等給付費の額は、第29条第3項の規定にかかわらず、1月につき、第1号に掲げる額から第2号に掲げる額を控除して得た額とする。

一 同一の月に受けた指定旧法施設支援又は指定障害福祉サービス等について、第29条第3項第1号の厚生労働大臣が定める基準により算定した費用の額の範囲内において、厚生労働大臣が別に定める基準により算定した費用の額（その額が現に当該指定旧法施設支援又は指定障害福祉サービス等に要した費用（特定費用を除く。）の額を超えるとき

は、当該現に指定旧法施設支援又は指定障害福祉サービス等に要した費用の額）を合計した額
  二　当該特定旧法受給者の家計の負担能力その他の事情をしん酌して政令で定める額（当該政令で定める額が前号に掲げる額の100分の10に相当する額を超えるときは、当該相当する額）
5　特定旧法受給者（支給決定障害者等であるものを除く。）は、附則第1条第2号に掲げる規定の施行の日から同条第3号に掲げる規定の施行の日の前日までの間に限り、第29条第2項、第4項及び第5項、第31条並びに第76条の2第1項の規定の適用については支給決定障害者等と、第34条第1項の規定の適用については支給決定を受けた障害者とみなす。

（障害者支援施設等に関する経過措置）

第23条　附則第1条第2号に掲げる規定の施行の日において現に障害者支援施設を設置している市町村について第83条第3項の規定を適用する場合においては、同項中「あらかじめ」とあるのは、「附則第1条第2号に掲げる規定の施行の日から起算して6月以内に」とする。

2　附則第1条第2号に掲げる規定の施行の日において現に附則第35条の規定による改正前の身体障害者福祉法第27条第3項又は社会福祉法第62条第1項の規定による届出をしている附則第35条の規定による改正前の身体障害者福祉法第30条の2に規定する身体障害者福祉ホーム又は附則第52条の規定による改正前の知的障害者福祉法第21条の9に規定する知的障害者福祉ホーム（以下この項において「身体障害者福祉ホーム等」と総称する。）の設置者は、同日に、第79条第2項の規定による届出をしたものとみなし、当該身体障害者福祉ホーム等を福祉ホームとみなす。

3　附則第1条第2号に掲げる規定の施行の日において現に附則第26条の規定による改正前の児童福祉法第34条の3第1項、附則第35条の規定による改正前の身体障害者福祉法第26条第1項又は附則第52条の規定による改正前の知的障害者福祉法第18条の規定による届出をして附則第26条の規定による改正前の児童福祉法第6条の2第1項に規定する障害児相談支援事業、附則第35条の規定による改正前の身体障害者福祉法第4条の2第1項に規定する身体障害者相談支援事業又は附則第52条の規定による改正前の知的障害者福祉法第4条に規定する知的障害者相談支援事業（以下この項において「障害児相談支援事業等」と総称する。）を行っている者は、同日に、第79条第2項の規定による届出をしたものとみなし、当該障害児相談支援事業等を相談支援事業とみなす。

（施行前の準備）

第24条　この法律（附則第1条各号に掲げる規定については、当該各規定。以下この条及び附則第121条において同じ。）を施行するために必要な条例の制定又は改正、第19条から第22条までの規定による支給決定の手続、第36条（第40条において準用する場合を含む。）及び第38条の規定による第29条第1項の指定の手続、第59条の規定による第54条第2項の指定の手続、第79条第2項の届出、第88条の規定による市町村障害福祉計画の策定の準備、第89条の規定による都道府県障害福祉計画の策定の準備その他の行為は、この法律の

施行前においても行うことができる。

　（罰則の適用に関する経過措置）
第121条　この法律の施行前にした行為及びこの附則の規定によりなお従前の例によることとされる場合におけるこの法律の施行後にした行為に対する罰則の適用については、なお従前の例による。

　（その他の経過措置の政令への委任）
第122条　この附則に規定するもののほか、この法律の施行に伴い必要な経過措置は、政令で定める。

（平成24年6月27日法律第51号）抄

　（施行期日）
第1条　この法律は、平成25年4月1日から施行する。ただし、次の各号に掲げる規定は、当該各号に定める日から施行する。
　二　第2条〔中略〕の規定　平成26年4月1日

　（検討）
第3条　政府は、全ての国民が、障害の有無によって分け隔てられることなく、相互に人格と個性を尊重し合いながら共生する社会の実現に向けて、障害者等の支援に係る施策を段階的に講ずるため、この法律の施行後3年を目途として、第1条の規定による改正後の障害者の日常生活及び社会生活を総合的に支援するための法律第1条の2に規定する基本理念を勘案し、常時介護を要する障害者等に対する支援、障害者等の移動の支援、障害者の就労の支援その他の障害福祉サービスの在り方、障害支援区分の認定を含めた支給決定の在り方、障害者の意思決定支援の在り方、障害福祉サービスの利用の観点からの成年後見制度の利用促進の在り方、手話通訳等を行う者の派遣その他の聴覚、言語機能、音声機能その他の障害のため意思疎通を図ることに支障がある障害者等に対する支援の在り方、精神障害者及び高齢の障害者に対する支援の在り方等について検討を加え、その結果に基づいて、所要の措置を講ずるものとする。
2　政府は、前項の規定により検討を加えようとするときは、障害者等及びその家族その他の関係者の意見を反映させるために必要な措置を講ずるものとする。

（平成28年6月3日法律第65号）抄

　（施行期日）
第1条　この法律は、平成30年4月1日から施行する。ただし、〔中略〕附則第10条及び第11条の規定は、公布の日から施行する。

　（検討）
第2条　政府は、この法律の施行後3年を目途として、この法律による改正後の障害者の日常生活及び社会生活を総合的に支援するための法律（以下「障害者総合支援法」とい

う。）及び児童福祉法〔昭和22年法律第164号〕の規定について、その施行の状況等を勘案しつつ検討を加え、必要があると認めるときは、その結果に基づいて必要な措置を講ずるものとする。

（障害者総合支援法の一部改正に伴う経過措置）

第3条 この法律の施行の日（以下「施行日」という。）前に行われた障害者総合支援法第29条第1項に規定する指定障害福祉サービス等（次項において「指定障害福祉サービス等」という。）に係る同条第1項の規定による介護給付費又は訓練等給付費の支給については、なお従前の例による。

2 施行日前に行われた障害者総合支援法第30条第1項第1号の規定による指定障害福祉サービス等又は同項第2号に規定する基準該当障害福祉サービスに係る同項の規定による特例介護給付費又は特例訓練等給付費の支給については、なお従前の例による。

第4条 第1条の規定による改正後の障害者総合支援法（以下「新障害者総合支援法」という。）第76条の規定は、施行日以後に新障害者総合支援法第5条第25項に規定する補装具の購入、借受け又は修理をした者について適用し、施行日前に第1条の規定による改正前の障害者総合支援法（以下この条及び次条において「旧障害者総合支援法」という。）第5条第23項に規定する補装具の購入又は修理をした者に対する旧障害者総合支援法第76条第1項に規定する補装具費の支給については、なお従前の例による。

第5条 新障害者総合支援法第76条の2の規定は、施行日以後に同条第1項に規定するサービスを受けた者及び新障害者総合支援法第5条第25項に規定する補装具の購入、借受け又は修理をした者について適用し、施行日前に旧障害者総合支援法第76条の2第1項に規定するサービスを受けた者及び旧障害者総合支援法第5条第23項に規定する補装具の購入又は修理をした者に対する旧障害者総合支援法第76条の2第1項に規定する高額障害福祉サービス等給付費の支給については、なお従前の例による。

第6条 この法律の施行の際現に障害者総合支援法第29条第1項、第51条の14第1項又は第51条の17第1項第1号の指定を受け、新障害者総合支援法第76条の3第1項に規定する情報公表対象サービス等の提供を開始している者についての同項の規定の適用については、同項中「指定障害福祉サービス等、指定地域相談支援又は指定計画相談支援（以下この条において「情報公表対象サービス等」という。）の提供を開始しようとするとき、その他厚生労働省令」とあるのは「厚生労働省令」と、「情報公表対象サービス等の内容」とあるのは「指定障害福祉サービス等、指定地域相談支援又は指定計画相談支援（以下「情報公表対象サービス等」という。）の内容」とする。

（施行前の準備）

第10条 この法律を施行するために必要な条例の制定又は改正、障害者総合支援法第29条第1項の指定障害福祉サービス事業者（新障害者総合支援法第5条第15項に規定する就労定着支援又は同条第16項に規定する自立生活援助に係るものに限る。）の指定及び児童福祉法第21条の5の3第1項の指定障害児通所支援事業者（新児童福祉法第6条の2の2第5項に規定する居宅訪問型児童発達支援に係るものに限る。）の指定の準備並びに新児童福祉法第33条の19の規定による基本指針の作成、新児童福祉法第33条の20の規定による市町

村障害児福祉計画の作成及び新児童福祉法第33条の22の規定による都道府県障害児福祉計画の作成の準備は、この法律の施行前においても行うことができる。

(政令への委任)

第11条 この附則に規定するもののほか、この法律の施行に伴い必要な経過措置は、政令で定める。

●児童福祉法（抄）

〔昭和22年12月12日
　法律第164号〕

注　平成28年6月3日法律第65号改正現在
　（平成30年4月1日施行分改正後条文）

第1章　総則

〔児童の福祉を保障するための原理〕

第1条　全て児童は、児童の権利に関する条約の精神にのつとり、適切に養育されること、その生活を保障されること、愛され、保護されること、その心身の健やかな成長及び発達並びにその自立が図られることその他の福祉を等しく保障される権利を有する。

〔児童育成の責任〕

第2条　全て国民は、児童が良好な環境において生まれ、かつ、社会のあらゆる分野において、児童の年齢及び発達の程度に応じて、その意見が尊重され、その最善の利益が優先して考慮され、心身ともに健やかに育成されるよう努めなければならない。

②　児童の保護者は、児童を心身ともに健やかに育成することについて第一義的責任を負う。

③　国及び地方公共団体は、児童の保護者とともに、児童を心身ともに健やかに育成する責任を負う。

〔原理の尊重〕

第3条　前2条に規定するところは、児童の福祉を保障するための原理であり、この原理は、すべて児童に関する法令の施行にあたつて、常に尊重されなければならない。

第1節　国及び地方公共団体の責務

第3条の2　国及び地方公共団体は、児童が家庭において心身ともに健やかに養育されるよう、児童の保護者を支援しなければならない。ただし、児童及びその保護者の心身の状況、これらの者の置かれている環境その他の状況を勘案し、児童を家庭において養育することが困難であり又は適当でない場合にあつては児童が家庭における養育環境と同様の養育環境において継続的に養育されるよう、児童を家庭及び当該養育環境において養育することが適当でない場合にあつては児童ができる限り良好な家庭的環境において養育されるよう、必要な措置を講じなければならない。

第3条の3　市町村（特別区を含む。以下同じ。）は、児童が心身ともに健やかに育成されるよう、基礎的な地方公共団体として、第10条第1項各号に掲げる業務の実施、障害児通所給付費の支給、第24条第1項の規定による保育の実施その他この法律に基づく児童の身近な場所における児童の福祉に関する支援に係る業務を適切に行わなければならない。

②　都道府県は、市町村の行うこの法律に基づく児童の福祉に関する業務が適正かつ円滑に

行われるよう、市町村に対する必要な助言及び適切な援助を行うとともに、児童が心身ともに健やかに育成されるよう、専門的な知識及び技術並びに各市町村の区域を超えた広域的な対応が必要な業務として、第11条第1項各号に掲げる業務の実施、小児慢性特定疾病医療費の支給、障害児入所給付費の支給、第27条第1項第3号の規定による委託又は入所の措置その他この法律に基づく児童の福祉に関する業務を適切に行わなければならない。

③　国は、市町村及び都道府県の行うこの法律に基づく児童の福祉に関する業務が適正かつ円滑に行われるよう、児童が適切に養育される体制の確保に関する施策、市町村及び都道府県に対する助言及び情報の提供その他の必要な各般の措置を講じなければならない。

第2節　定義

〔児童〕

第4条　この法律で、**児童**とは、満18歳に満たない者をいい、児童を左のように分ける。

一　乳児　満1歳に満たない者
二　幼児　満1歳から、小学校就学の始期に達するまでの者
三　少年　小学校就学の始期から、満18歳に達するまでの者

②　この法律で、**障害児**とは、身体に障害のある児童、知的障害のある児童、精神に障害のある児童（発達障害者支援法（平成16年法律第167号）第2条第2項に規定する発達障害児を含む。）又は治療方法が確立していない疾病その他の特殊の疾病であつて障害者の日常生活及び社会生活を総合的に支援するための法律（平成17年法律第123号）第4条第1項の政令で定めるものによる障害の程度が同項の厚生労働大臣が定める程度である児童をいう。

〔妊産婦〕

第5条　この法律で、**妊産婦**とは、妊娠中又は出産後1年以内の女子をいう。

〔保護者〕

第6条　この法律で、**保護者**とは、第19条の3、第57条の3第2項、第57条の3の3第2項及び第57条の4第2項を除き、親権を行う者、未成年後見人その他の者で、児童を現に監護する者をいう。

〔障害児通所支援及び障害児相談支援〕

第6条の2の2　この法律で、**障害児通所支援**とは、児童発達支援、医療型児童発達支援、放課後等デイサービス、居宅訪問型児童発達支援及び保育所等訪問支援をいい、**障害児通所支援事業**とは、障害児通所支援を行う事業をいう。

②　この法律で、**児童発達支援**とは、障害児につき、児童発達支援センターその他の厚生労働省令で定める施設に通わせ、日常生活における基本的な動作の指導、知識技能の付与、集団生活への適応訓練その他の厚生労働省令で定める便宜を供与することをいう。

③　この法律で、**医療型児童発達支援**とは、上肢、下肢又は体幹の機能の障害（以下「肢体不自由」という。）のある児童につき、医療型児童発達支援センター又は独立行政法人国立病院機構若しくは国立研究開発法人国立精神・神経医療研究センターの設置する医療機関であつて厚生労働大臣が指定するもの（以下「**指定発達支援医療機関**」という。）に通わせ、児童発達支援及び治療を行うことをいう。

④　この法律で、**放課後等デイサービス**とは、学校教育法（昭和22年法律第26号）第1条に規定する学校（幼稚園及び大学を除く。）に就学している障害児につき、授業の終了後又は休業日に児童発達支援センターその他の厚生労働省令で定める施設に通わせ、生活能力の向上のために必要な訓練、社会との交流の促進その他の便宜を供与することをいう。

⑤　この法律で、**居宅訪問型児童発達支援**とは、重度の障害の状態その他これに準ずるものとして厚生労働省令で定める状態にある障害児であつて、児童発達支援、医療型児童発達支援又は放課後等デイサービスを受けるために外出することが著しく困難なものにつき、当該障害児の居宅を訪問し、日常生活における基本的な動作の指導、知識技能の付与、生活能力の向上のために必要な訓練その他の厚生労働省令で定める便宜を供与することをいう。

⑥　この法律で、**保育所等訪問支援**とは、保育所その他の児童が集団生活を営む施設として厚生労働省令で定めるものに通う障害児又は乳児院その他の児童が集団生活を営む施設として厚生労働省令で定めるものに入所する障害児につき、当該施設を訪問し、当該施設における障害児以外の児童との集団生活への適応のための専門的な支援その他の便宜を供与することをいう。

⑦　この法律で、**障害児相談支援**とは、障害児支援利用援助及び継続障害児支援利用援助を行うことをいい、**障害児相談支援事業**とは、障害児相談支援を行う事業をいう。

⑧　この法律で、**障害児支援利用援助**とは、第21条の5の6第1項又は第21条の5の8第1項の申請に係る障害児の心身の状況、その置かれている環境、当該障害児又はその保護者の障害児通所支援の利用に関する意向その他の事情を勘案し、利用する障害児通所支援の種類及び内容その他の厚生労働省令で定める事項を定めた計画（以下「**障害児支援利用計画案**」という。）を作成し、第21条の5の5第1項に規定する通所給付決定（次項において「通所給付決定」という。）又は第21条の5の8第2項に規定する通所給付決定の変更の決定（次項において「通所給付決定の変更の決定」という。）（以下この条及び第24条の26第1項第1号において「給付決定等」と総称する。）が行われた後に、第21条の5の3第1項に規定する指定障害児通所支援事業者等その他の者（次項において「関係者」という。）との連絡調整その他の便宜を供与するとともに、当該給付決定等に係る障害児通所支援の種類及び内容、これを担当する者その他の厚生労働省令で定める事項を記載した計画（次項において「障害児支援利用計画」という。）を作成することをいう。

⑨　この法律で、**継続障害児支援利用援助**とは、通所給付決定に係る障害児の保護者（以下「**通所給付決定保護者**」という。）が、第21条の5の7第8項に規定する通所給付決定の有効期間内において、継続して障害児通所支援を適切に利用することができるよう、当該通所給付決定に係る障害児支援利用計画（この項の規定により変更されたものを含む。以下この項において同じ。）が適切であるかどうかにつき、厚生労働省令で定める期間ごとに、当該通所給付決定保護者の障害児通所支援の利用状況を検証し、その結果及び当該通所給付決定に係る障害児の心身の状況、その置かれている環境、当該障害児又はその保護者の障害児通所支援の利用に関する意向その他の事情を勘案し、障害児支援利用計画の見直しを行い、その結果に基づき、次のいずれかの便宜の供与を行うことをいう。

一　障害児支援利用計画を変更するとともに、関係者との連絡調整その他の便宜の供与を行うこと。
二　新たな通所給付決定又は通所給付決定の変更の決定が必要であると認められる場合において、当該給付決定等に係る障害児の保護者に対し、給付決定等に係る申請の勧奨を行うこと。

〔児童福祉施設等〕

第7条　この法律で、**児童福祉施設**とは、助産施設、乳児院、母子生活支援施設、保育所、幼保連携型認定こども園、児童厚生施設、児童養護施設、障害児入所施設、児童発達支援センター、児童心理治療施設、児童自立支援施設及び児童家庭支援センターとする。

②　この法律で、**障害児入所支援**とは、障害児入所施設に入所し、又は指定発達支援医療機関に入院する障害児に対して行われる保護、日常生活の指導及び知識技能の付与並びに障害児入所施設に入所し、又は指定発達支援医療機関に入院する障害児のうち知的障害のある児童、肢体不自由のある児童又は重度の知的障害及び重度の肢体不自由が重複している児童（以下「**重症心身障害児**」という。）に対し行われる治療をいう。

第2章　福祉の保障

第1節　療育の指導、小児慢性特定疾病医療費の支給等

第1款　療育の指導

第19条　保健所長は、身体に障害のある児童につき、診査を行ない、又は相談に応じ、必要な療育の指導を行なわなければならない。

②　保健所長は、疾病により長期にわたり療養を必要とする児童につき、診査を行い、又は相談に応じ、必要な療育の指導を行うことができる。

③　保健所長は、身体障害者福祉法（昭和24年法律第283号）第15条第4項の規定により身体障害者手帳の交付を受けた児童（身体に障害のある15歳未満の児童については、身体障害者手帳の交付を受けたその保護者とする。以下同じ。）につき、同法第16条第2項第1号又は第2号に掲げる事由があると認めるときは、その旨を都道府県知事に報告しなければならない。

第2節　居宅生活の支援

第1款　障害児通所給付費、特例障害児通所給付費及び高額障害児通所給付費の支給

〔障害児通所給付費及び特例障害児通所給付費の支給〕

第21条の5の2　**障害児通所給付費**及び**特例障害児通所給付費**の支給は、次に掲げる障害児通所支援に関して次条及び第21条の5の4の規定により支給する給付とする。

一　児童発達支援
二　医療型児童発達支援（医療に係るものを除く。）
三　放課後等デイサービス
四　居宅訪問型児童発達支援

五　保育所等訪問支援
〔障害児通所給付費〕
第21条の5の3　市町村は、通所給付決定保護者が、第21条の5の7第8項に規定する通所給付決定の有効期間内において、都道府県知事が指定する障害児通所支援事業を行う者（以下「**指定障害児通所支援事業者**」という。）又は指定発達支援医療機関（以下「指定障害児通所支援事業者等」と総称する。）から障害児通所支援（以下「**指定通所支援**」という。）を受けたときは、当該通所給付決定保護者に対し、当該指定通所支援（同条第7項に規定する支給量の範囲内のものに限る。以下この条及び次条において同じ。）に要した費用（食事の提供に要する費用その他の日常生活に要する費用のうち厚生労働省令で定める費用（以下「**通所特定費用**」という。）を除く。）について、**障害児通所給付費**を支給する。

② 　障害児通所給付費の額は、1月につき、第1号に掲げる額から第2号に掲げる額を控除して得た額とする。
　一　同一の月に受けた指定通所支援について、障害児通所支援の種類ごとに指定通所支援に通常要する費用（通所特定費用を除く。）につき、厚生労働大臣が定める基準により算定した費用の額（その額が現に当該指定通所支援に要した費用（通所特定費用を除く。）の額を超えるときは、当該現に指定通所支援に要した費用の額）を合計した額
　二　当該通所給付決定保護者の家計の負担能力その他の事情をしん酌して政令で定める額（当該政令で定める額が前号に掲げる額の100分の10に相当する額を超えるときは、当該相当する額）

〔特例障害児通所給付費〕
第21条の5の4　市町村は、次に掲げる場合において、必要があると認めるときは、厚生労働省令で定めるところにより、当該指定通所支援又は第2号に規定する基準該当通所支援（第21条の5の7第7項に規定する支給量の範囲内のものに限る。）に要した費用（通所特定費用を除く。）について、**特例障害児通所給付費**を支給することができる。
　一　通所給付決定保護者が、第21条の5の6第1項の申請をした日から当該通所給付決定の効力が生じた日の前日までの間に、緊急その他やむを得ない理由により指定通所支援を受けたとき。
　二　通所給付決定保護者が、指定通所支援以外の障害児通所支援（第21条の5の18第1項の都道府県の条例で定める基準又は同条第2項の都道府県の条例で定める指定通所支援の事業の設備及び運営に関する基準に定める事項のうち都道府県の条例で定めるものを満たすと認められる事業を行う事業所により行われるものに限る。以下「**基準該当通所支援**」という。）を受けたとき。
　三　その他政令で定めるとき。

② 　都道府県が前項第2号の条例を定めるに当たつては、第1号から第3号までに掲げる事項については厚生労働省令で定める基準に従い定めるものとし、第4号に掲げる事項については厚生労働省令で定める基準を標準として定めるものとし、その他の事項については厚生労働省令で定める基準を参酌するものとする。

一　基準該当通所支援に従事する従業者及びその員数
二　基準該当通所支援の事業に係る居室の床面積その他基準該当通所支援の事業の設備に関する事項であつて障害児の健全な発達に密接に関連するものとして厚生労働省令で定めるもの
三　基準該当通所支援の事業の運営に関する事項であつて、障害児の保護者のサービスの適切な利用の確保、障害児の安全の確保及び秘密の保持に密接に関連するものとして厚生労働省令で定めるもの
四　基準該当通所支援の事業に係る利用定員

③　特例障害児通所給付費の額は、1月につき、同一の月に受けた次の各号に掲げる障害児通所支援の区分に応じ、当該各号に定める額を合計した額から、それぞれ当該通所給付決定保護者の家計の負担能力その他の事情をしん酌して政令で定める額（当該政令で定める額が当該合計した額の100分の10に相当する額を超えるときは、当該相当する額）を控除して得た額を基準として、市町村が定める。

一　指定通所支援　前条第2項第1号の厚生労働大臣が定める基準により算定した費用の額（その額が現に当該指定通所支援に要した費用（通所特定費用を除く。）の額を超えるときは、当該現に指定通所支援に要した費用の額）
二　基準該当通所支援　障害児通所支援の種類ごとに基準該当通所支援に通常要する費用（通所特定費用を除く。）につき厚生労働大臣が定める基準により算定した費用の額（その額が現に当該基準該当通所支援に要した費用（通所特定費用を除く。）の額を超えるときは、当該現に基準該当通所支援に要した費用の額）

〔障害児通所給付費等の通所給付決定〕

第21条の5の5　障害児通所給付費又は特例障害児通所給付費（以下この款において「**障害児通所給付費等**」という。）の支給を受けようとする障害児の保護者は、市町村の障害児通所給付費等を支給する旨の決定（以下「**通所給付決定**」という。）を受けなければならない。

②　通所給付決定は、障害児の保護者の居住地の市町村が行うものとする。ただし、障害児の保護者が居住地を有しないとき、又は明らかでないときは、その障害児の保護者の現在地の市町村が行うものとする。

〔申請〕

第21条の5の6　通所給付決定を受けようとする障害児の保護者は、厚生労働省令で定めるところにより、市町村に申請しなければならない。

②　市町村は、前項の申請があつたときは、次条第1項に規定する通所支給要否決定を行うため、厚生労働省令で定めるところにより、当該職員をして、当該申請に係る障害児又は障害児の保護者に面接をさせ、その心身の状況、その置かれている環境その他厚生労働省令で定める事項について調査をさせるものとする。この場合において、市町村は、当該調査を障害者の日常生活及び社会生活を総合的に支援するための法律第51条の14第1項に規定する指定一般相談支援事業者その他の厚生労働省令で定める者（以下この条において「指定障害児相談支援事業者等」という。）に委託することができる。

③　前項後段の規定により委託を受けた指定障害児相談支援事業者等は、障害児の保健又は福祉に関する専門的知識及び技術を有するものとして厚生労働省令で定める者に当該委託に係る調査を行わせるものとする。

④　第２項後段の規定により委託を受けた指定障害児相談支援事業者等の役員（業務を執行する社員、取締役、執行役又はこれらに準ずる者をいい、相談役、顧問その他いかなる名称を有する者であるかを問わず、法人に対し業務を執行する社員、取締役、執行役又はこれらに準ずる者と同等以上の支配力を有するものと認められる者を含む。次項並びに第21条の５の15第３項第６号（第24条の９第３項（第24条の10第４項において準用する場合を含む。）及び第24条の28第２項（第24条の29第４項において準用する場合を含む。）において準用する場合を含む。）、第24条の17第11号及び第24条の36第11号において同じ。）若しくは前項の厚生労働省令で定める者又はこれらの職にあつた者は、正当な理由なしに、当該委託業務に関して知り得た個人の秘密を漏らしてはならない。

⑤　第２項後段の規定により委託を受けた指定障害児相談支援事業者等の役員又は第３項の厚生労働省令で定める者で、当該委託業務に従事するものは、刑法その他の罰則の適用については、法令により公務に従事する職員とみなす。

〔通所支給要否決定等〕

第21条の５の７　市町村は、前条第１項の申請が行われたときは、当該申請に係る障害児の心身の状態、当該障害児の介護を行う者の状況、当該障害児及びその保護者の障害児通所支援の利用に関する意向その他の厚生労働省令で定める事項を勘案して障害児通所給付費等の支給の要否の決定（以下この条において「**通所支給要否決定**」という。）を行うものとする。

②　市町村は、通所支給要否決定を行うに当たつて必要があると認めるときは、児童相談所その他厚生労働省令で定める機関（次項、第21条の５の10及び第21条の５の13第３項において「児童相談所等」という。）の意見を聴くことができる。

③　児童相談所等は、前項の意見を述べるに当たつて必要があると認めるときは、当該通所支給要否決定に係る障害児、その保護者及び家族、医師その他の関係者の意見を聴くことができる。

④　市町村は、通所支給要否決定を行うに当たつて必要と認められる場合として厚生労働省令で定める場合には、厚生労働省令で定めるところにより、前条第１項の申請に係る障害児の保護者に対し、第24条の26第１項第１号に規定する指定障害児相談支援事業者が作成する障害児支援利用計画案の提出を求めるものとする。

⑤　前項の規定により障害児支援利用計画案の提出を求められた障害児の保護者は、厚生労働省令で定める場合には、同項の障害児支援利用計画案に代えて厚生労働省令で定める障害児支援利用計画案を提出することができる。

⑥　市町村は、前２項の障害児支援利用計画案の提出があつた場合には、第１項の厚生労働省令で定める事項及び当該障害児支援利用計画案を勘案して通所支給要否決定を行うものとする。

⑦　市町村は、通所給付決定を行う場合には、障害児通所支援の種類ごとに月を単位として

厚生労働省令で定める期間において障害児通所給付費等を支給する障害児通所支援の量（以下「**支給量**」という。）を定めなければならない。

⑧ 通所給付決定は、厚生労働省令で定める期間（以下「**通所給付決定の有効期間**」という。）内に限り、その効力を有する。

⑨ 市町村は、通所給付決定をしたときは、当該通所給付決定保護者に対し、厚生労働省令で定めるところにより、支給量、通所給付決定の有効期間その他の厚生労働省令で定める事項を記載した通所受給者証（以下「**通所受給者証**」という。）を交付しなければならない。

⑩ 指定通所支援を受けようとする通所給付決定保護者は、厚生労働省令で定めるところにより、指定障害児通所支援事業者等に通所受給者証を提示して当該指定通所支援を受けるものとする。ただし、緊急の場合その他やむを得ない事由のある場合については、この限りでない。

⑪ 通所給付決定保護者が指定障害児通所支援事業者等から指定通所支援を受けたとき（当該通所給付決定保護者が当該指定障害児通所支援事業者等に通所受給者証を提示したときに限る。）は、市町村は、当該通所給付決定保護者が当該指定障害児通所支援事業者等に支払うべき当該指定通所支援に要した費用（通所特定費用を除く。）について、障害児通所給付費として当該通所給付決定保護者に支給すべき額の限度において、当該通所給付決定保護者に代わり、当該指定障害児通所支援事業者等に支払うことができる。

⑫ 前項の規定による支払があつたときは、当該通所給付決定保護者に対し障害児通所給付費の支給があつたものとみなす。

⑬ 市町村は、指定障害児通所支援事業者等から障害児通所給付費の請求があつたときは、第21条の5の3第2項第1号の厚生労働大臣が定める基準及び第21条の5の18第2項の指定通所支援の事業の設備及び運営に関する基準（指定通所支援の取扱いに関する部分に限る。）に照らして審査の上、支払うものとする。

⑭ 市町村は、前項の規定による審査及び支払に関する事務を連合会に委託することができる。

〔通所給付決定の変更〕

第21条の5の8 通所給付決定保護者は、現に受けている通所給付決定に係る障害児通所支援の支給量その他の厚生労働省令で定める事項を変更する必要があるときは、厚生労働省令で定めるところにより、市町村に対し、当該通所給付決定の変更の申請をすることができる。

② 市町村は、前項の申請又は職権により、前条第1項の厚生労働省令で定める事項を勘案し、通所給付決定保護者につき、必要があると認めるときは、通所給付決定の変更の決定を行うことができる。この場合において、市町村は、当該決定に係る通所給付決定保護者に対し通所受給者証の提出を求めるものとする。

③ 第21条の5の5第2項、第21条の5の6（第1項を除く。）及び前条（第1項を除く。）の規定は、前項の通所給付決定の変更の決定について準用する。この場合において、必要な技術的読替えは、政令で定める。

④　市町村は、第2項の通所給付決定の変更の決定を行つた場合には、通所受給者証に当該決定に係る事項を記載し、これを返還するものとする。

〔通所給付決定の取消し〕

第21条の5の9　通所給付決定を行つた市町村は、次に掲げる場合には、当該通所給付決定を取り消すことができる。

一　通所給付決定に係る障害児が、指定通所支援及び基準該当通所支援を受ける必要がなくなつたと認めるとき。

二　通所給付決定保護者が、通所給付決定の有効期間内に、当該市町村以外の市町村の区域内に居住地を有するに至つたと認めるとき。

三　通所給付決定に係る障害児又はその保護者が、正当な理由なしに第21条の5の6第2項（前条第3項において準用する場合を含む。）の規定による調査に応じないとき。

四　その他政令で定めるとき。

②　前項の規定により通所給付決定の取消しを行つた市町村は、厚生労働省令で定めるところにより、当該取消しに係る通所給付決定保護者に対し通所受給者証の返還を求めるものとする。

〔都道府県による援助等〕

第21条の5の10　都道府県は、市町村の求めに応じ、市町村が行う第21条の5の5から前条までの規定による業務に関し、その設置する児童相談所等による技術的事項についての協力その他市町村に対する必要な援助を行うものとする。

〔障害児通所給付費の額の特例〕

第21条の5の11　市町村が、災害その他の厚生労働省令で定める特別の事情があることにより、障害児通所支援に要する費用を負担することが困難であると認めた通所給付決定保護者が受ける障害児通所給付費の支給について第21条の5の3第2項の規定を適用する場合においては、同項第2号中「額）」とあるのは、「額）の範囲内において市町村が定める額」とする。

②　前項に規定する通所給付決定保護者が受ける特例障害児通所給付費の支給について第21条の5の4第3項の規定を適用する場合においては、同項中「を控除して得た額を基準として、市町村が定める」とあるのは、「の範囲内において市町村が定める額を控除して得た額とする」とする。

〔高額障害児通所給付費の支給〕

第21条の5の12　市町村は、通所給付決定保護者が受けた障害児通所支援に要した費用の合計額（厚生労働大臣が定める基準により算定した費用の額（その額が現に要した費用の額を超えるときは、当該現に要した額）の合計額を限度とする。）から当該費用につき支給された障害児通所給付費及び特例障害児通所給付費の合計額を控除して得た額が、著しく高額であるときは、当該通所給付決定保護者に対し、**高額障害児通所給付費**を支給する。

②　前項に定めるもののほか、高額障害児通所給付費の支給要件、支給額その他高額障害児通所給付費の支給に関し必要な事項は、指定通所支援に要する費用の負担の家計に与える影響を考慮して、政令で定める。

〔放課後等デイサービス障害児通所給付費等の支給〕

第21条の5の13 市町村は、第21条の5の3第1項、第21条の5の4第1項又は前条第1項の規定にかかわらず、放課後等デイサービスを受けている障害児（以下この項において「通所者」という。）について、引き続き放課後等デイサービスを受けなければその福祉を損なうおそれがあると認めるときは、当該通所者が満18歳に達した後においても、当該通所者からの申請により、当該通所者が満20歳に達するまで、厚生労働省令で定めるところにより、引き続き放課後等デイサービスに係る障害児通所給付費、特例障害児通所給付費又は高額障害児通所給付費（次項において「**放課後等デイサービス障害児通所給付費等**」という。）を支給することができる。ただし、当該通所者が障害者の日常生活及び社会生活を総合的に支援するための法律第5条第7項に規定する生活介護その他の支援を受けることができる場合は、この限りでない。

② 前項の規定により放課後等デイサービス障害児通所給付費等を支給することができることとされた者については、その者を障害児又は障害児の保護者とみなして、第21条の5の3から前条までの規定を適用する。この場合において、必要な技術的読替えその他これらの規定の適用に関し必要な事項は、政令で定める。

③ 市町村は、第1項の場合において必要があると認めるときは、児童相談所等の意見を聴くことができる。

〔厚生労働省令への委任〕

第21条の5の14 この款に定めるもののほか、障害児通所給付費、特例障害児通所給付費又は高額障害児通所給付費の支給及び指定障害児通所支援事業者等の障害児通所給付費の請求に関し必要な事項は、厚生労働省令で定める。

第2款　指定障害児通所支援事業者

〔指定障害児通所支援事業者の指定〕

第21条の5の15 第21条の5の3第1項の指定は、厚生労働省令で定めるところにより、障害児通所支援事業を行う者の申請により、障害児通所支援の種類及び障害児通所支援事業を行う事業所（以下「**障害児通所支援事業所**」という。）ごとに行う。

② 放課後等デイサービスその他の厚生労働省令で定める障害児通所支援（以下この項及び第5項並びに第21条の5の19第1項において「**特定障害児通所支援**」という。）に係る第21条の5の3第1項の指定は、当該特定障害児通所支援の量を定めてするものとする。

③ 都道府県知事は、第1項の申請があつた場合において、次の各号（医療型児童発達支援に係る指定の申請にあつては、第7号を除く。）のいずれかに該当するときは、指定障害児通所支援事業者の指定をしてはならない。

一　申請者が都道府県の条例で定める者でないとき。

二　当該申請に係る障害児通所支援事業所の従業者の知識及び技能並びに人員が、第21条の5の18第1項の都道府県の条例で定める基準を満たしていないとき。

三　申請者が、第21条の5の18第2項の都道府県の条例で定める指定通所支援の事業の設備及び運営に関する基準に従つて適正な障害児通所支援事業の運営をすることができないと認められるとき。

四　申請者が禁錮以上の刑に処せられ、その執行を終わり、又は執行を受けることがなくなるまでの者であるとき。
五　申請者が、この法律その他国民の保健医療若しくは福祉に関する法律で政令で定めるものの規定により罰金の刑に処せられ、その執行を終わり、又は執行を受けることがなくなるまでの者であるとき。
五の二　申請者が、労働に関する法律の規定であつて政令で定めるものにより罰金の刑に処せられ、その執行を終わり、又は執行を受けることがなくなるまでの者であるとき。
六　申請者が、第21条の5の23第1項又は第33条の18第6項の規定により指定を取り消され、その取消しの日から起算して5年を経過しない者（当該指定を取り消された者が法人である場合においては、当該取消しの処分に係る行政手続法第15条の規定による通知があつた日前60日以内に当該法人の役員又はその障害児通所支援事業所を管理する者その他の政令で定める使用人（以下この条及び第21条の5の23第1項第11号において「役員等」という。）であつた者で当該取消しの日から起算して5年を経過しないものを含み、当該指定を取り消された者が法人でない場合においては、当該通知があつた日前60日以内に当該者の管理者であつた者で当該取消しの日から起算して5年を経過しないものを含む。）であるとき。ただし、当該指定の取消しが、指定障害児通所支援事業者の指定の取消しのうち当該指定の取消しの処分の理由となつた事実及び当該事実の発生を防止するための当該指定障害児通所支援事業者による業務管理体制の整備についての取組の状況その他の当該事実に関して当該指定障害児通所支援事業者が有していた責任の程度を考慮して、この号本文に規定する指定の取消しに該当しないこととすることが相当であると認められるものとして厚生労働省令で定めるものに該当する場合を除く。
七　申請者と密接な関係を有する者（申請者（法人に限る。以下この号において同じ。）の株式の所有その他の事由を通じて当該申請者の事業を実質的に支配し、若しくはその事業に重要な影響を与える関係にある者として厚生労働省令で定めるもの（以下この号において「申請者の親会社等」という。）、申請者の親会社等が株式の所有その他の事由を通じてその事業を実質的に支配し、若しくはその事業に重要な影響を与える関係にある者として厚生労働省令で定めるもの又は当該申請者が株式の所有その他の事由を通じてその事業を実質的に支配し、若しくはその事業に重要な影響を与える関係にある者として厚生労働省令で定めるもののうち、当該申請者と厚生労働省令で定める密接な関係を有する法人をいう。）が、第21条の5の23第1項又は第33条の18第6項の規定により指定を取り消され、その取消しの日から起算して5年を経過していないとき。ただし、当該指定の取消しが、指定障害児通所支援事業者の指定の取消しのうち当該指定の取消しの処分の理由となつた事実及び当該事実の発生を防止するための当該指定障害児通所支援事業者による業務管理体制の整備についての取組の状況その他の当該事実に関して当該指定障害児通所支援事業者が有していた責任の程度を考慮して、この号本文に規定する指定の取消しに該当しないこととすることが相当であると認められるものとして厚生労働省令で定めるものに該当する場合を除く。
八　削除

九　申請者が、第21条の５の23第１項又は第33条の18第６項の規定による指定の取消しの処分に係る行政手続法第15条の規定による通知があつた日から当該処分をする日又は処分をしないことを決定する日までの間に第21条の５の19第４項の規定による事業の廃止の届出をした者（当該事業の廃止について相当の理由がある者を除く。）で、当該届出の日から起算して５年を経過しないものであるとき。

十　申請者が、第21条の５の21第１項の規定による検査が行われた日から聴聞決定予定日（当該検査の結果に基づき第21条の５の23第１項の規定による指定の取消しの処分に係る聴聞を行うか否かの決定をすることが見込まれる日として厚生労働省令で定めるところにより都道府県知事が当該申請者に当該検査が行われた日から10日以内に特定の日を通知した場合における当該特定の日をいう。）までの間に第21条の５の19第４項の規定による事業の廃止の届出をした者（当該事業の廃止について相当の理由がある者を除く。）で、当該届出の日から起算して５年を経過しないものであるとき。

十一　第９号に規定する期間内に第21条の５の19第４項の規定による事業の廃止の届出があつた場合において、申請者が、同号の通知の日前60日以内に当該事業の廃止の届出に係る法人（当該事業の廃止について相当の理由がある法人を除く。）の役員等又は当該届出に係る法人でない者（当該事業の廃止について相当の理由がある者を除く。）の管理者であつた者で、当該届出の日から起算して５年を経過しないものであるとき。

十二　申請者が、指定の申請前５年以内に障害児通所支援に関し不正又は著しく不当な行為をした者であるとき。

十三　申請者が、法人で、その役員等のうちに第４号から第６号まで又は第９号から前号までのいずれかに該当する者のあるものであるとき。

十四　申請者が、法人でない者で、その管理者が第４号から第６号まで又は第９号から第12号までのいずれかに該当する者であるとき。

④　都道府県が前項第１号の条例を定めるに当たつては、厚生労働省令で定める基準に従い定めるものとする。

⑤　都道府県知事は、特定障害児通所支援につき第１項の申請があつた場合において、当該都道府県又は当該申請に係る障害児通所支援事業所の所在地を含む区域（第33条の22第２項第２号の規定により都道府県が定める区域をいう。）における当該申請に係る種類ごとの指定通所支援の量が、同条第１項の規定により当該都道府県が定める都道府県障害児福祉計画において定める当該都道府県若しくは当該区域の当該指定通所支援の必要な量に既に達しているか、又は当該申請に係る事業者の指定によつてこれを超えることになると認めるとき、その他の当該都道府県障害児福祉計画の達成に支障を生ずるおそれがあると認めるときは、第21条の５の３第１項の指定をしないことができる。

〔指定の更新〕

第21条の５の16　第21条の５の３第１項の指定は、６年ごとにその更新を受けなければ、その期間の経過によつて、その効力を失う。

②　前項の更新の申請があつた場合において、同項の期間（以下この条において「指定の有効期間」という。）の満了の日までにその申請に対する処分がされないときは、従前の指

定は、指定の有効期間の満了後もその処分がされるまでの間は、なおその効力を有する。
③　前項の場合において、指定の更新がされたときは、その指定の有効期間は、従前の指定の有効期間の満了の日の翌日から起算するものとする。
④　前条の規定は、第1項の指定の更新について準用する。この場合において、必要な技術的読替えは、政令で定める。

〔指定障害児通所支援事業者及び指定発達支援医療機関の設置者の責務〕
第21条の5の17　指定障害児通所支援事業者及び指定発達支援医療機関の設置者（以下「**指定障害児事業者等**」という。）は、障害児が自立した日常生活又は社会生活を営むことができるよう、障害児及びその保護者の意思をできる限り尊重するとともに、行政機関、教育機関その他の関係機関との緊密な連携を図りつつ、障害児通所支援を当該障害児の意向、適性、障害の特性その他の事情に応じ、常に障害児及びその保護者の立場に立つて効果的に行うように努めなければならない。
②　指定障害児事業者等は、その提供する障害児通所支援の質の評価を行うことその他の措置を講ずることにより、障害児通所支援の質の向上に努めなければならない。
③　指定障害児事業者等は、障害児の人格を尊重するとともに、この法律又はこの法律に基づく命令を遵守し、障害児及びその保護者のため忠実にその職務を遂行しなければならない。

〔指定障害児通所支援の事業の基準〕
第21条の5の18　指定障害児事業者等は、都道府県の条例で定める基準に従い、当該指定に係る障害児通所支援事業所又は指定発達支援医療機関ごとに、当該指定通所支援に従事する従業者を有しなければならない。
②　指定障害児事業者等は、都道府県の条例で定める指定通所支援の事業の設備及び運営に関する基準に従い、指定通所支援を提供しなければならない。
③　都道府県が前2項の条例を定めるに当たつては、第1号から第3号までに掲げる事項については厚生労働省令で定める基準に従い定めるものとし、第4号に掲げる事項については厚生労働省令で定める基準を標準として定めるものとし、その他の事項については厚生労働省令で定める基準を参酌するものとする。
一　指定通所支援に従事する従業者及びその員数
二　指定通所支援の事業に係る居室及び病室の床面積その他指定通所支援の事業の設備に関する事項であつて障害児の健全な発達に密接に関連するものとして厚生労働省令で定めるもの
三　指定通所支援の事業の運営に関する事項であつて、障害児の保護者のサービスの適切な利用の確保並びに障害児の適切な処遇及び安全の確保並びに秘密の保持に密接に関連するものとして厚生労働省令で定めるもの
四　指定通所支援の事業に係る利用定員
④　指定障害児通所支援事業者は、次条第4項の規定による事業の廃止又は休止の届出をしたときは、当該届出の日前1月以内に当該指定通所支援を受けていた者であつて、当該事業の廃止又は休止の日以後においても引き続き当該指定通所支援に相当する支援の提供を

希望する者に対し、必要な障害児通所支援が継続的に提供されるよう、他の指定障害児事業者等その他関係者との連絡調整その他の便宜の提供を行わなければならない。

〔指定の変更の申請等〕

第21条の5の19 指定障害児通所支援事業者は、第21条の5の3第1項の指定に係る特定障害児通所支援の量を増加しようとするときは、厚生労働省令で定めるところにより、同項の指定の変更を申請することができる。

② 第21条の5の15第3項から第5項までの規定は、前項の指定の変更の申請があつた場合について準用する。この場合において、必要な技術的読替えは、政令で定める。

③ 指定障害児通所支援事業者は、当該指定に係る障害児通所支援事業所の名称及び所在地その他厚生労働省令で定める事項に変更があつたとき、又は休止した当該指定通所支援の事業を再開したときは、厚生労働省令で定めるところにより、10日以内に、その旨を都道府県知事に届け出なければならない。

④ 指定障害児通所支援事業者は、当該指定通所支援の事業を廃止し、又は休止しようとするときは、厚生労働省令で定めるところにより、その廃止又は休止の日の1月前までに、その旨を都道府県知事に届け出なければならない。

〔都道府県知事等による連絡調整又は援助〕

第21条の5の20 都道府県知事又は市町村長は、第21条の5の18第4項に規定する便宜の提供が円滑に行われるため必要があると認めるときは、当該指定障害児通所支援事業者その他の関係者相互間の連絡調整又は当該指定障害児通所支援事業者その他の関係者に対する助言その他の援助を行うことができる。

② 厚生労働大臣は、同一の指定障害児通所支援事業者について2以上の都道府県知事が前項の規定による連絡調整又は援助を行う場合において、第21条の5の18第4項に規定する便宜の提供が円滑に行われるため必要があると認めるときは、当該都道府県知事相互間の連絡調整又は当該指定障害児通所支援事業者に対する都道府県の区域を超えた広域的な見地からの助言その他の援助を行うことができる。

〔報告等〕

第21条の5の21 都道府県知事又は市町村長は、必要があると認めるときは、指定障害児通所支援事業者若しくは指定障害児通所支援事業者であつた者若しくは当該指定に係る障害児通所支援事業所の従業者であつた者(以下この項において「指定障害児通所支援事業者であつた者等」という。)に対し、報告若しくは帳簿書類その他の物件の提出若しくは提示を命じ、指定障害児通所支援事業者若しくは当該指定に係る障害児通所支援事業所の従業者若しくは指定障害児通所支援事業者であつた者等に対し出頭を求め、又は当該職員に、関係者に対し質問させ、若しくは当該指定障害児通所支援事業者の当該指定に係る障害児通所支援事業所、事務所その他当該指定通所支援の事業に関係のある場所に立ち入り、その設備若しくは帳簿書類その他の物件を検査させることができる。

② 前項の規定は、指定発達支援医療機関の設置者について準用する。この場合において、必要な技術的読替えは、政令で定める。

③ 第19条の16第2項の規定は第1項(前項において準用する場合を含む。)の規定による

質問又は検査について、同条第3項の規定は第1項（前項において準用する場合を含む。）の規定による権限について準用する。

〔勧告、命令等〕

第21条の5の22 都道府県知事は、指定障害児事業者等が、次の各号（指定発達支援医療機関の設置者にあつては、第3号を除く。以下この項及び第5項において同じ。）に掲げる場合に該当すると認めるときは、当該指定障害児事業者等に対し、期限を定めて、当該各号に定める措置をとるべきことを勧告することができる。

一　当該指定に係る障害児通所支援事業所又は指定発達支援医療機関の従業者の知識若しくは技能又は人員について第21条の5の18第1項の都道府県の条例で定める基準に適合していない場合　当該基準を遵守すること。

二　第21条の5の18第2項の都道府県の条例で定める指定通所支援の事業の設備及び運営に関する基準に従つて適正な指定通所支援の事業の運営をしていない場合　当該基準を遵守すること。

三　第21条の5の18第4項に規定する便宜の提供を適正に行つていない場合　当該便宜の提供を適正に行うこと。

② 都道府県知事は、前項の規定による勧告をした場合において、その勧告を受けた指定障害児事業者等が、同項の期限内にこれに従わなかつたときは、その旨を公表することができる。

③ 都道府県知事は、第1項の規定による勧告を受けた指定障害児事業者等が、正当な理由がなくてその勧告に係る措置をとらなかつたときは、当該指定障害児事業者等に対し、期限を定めて、その勧告に係る措置をとるべきことを命ずることができる。

④ 都道府県知事は、前項の規定による命令をしたときは、その旨を公示しなければならない。

⑤ 市町村は、障害児通所給付費の支給に係る指定通所支援を行つた指定障害児事業者等について、第1項各号に掲げる場合のいずれかに該当すると認めるときは、その旨を当該指定に係る障害児通所支援事業所又は指定発達支援医療機関の所在地の都道府県知事に通知しなければならない。

〔指定の取消し等〕

第21条の5の23 都道府県知事は、次の各号のいずれかに該当する場合においては、当該指定障害児通所支援事業者に係る第21条の5の3第1項の指定を取り消し、又は期間を定めてその指定の全部若しくは一部の効力を停止することができる。

一　指定障害児通所支援事業者が、第21条の5の15第3項第4号から第5号の2まで、第13号又は第14号のいずれかに該当するに至つたとき。

二　指定障害児通所支援事業者が、第21条の5の17第3項の規定に違反したと認められるとき。

三　指定障害児通所支援事業者が、当該指定に係る障害児通所支援事業所の従業者の知識若しくは技能又は人員について、第21条の5の18第1項の都道府県の条例で定める基準を満たすことができなくなつたとき。

四　指定障害児通所支援事業者が、第21条の５の18第２項の都道府県の条例で定める指定通所支援の事業の設備及び運営に関する基準に従つて適正な指定通所支援の事業の運営をすることができなくなつたとき。

五　障害児通所給付費又は肢体不自由児通所医療費の請求に関し不正があつたとき。

六　指定障害児通所支援事業者が、第21条の５の21第１項の規定により報告又は帳簿書類その他の物件の提出若しくは提示を命ぜられてこれに従わず、又は虚偽の報告をしたとき。

七　指定障害児通所支援事業者又は当該指定に係る障害児通所支援事業所の従業者が、第21条の５の21第１項の規定により出頭を求められてこれに応ぜず、同項の規定による質問に対して答弁せず、若しくは虚偽の答弁をし、又は同項の規定による立入り若しくは検査を拒み、妨げ、若しくは忌避したとき。ただし、当該指定に係る障害児通所支援事業所の従業者がその行為をした場合において、その行為を防止するため、当該指定障害児通所支援事業者が相当の注意及び監督を尽くしたときを除く。

八　指定障害児通所支援事業者が、不正の手段により第21条の５の３第１項の指定を受けたとき。

九　前各号に掲げる場合のほか、指定障害児通所支援事業者が、この法律その他国民の保健医療若しくは福祉に関する法律で政令で定めるもの又はこれらの法律に基づく命令若しくは処分に違反したとき。

十　前各号に掲げる場合のほか、指定障害児通所支援事業者が、障害児通所支援に関し不正又は著しく不当な行為をしたとき。

十一　指定障害児通所支援事業者が法人である場合において、その役員等のうちに指定の取消し又は指定の全部若しくは一部の効力の停止をしようとするとき前５年以内に障害児通所支援に関し不正又は著しく不当な行為をした者があるとき。

十二　指定障害児入所施設の設置者が法人でない場合において、その管理者が指定の取消し又は指定の全部若しくは一部の効力の停止をしようとするとき前５年以内に障害児入所支援に関し不正又は著しく不当な行為をした者であるとき。

②　市町村は、障害児通所給付費等の支給に係る障害児通所支援又は肢体不自由児通所医療費の支給に係る第21条の５の28第１項に規定する肢体不自由児通所医療を行つた指定障害児通所支援事業者について、前項各号のいずれかに該当すると認めるときは、その旨を当該指定に係る障害児通所支援事業所の所在地の都道府県知事に通知しなければならない。

〔公示〕

第21条の５の24　都道府県知事は、次に掲げる場合には、その旨を公示しなければならない。

一　第21条の５の３第１項の指定障害児通所支援事業者の指定をしたとき。

二　第21条の５の19第４項の規定による事業の廃止の届出があつたとき。

三　前条第１項又は第33条の18第６項の規定により指定障害児通所支援事業者の指定を取り消したとき。

第３款　業務管理体制の整備等

〔業務管理体制の整備等〕

第21条の5の25 指定障害児事業者等は、第21条の5の17第3項に規定する義務の履行が確保されるよう、厚生労働省令で定める基準に従い、業務管理体制を整備しなければならない。

② 指定障害児事業者等は、次の各号に掲げる区分に応じ、当該各号に定める者に対し、厚生労働省令で定めるところにより、業務管理体制の整備に関する事項を届け出なければならない。

一 次号及び第3号に掲げる指定障害児通所支援事業者以外の指定障害児通所支援事業者 都道府県知事

二 当該指定に係る障害児通所支援事業所が一の地方自治法第252条の19第1項の指定都市（以下「指定都市」という。）の区域に所在する指定障害児通所支援事業者 指定都市の長

三 当該指定に係る障害児通所支援事業所が2以上の都道府県の区域に所在する指定障害児通所支援事業者及び指定発達支援医療機関の設置者 厚生労働大臣

③ 前項の規定により届出をした指定障害児事業者等は、その届け出た事項に変更があつたときは、厚生労働省令で定めるところにより、遅滞なく、その旨を当該届出をした厚生労働大臣、都道府県知事又は指定都市の長（以下この款において「厚生労働大臣等」という。）に届け出なければならない。

④ 第2項の規定による届出をした指定障害児通所支援事業者は、同項各号に掲げる区分の変更により、同項の規定により当該届出をした厚生労働大臣等以外の厚生労働大臣等に届出を行うときは、厚生労働省令で定めるところにより、その旨を当該届出をした厚生労働大臣等にも届け出なければならない。

⑤ 厚生労働大臣等は、前3項の規定による届出が適正になされるよう、相互に密接な連携を図るものとする。

〔報告等〕

第21条の5の26 前条第2項の規定による届出を受けた厚生労働大臣等は、当該届出をした指定障害児事業者等（同条第4項の規定による届出を受けた厚生労働大臣等にあつては、同項の規定による届出をした指定障害児通所支援事業者を除く。）における同条第1項の規定による業務管理体制の整備に関して必要があると認めるときは、当該指定障害児事業者等に対し、報告若しくは帳簿書類その他の物件の提出若しくは提示を命じ、当該指定障害児事業者等若しくは当該指定障害児事業者等の従業者に対し出頭を求め、又は当該職員に、関係者に対し質問させ、若しくは当該指定障害児事業者等の当該指定に係る障害児通所支援事業所、事務所その他の指定通所支援の提供に関係のある場所に立ち入り、その設備若しくは帳簿書類その他の物件を検査させることができる。

② 厚生労働大臣又は指定都市の長が前項の権限を行うときは、当該指定障害児通所支援事業者に係る指定を行つた都道府県知事（次条第5項において「関係都道府県知事」という。）と密接な連携の下に行うものとする。

③ 都道府県知事は、その行つた又はその行おうとする指定に係る指定障害児通所支援事業

者における前条第1項の規定による業務管理体制の整備に関して必要があると認めるときは、厚生労働大臣又は指定都市の長に対し、第1項の権限を行うよう求めることができる。

④ 厚生労働大臣又は指定都市の長は、前項の規定による都道府県知事の求めに応じて第1項の権限を行つたときは、厚生労働省令で定めるところにより、その結果を当該権限を行うよう求めた都道府県知事に通知しなければならない。

⑤ 第19条の16第2項の規定は第1項の規定による質問又は検査について、同条第3項の規定は第1項の規定による権限について準用する。

〔勧告、命令等〕

第21条の5の27 第21条の5の25第2項の規定による届出を受けた厚生労働大臣等は、当該届出をした指定障害児事業者等（同条第4項の規定による届出を受けた厚生労働大臣等にあつては、同項の規定による届出をした指定障害児通所支援事業者を除く。）が、同条第1項の厚生労働省令で定める基準に従つて適正な業務管理体制の整備をしていないと認めるときは、当該指定障害児事業者等に対し、期限を定めて、当該厚生労働省令で定める基準に従つて適正な業務管理体制を整備すべきことを勧告することができる。

② 厚生労働大臣等は、前項の規定による勧告をした場合において、その勧告を受けた指定障害児事業者等が、同項の期限内にこれに従わなかつたときは、その旨を公表することができる。

③ 厚生労働大臣等は、第1項の規定による勧告を受けた指定障害児事業者等が、正当な理由がなくてその勧告に係る措置をとらなかつたときは、当該指定障害児事業者等に対し、期限を定めて、その勧告に係る措置をとるべきことを命ずることができる。

④ 厚生労働大臣等は、前項の規定による命令をしたときは、その旨を公示しなければならない。

⑤ 厚生労働大臣又は指定都市の長は、指定障害児通所支援事業者が第3項の規定による命令に違反したときは、厚生労働省令で定めるところにより、当該違反の内容を関係都道府県知事に通知しなければならない。

第4款　肢体不自由児通所医療費の支給

〔肢体不自由児通所医療費の支給〕

第21条の5の28 市町村は、通所給付決定に係る障害児が、通所給付決定の有効期間内において、指定障害児通所支援事業者等（病院その他厚生労働省令で定める施設に限る。以下この款において同じ。）から医療型児童発達支援のうち治療に係るもの（以下この条において**「肢体不自由児通所医療」**という。）を受けたときは、当該障害児に係る通所給付決定保護者に対し、当該肢体不自由児通所医療に要した費用について、**肢体不自由児通所医療費**を支給する。

② 肢体不自由児通所医療費の額は、1月につき、肢体不自由児通所医療（食事療養を除く。）につき健康保険の療養に要する費用の額の算定方法の例により算定した額から、当該通所給付決定保護者の家計の負担能力その他の事情をしん酌して政令で定める額（当該政令で定める額が当該算定した額の100分の10に相当する額を超えるときは、当該相当す

る額）を控除して得た額とする。
③　通所給付決定に係る障害児が指定障害児通所支援事業者等から肢体不自由児通所医療を受けたときは、市町村は、当該障害児に係る通所給付決定保護者が当該指定障害児通所支援事業者等に支払うべき当該肢体不自由児通所医療に要した費用について、肢体不自由児通所医療費として当該通所給付決定保護者に支給すべき額の限度において、当該通所給付決定保護者に代わり、当該指定障害児通所支援事業者等に支払うことができる。
④　前項の規定による支払があつたときは、当該通所給付決定保護者に対し肢体不自由児通所医療費の支給があつたものとみなす。

〔準用規定〕
第21条の5の29　第19条の12及び第19条の20の規定は指定障害児通所支援事業者等に対する肢体不自由児通所医療費の支給について、第21条の規定は指定障害児通所支援事業者等について、それぞれ準用する。この場合において、必要な技術的読替えは、政令で定める。

〔健康保険法による給付との調整〕
第21条の5の30　肢体不自由児通所医療費の支給は、当該障害の状態につき、健康保険法の規定による家族療養費その他の法令に基づく給付であつて政令で定めるもののうち肢体不自由児通所医療費の支給に相当するものを受けることができるときは政令で定める限度において、当該政令で定める給付以外の給付であつて国又は地方公共団体の負担において肢体不自由児通所医療費の支給に相当するものが行われたときはその限度において、行わない。

〔厚生労働省令への委任〕
第21条の5の31　この款に定めるもののほか、肢体不自由児通所医療費の支給及び指定障害児通所支援事業者等の肢体不自由児通所医療費の請求に関し必要な事項は、厚生労働省令で定める。

第5款　障害児通所支援及び障害福祉サービスの措置

〔障害福祉サービスの提供〕
第21条の6　市町村は、障害児通所支援又は障害者の日常生活及び社会生活を総合的に支援するための法律第5条第1項に規定する障害福祉サービス（以下「障害福祉サービス」という。）を必要とする障害児の保護者が、やむを得ない事由により障害児通所給付費若しくは特例障害児通所給付費又は同法に規定する介護給付費若しくは特例介護給付費（第56条の6第1項において「介護給付費等」という。）の支給を受けることが著しく困難であると認めるときは、当該障害児につき、政令で定める基準に従い、障害児通所支援若しくは障害福祉サービスを提供し、又は当該市町村以外の者に障害児通所支援若しくは障害福祉サービスの提供を委託することができる。

〔受託義務〕
第21条の7　障害児通所支援事業を行う者及び障害者の日常生活及び社会生活を総合的に支援するための法律第5条第1項に規定する障害福祉サービス事業を行う者は、前条の規定による委託を受けたときは、正当な理由がない限り、これを拒んではならない。

第4節　障害児入所給付費、高額障害児入所給付費及び特定入所障害児食費等給付費

並びに障害児入所医療費の支給
第1款　障害児入所給付費、高額障害児入所給付費及び特定入所障害児食費等給付費の支給

〔障害児入所給付費の支給〕

第24条の2　都道府県は、次条第6項に規定する入所給付決定保護者（以下この条において「**入所給付決定保護者**」という。）が、次条第4項の規定により定められた期間内において、都道府県知事が指定する障害児入所施設（以下「**指定障害児入所施設**」という。）又は指定発達支援医療機関（以下「**指定障害児入所施設等**」と総称する。）に入所又は入院（以下「**入所等**」という。）の申込みを行い、当該指定障害児入所施設等から障害児入所支援（以下「**指定入所支援**」という。）を受けたときは、当該入所給付決定保護者に対し、当該指定入所支援に要した費用（食事の提供に要する費用、居住又は滞在に要する費用その他の日常生活に要する費用のうち厚生労働省令で定める費用及び治療に要する費用（以下「**入所特定費用**」という。）を除く。）について、**障害児入所給付費**を支給する。

② 障害児入所給付費の額は、1月につき、第1号に掲げる額から第2号に掲げる額を控除して得た額とする。

　一　同一の月に受けた指定入所支援について、指定入所支援に通常要する費用（入所特定費用を除く。）につき、厚生労働大臣が定める基準により算定した費用の額（その額が現に当該指定入所支援に要した費用（入所特定費用を除く。）の額を超えるときは、当該現に指定入所支援に要した費用の額）を合計した額

　二　当該入所給付決定保護者の家計の負担能力その他の事情をしん酌して政令で定める額（当該政令で定める額が前号に掲げる額の100分の10に相当する額を超えるときは、当該相当する額）

〔障害児入所給付費の受給の手続〕

第24条の3　障害児の保護者は、前条第1項の規定により障害児入所給付費の支給を受けようとするときは、厚生労働省令で定めるところにより、都道府県に申請しなければならない。

② 都道府県は、前項の申請が行われたときは、当該申請に係る障害児の心身の状態、当該障害児の介護を行う者の状況、当該障害児の保護者の障害児入所給付費の受給の状況その他の厚生労働省令で定める事項を勘案して、障害児入所給付費の支給の要否を決定するものとする。

③ 前項の規定による決定を行う場合には、児童相談所長の意見を聴かなければならない。

④ 障害児入所給付費を支給する旨の決定（以下「**入所給付決定**」という。）を行う場合には、障害児入所給付費を支給する期間を定めなければならない。

⑤ 前項の期間は、厚生労働省令で定める期間を超えることができないものとする。

⑥ 都道府県は、入所給付決定をしたときは、当該入所給付決定を受けた障害児の保護者（以下「**入所給付決定保護者**」という。）に対し、厚生労働省令で定めるところにより、第4項の規定により定められた期間（以下「**給付決定期間**」という。）を記載した入所受給者証（以下「**入所受給者証**」という。）を交付しなければならない。

⑦　指定入所支援を受けようとする入所給付決定保護者は、厚生労働省令で定めるところにより、指定障害児入所施設等に入所受給者証を提示して当該指定入所支援を受けるものとする。ただし、緊急の場合その他やむを得ない事由のある場合については、この限りでない。

⑧　入所給付決定保護者が指定障害児入所施設等から指定入所支援を受けたとき（当該入所給付決定保護者が当該指定障害児入所施設等に入所受給者証を提示したときに限る。）は、都道府県は、当該入所給付決定保護者が当該指定障害児入所施設等に支払うべき当該指定入所支援に要した費用（入所特定費用を除く。）について、障害児入所給付費として当該入所給付決定保護者に支給すべき額の限度において、当該入所給付決定保護者に代わり、当該指定障害児入所施設等に支払うことができる。

⑨　前項の規定による支払があつたときは、当該入所給付決定保護者に対し障害児入所給付費の支給があつたものとみなす。

⑩　都道府県は、指定障害児入所施設等から障害児入所給付費の請求があつたときは、前条第２項第１号の厚生労働大臣が定める基準及び第24条の12第２項の指定障害児入所施設等の設備及び運営に関する基準（指定入所支援の取扱いに関する部分に限る。）に照らして審査の上、支払うものとする。

⑪　都道府県は、前項の規定による審査及び支払に関する事務を連合会に委託することができる。

〔入所給付決定の取消し〕

第24条の４　入所給付決定を行つた都道府県は、次に掲げる場合には、当該入所給付決定を取り消すことができる。

一　入所給付決定に係る障害児が、指定入所支援を受ける必要がなくなつたと認めるとき。

二　入所給付決定保護者が、給付決定期間内に、当該都道府県以外の都道府県の区域内に居住地を有するに至つたと認めるとき。

三　その他政令で定めるとき。

②　前項の規定により入所給付決定の取消しを行つた都道府県は、厚生労働省令で定めるところにより、当該取消しに係る入所給付決定保護者に対し入所受給者証の返還を求めるものとする。

〔災害等による特例〕

第24条の５　都道府県が、災害その他の厚生労働省令で定める特別の事情があることにより、障害児入所支援に要する費用を負担することが困難であると認めた入所給付決定保護者が受ける障害児入所給付費の支給について第24条の２第２項の規定を適用する場合においては、同項第２号中「額）」とあるのは、「額）の範囲内において都道府県が定める額」とする。

〔高額障害児入所給付費の支給〕

第24条の６　都道府県は、入所給付決定保護者が受けた指定入所支援に要した費用の合計額（厚生労働大臣が定める基準により算定した費用の額（その額が現に要した費用の額を超

えるときは、当該現に要した額）の合計額を限度とする。）から当該費用につき支給された障害児入所給付費の合計額を控除して得た額が、著しく高額であるときは、当該入所給付決定保護者に対し、**高額障害児入所給付費**を支給する。

② 前項に定めるもののほか、高額障害児入所給付費の支給要件、支給額その他高額障害児入所給付費の支給に関し必要な事項は、指定入所支援に要する費用の負担の家計に与える影響を考慮して、政令で定める。

〔特定入所障害児食費等給付費の支給〕

第24条の7 都道府県は、入所給付決定保護者のうち所得の状況その他の事情をしん酌して厚生労働省令で定めるものに係る障害児が、給付決定期間内において、指定障害児入所施設等に入所等をし、当該指定障害児入所施設等から指定入所支援を受けたときは、当該入所給付決定保護者に対し、当該指定障害児入所施設等における食事の提供に要した費用及び居住に要した費用について、政令で定めるところにより、**特定入所障害児食費等給付費**を支給する。

② 第24条の3第7項から第11項までの規定は、特定入所障害児食費等給付費の支給について準用する。この場合において、必要な技術的読替えは、政令で定める。

〔厚生労働省令への委任〕

第24条の8 この款に定めるもののほか、障害児入所給付費、高額障害児入所給付費又は特定入所障害児食費等給付費の支給及び指定障害児入所施設等の障害児入所給付費又は特定入所障害児食費等給付費の請求に関し必要な事項は、厚生労働省令で定める。

第2款　指定障害児入所施設等

〔指定障害児入所施設等の指定〕

第24条の9 第24条の2第1項の指定は、厚生労働省令で定めるところにより、障害児入所施設の設置者の申請により、当該障害児入所施設の入所定員を定めて、行う。

② 都道府県知事は、前項の申請があつた場合において、当該都道府県における当該申請に係る指定障害児入所施設の入所定員の総数が、第33条の22第1項の規定により当該都道府県が定める都道府県障害児福祉計画において定める当該都道府県の当該指定障害児入所施設の必要入所定員総数に既に達しているか、又は当該申請に係る施設の指定によつてこれを超えることになると認めるとき、その他当該都道府県障害児福祉計画の達成に支障を生ずるおそれがあると認めるときは、第24条の2第1項の指定をしないことができる。

③ 第21条の5の15第3項（第7号を除く。）及び第4項の規定は、第24条の2第1項の指定障害児入所施設の指定について準用する。この場合において、必要な技術的読替えは、政令で定める。

〔更新の申請等〕

第24条の10 第24条の2第1項の指定は、6年ごとにその更新を受けなければ、その期間の経過によつて、その効力を失う。

② 前項の更新の申請があつた場合において、同項の期間（以下この条において「指定の有効期間」という。）の満了の日までにその申請に対する処分がされないときは、従前の指定は、指定の有効期間の満了後もその処分がされるまでの間は、なおその効力を有する。

③　前項の場合において、指定の更新がされたときは、その指定の有効期間は、従前の指定の有効期間の満了の日の翌日から起算するものとする。

④　前条の規定は、第１項の指定の更新について準用する。この場合において、必要な技術的読替えは、政令で定める。

〔指定障害児入所施設等の設置者の責務〕

第24条の11　指定障害児入所施設等の設置者は、障害児が自立した日常生活又は社会生活を営むことができるよう、障害児及びその保護者の意思をできる限り尊重するとともに、行政機関、教育機関その他の関係機関との緊密な連携を図りつつ、障害児入所支援を当該障害児の意向、適性、障害の特性その他の事情に応じ、常に障害児及びその保護者の立場に立つて効果的に行うように努めなければならない。

②　指定障害児入所施設等の設置者は、その提供する障害児入所支援の質の評価を行うことその他の措置を講ずることにより、障害児入所支援の質の向上に努めなければならない。

③　指定障害児入所施設等の設置者は、障害児の人格を尊重するとともに、この法律又はこの法律に基づく命令を遵守し、障害児及びその保護者のため忠実にその職務を遂行しなければならない。

〔指定入所支援の事業の基準〕

第24条の12　指定障害児入所施設等の設置者は、都道府県の条例で定める基準に従い、指定入所支援に従事する従業者を有しなければならない。

②　指定障害児入所施設等の設置者は、都道府県の条例で定める指定障害児入所施設等の設備及び運営に関する基準に従い、指定入所支援を提供しなければならない。

③　都道府県が前２項の条例を定めるに当たつては、次に掲げる事項については厚生労働省令で定める基準に従い定めるものとし、その他の事項については厚生労働省令で定める基準を参酌するものとする。

一　指定入所支援に従事する従業者及びその員数

二　指定障害児入所施設等に係る居室及び病室の床面積その他指定障害児入所施設等の設備に関する事項であつて障害児の健全な発達に密接に関連するものとして厚生労働省令で定めるもの

三　指定障害児入所施設等の運営に関する事項であつて、障害児の保護者のサービスの適切な利用の確保並びに障害児の適切な処遇及び安全の確保並びに秘密の保持に密接に関連するものとして厚生労働省令で定めるもの

④　第１項及び第２項の都道府県の条例で定める基準は、知的障害のある児童、盲児（強度の弱視児を含む。）、ろうあ児（強度の難聴児を含む。）、肢体不自由のある児童、重症心身障害児その他の指定障害児入所施設等に入所等をする障害児についてそれぞれの障害の特性に応じた適切な支援が確保されるものでなければならない。

⑤　指定障害児入所施設の設置者は、第24条の14の規定による指定の辞退をするときは、同条に規定する予告期間の開始日の前日に当該指定入所支援を受けていた者であつて、当該指定の辞退の日以後においても引き続き当該指定入所支援に相当するサービスの提供を希望する者に対し、必要な障害児入所支援が継続的に提供されるよう、他の指定障害児入所

施設等の設置者その他関係者との連絡調整その他の便宜の提供を行わなければならない。

〔指定の変更の申請等〕

第24条の13 指定障害児入所施設の設置者は、第24条の2第1項の指定に係る入所定員を増加しようとするときは、厚生労働省令で定めるところにより、同項の指定の変更を申請することができる。

② 第24条の9第2項及び第3項の規定は、前項の指定の変更の申請があつた場合について準用する。この場合において、必要な技術的読替えは、政令で定める。

③ 指定障害児入所施設の設置者は、設置者の住所その他の厚生労働省令で定める事項に変更があつたときは、厚生労働省令で定めるところにより、10日以内に、その旨を都道府県知事に届け出なければならない。

〔指定の辞退〕

第24条の14 指定障害児入所施設は、3月以上の予告期間を設けて、その指定を辞退することができる。

〔準用規定〕

第24条の14の2 第21条の5の20の規定は、指定障害児入所施設の設置者による第24条の12第5項に規定する便宜の提供について準用する。この場合において、第21条の5の20第1項中「都道府県知事又は市町村長」とあるのは、「都道府県知事」と読み替えるものとする。

〔報告等〕

第24条の15 都道府県知事は、必要があると認めるときは、指定障害児入所施設等の設置者若しくは当該指定障害児入所施設等の長その他の従業者（以下この項において「指定施設設置者等」という。）である者若しくは指定施設設置者等であつた者に対し、報告若しくは帳簿書類その他の物件の提出若しくは提示を命じ、指定施設設置者等である者若しくは指定施設設置者等であつた者に対し出頭を求め、又は当該職員に、関係者に対し質問させ、若しくは当該指定障害児入所施設等、当該指定障害児入所施設等の設置者の事務所その他当該指定障害児入所施設等の運営に関係のある場所に立ち入り、その設備若しくは帳簿書類その他の物件を検査させることができる。

② 第19条の16第2項の規定は前項の規定による質問又は検査について、同条第3項の規定は前項の規定による権限について準用する。

〔勧告等〕

第24条の16 都道府県知事は、指定障害児入所施設等の設置者が、次の各号（指定発達支援医療機関の設置者にあつては、第3号を除く。以下この項において同じ。）に掲げる場合に該当すると認めるときは、当該指定障害児入所施設等の設置者に対し、期限を定めて、当該各号に定める措置をとるべきことを勧告することができる。

一 指定障害児入所施設等の従業者の知識若しくは技能又は人員について第24条の12第1項の都道府県の条例で定める基準に適合していない場合　当該基準を遵守すること。

二 第24条の12第2項の都道府県の条例で定める指定障害児入所施設等の設備及び運営に関する基準に従つて適正な指定障害児入所施設等の運営をしていない場合　当該基準を

遵守すること。
三　第24条の12第5項に規定する便宜の提供を適正に行つていない場合　当該便宜の提供を適正に行うこと。

② 都道府県知事は、前項の規定による勧告をした場合において、その勧告を受けた指定障害児入所施設等の設置者が、同項の期限内にこれに従わなかつたときは、その旨を公表することができる。

③ 都道府県知事は、第1項の規定による勧告を受けた指定障害児入所施設等の設置者が、正当な理由がなくてその勧告に係る措置をとらなかつたときは、当該指定障害児入所施設等の設置者に対し、期限を定めて、その勧告に係る措置をとるべきことを命ずることができる。

④ 都道府県知事は、前項の規定による命令をしたときは、その旨を公示しなければならない。

〔指定の取消し〕

第24条の17　都道府県知事は、次の各号のいずれかに該当する場合においては、当該指定障害児入所施設に係る第24条の2第1項の指定を取り消し、又は期間を定めてその指定の全部若しくは一部の効力を停止することができる。

一　指定障害児入所施設の設置者が、第24条の9第3項において準用する第21条の5の15第3項第4号から第5号の2まで、第13号又は第14号のいずれかに該当するに至つたとき。

二　指定障害児入所施設の設置者が、第24条の11第3項の規定に違反したと認められるとき。

三　指定障害児入所施設の設置者が、当該指定障害児入所施設の従業者の知識若しくは技能又は人員について、第24条の12第1項の都道府県の条例で定める基準を満たすことができなくなつたとき。

四　指定障害児入所施設の設置者が、第24条の12第2項の都道府県の条例で定める指定障害児入所施設等の設備及び運営に関する基準に従つて適正な指定障害児入所施設の運営をすることができなくなつたとき。

五　障害児入所給付費、特定入所障害児食費等給付費又は障害児入所医療費の請求に関し不正があつたとき。

六　指定障害児入所施設の設置者又は当該指定障害児入所施設の長その他の従業者（次号において「指定入所施設設置者等」という。）が、第24条の15第1項の規定により報告又は帳簿書類その他の物件の提出若しくは提示を命ぜられてこれに従わず、又は虚偽の報告をしたとき。

七　指定入所施設設置者等が、第24条の15第1項の規定により出頭を求められてこれに応ぜず、同項の規定による質問に対して答弁せず、若しくは虚偽の答弁をし、又は同項の規定による立入り若しくは検査を拒み、妨げ、若しくは忌避したとき。ただし、当該指定障害児入所施設の従業者がその行為をした場合において、その行為を防止するため、当該指定障害児入所施設の設置者又は当該指定障害児入所施設の長が相当の注意及び監

督を尽くしたときを除く。
八　指定障害児入所施設の設置者が、不正の手段により第24条の２第１項の指定を受けたとき。
九　前各号に掲げる場合のほか、指定障害児入所施設の設置者が、この法律その他国民の保健医療若しくは福祉に関する法律で政令で定めるもの又はこれらの法律に基づく命令若しくは処分に違反したとき。
十　前各号に掲げる場合のほか、指定障害児入所施設の設置者が、障害児入所支援に関し不正又は著しく不当な行為をしたとき。
十一　指定障害児入所施設の設置者が法人である場合において、その役員又は当該指定障害児入所施設の長のうちに指定の取消し又は指定の全部若しくは一部の効力の停止をしようとするとき前５年以内に障害児入所支援に関し不正又は著しく不当な行為をした者があるとき。
十二　指定障害児入所施設の設置者が法人でない場合において、その管理者が指定の取消し又は指定の全部若しくは一部の効力の停止をしようとするとき前５年以内に障害児入所支援に関し不正又は著しく不当な行為をした者であるとき。

〔公示〕
第24条の18　都道府県知事は、次に掲げる場合には、その旨を公示しなければならない。
一　第24条の２第１項の指定障害児入所施設の指定をしたとき。
二　第24条の14の規定による指定障害児入所施設の指定の辞退があつたとき。
三　前条又は第33条の18第６項の規定により指定障害児入所施設の指定を取り消したとき。

〔都道府県の情報提供等〕
第24条の19　都道府県は、指定障害児入所施設等に関し必要な情報の提供を行うとともに、その利用に関し相談に応じ、及び助言を行わなければならない。
②　都道府県は、障害児又は当該障害児の保護者から求めがあつたときは、指定障害児入所施設等の利用についてあつせん又は調整を行うとともに、必要に応じて、指定障害児入所施設等の設置者に対し、当該障害児の利用についての要請を行うものとする。
③　指定障害児入所施設等の設置者は、前項のあつせん、調整及び要請に対し、できる限り協力しなければならない。

第３款　業務管理体制の整備等

〔準用規定〕
第24条の19の２　第２節第３款の規定は、指定障害児入所施設等の設置者について準用する。この場合において、必要な技術的読替えは、政令で定める。

第４款　障害児入所医療費の支給

〔障害児入所医療費の支給〕
第24条の20　都道府県は、入所給付決定に係る障害児が、給付決定期間内において、指定障害児入所施設等（病院その他厚生労働省令で定める施設に限る。以下この条、次条及び第24条の23において同じ。）から障害児入所支援のうち治療に係るもの（以下この条におい

て「障害児入所医療」という。）を受けたときは、厚生労働省令で定めるところにより、当該障害児に係る入所給付決定保護者に対し、当該障害児入所医療に要した費用について、**障害児入所医療費**を支給する。

② 障害児入所医療費の額は、1月につき、次に掲げる額の合算額とする。
　一　同一の月に受けた障害児入所医療（食事療養を除く。）につき健康保険の療養に要する費用の額の算定方法の例により算定した額から、当該入所給付決定保護者の家計の負担能力その他の事情をしん酌して政令で定める額（当該政令で定める額が当該算定した額の100分の10に相当する額を超えるときは、当該相当する額）を控除して得た額
　二　当該障害児入所医療（食事療養に限る。）につき健康保険の療養に要する費用の額の算定方法の例により算定した額から、健康保険法第85条第2項に規定する食事療養標準負担額、入所給付決定保護者の所得の状況その他の事情を勘案して厚生労働大臣が定める額を控除した額

③ 入所給付決定に係る障害児が指定障害児入所施設等から障害児入所医療を受けたときは、都道府県は、当該障害児に係る入所給付決定保護者が当該指定障害児入所施設等に支払うべき当該障害児入所医療に要した費用について、障害児入所医療費として当該入所給付決定保護者に支給すべき額の限度において、当該入所給付決定保護者に代わり、当該指定障害児入所施設等に支払うことができる。

④ 前項の規定による支払があつたときは、当該入所給付決定保護者に対し障害児入所医療費の支給があつたものとみなす。

〔準用規定〕

第24条の21　第19条の12及び第19条の20の規定は指定障害児入所施設等に対する障害児入所医療費の支給について、第21条の規定は指定障害児入所施設等について、それぞれ準用する。この場合において、必要な技術的読替えは、政令で定める。

〔健康保険法による給付との調整〕

第24条の22　障害児入所医療費の支給は、当該障害の状態につき、健康保険法の規定による家族療養費その他の法令に基づく給付であつて政令で定めるもののうち障害児入所医療費の支給に相当するものを受けることができるときは政令で定める限度において、当該政令で定める給付以外の給付であつて国又は地方公共団体の負担において障害児入所医療費の支給に相当するものが行われたときはその限度において、行わない。

〔厚生労働省令への委任〕

第24条の23　この款に定めるもののほか、障害児入所医療費の支給及び指定障害児入所施設等の障害児入所医療費の請求に関し必要な事項は、厚生労働省令で定める。

　　　第5款　障害児入所給付費、高額障害児入所給付費及び特定入所障害児食費等給付費並びに障害児入所医療費の支給の特例

第24条の24　都道府県は、第24条の2第1項、第24条の6第1項、第24条の7第1項又は第24条の20第1項の規定にかかわらず、厚生労働省令で定める指定障害児入所施設等に入所等をした障害児（以下この項において「入所者」という。）について、引き続き指定入所支援を受けなければその福祉を損なうおそれがあると認めるときは、当該入所者が満18歳

に達した後においても、当該入所者からの申請により、当該入所者が満20歳に達するまで、厚生労働省令で定めるところにより、引き続き第50条第6号の3に規定する障害児入所給付費（次項において「障害児入所給付費等」という。）を支給することができる。ただし、当該入所者が障害者の日常生活及び社会生活を総合的に支援するための法律第5条第6項に規定する療養介護その他の支援を受けることができる場合は、この限りでない。

② 前項の規定により障害児入所給付費等を支給することができることとされた者については、その者を障害児又は障害児の保護者とみなして、第24条の2から第24条の7まで、第24条の19及び第24条の20から第24条の22までの規定を適用する。この場合において、必要な技術的読替えその他これらの規定の適用に関し必要な事項は、政令で定める。

③ 第1項の場合においては、都道府県知事は、児童相談所長の意見を聴かなければならない。

第5節　障害児相談支援給付費及び特例障害児相談支援給付費の支給
第1款　障害児相談支援給付費及び特例障害児相談支援給付費の支給

〔障害児相談支援給付費及び特例障害児相談支援給付費の支給〕

第24条の25　**障害児相談支援給付費**及び**特例障害児相談支援給付費**の支給は、障害児相談支援に関して次条及び第24条の27の規定により支給する給付とする。

〔障害児相談支援給付費〕

第24条の26　市町村は、次の各号に掲げる者（以下この条及び次条第1項において「**障害児相談支援対象保護者**」という。）に対し、当該各号に定める場合の区分に応じ、当該各号に規定する障害児相談支援に要した費用について、**障害児相談支援給付費**を支給する。

一　第21条の5の7第4項（第21条の5の8第3項において準用する場合を含む。）の規定により、障害児支援利用計画案の提出を求められた第21条の5の6第1項又は第21条の5の8第1項の申請に係る障害児の保護者　市町村長が指定する障害児相談支援事業を行う者（以下「**指定障害児相談支援事業者**」という。）から当該指定に係る障害児支援利用援助（次項において「**指定障害児支援利用援助**」という。）を受けた場合であつて、当該申請に係る給付決定等を受けたとき。

二　通所給付決定保護者　指定障害児相談支援事業者から当該指定に係る継続障害児支援利用援助（次項において「**指定継続障害児支援利用援助**」という。）を受けたとき。

② 障害児相談支援給付費の額は、指定障害児支援利用援助又は指定継続障害児支援利用援助（以下「**指定障害児相談支援**」という。）に通常要する費用につき、厚生労働大臣が定める基準により算定した費用の額（その額が現に当該指定障害児相談支援に要した費用の額を超えるときは、当該現に指定障害児相談支援に要した費用の額）とする。

③ 障害児相談支援対象保護者が指定障害児相談支援事業者から指定障害児相談支援を受けたときは、市町村は、当該障害児相談支援対象保護者が当該指定障害児相談支援事業者に支払うべき当該指定障害児相談支援に要した費用について、障害児相談支援給付費として当該障害児相談支援対象保護者に対し支給すべき額の限度において、当該障害児相談支援対象保護者に代わり、当該指定障害児相談支援事業者に支払うことができる。

④　前項の規定による支払があつたときは、障害児相談支援対象保護者に対し障害児相談支援給付費の支給があつたものとみなす。

⑤　市町村は、指定障害児相談支援事業者から障害児相談支援給付費の請求があつたときは、第2項の厚生労働大臣が定める基準及び第24条の31第2項の厚生労働省令で定める指定障害児相談支援の事業の運営に関する基準（指定障害児相談支援の取扱いに関する部分に限る。）に照らして審査の上、支払うものとする。

⑥　市町村は、前項の規定による審査及び支払に関する事務を連合会に委託することができる。

⑦　前各項に定めるもののほか、障害児相談支援給付費の支給及び指定障害児相談支援事業者の障害児相談支援給付費の請求に関し必要な事項は、厚生労働省令で定める。

〔特例障害児相談支援給付費〕

第24条の27　市町村は、障害児相談支援対象保護者が、指定障害児相談支援以外の障害児相談支援（第24条の31第1項の厚生労働省令で定める基準及び同条第2項の厚生労働省令で定める指定障害児相談支援の事業の運営に関する基準に定める事項のうち厚生労働省令で定めるものを満たすと認められる事業を行う事業所により行われるものに限る。以下この条において「**基準該当障害児相談支援**」という。）を受けた場合において、必要があると認めるときは、厚生労働省令で定めるところにより、基準該当障害児相談支援に要した費用について、**特例障害児相談支援給付費**を支給することができる。

②　特例障害児相談支援給付費の額は、当該基準該当障害児相談支援について前条第2項の厚生労働大臣が定める基準により算定した費用の額（その額が現に当該基準該当障害児相談支援に要した費用の額を超えるときは、当該現に基準該当障害児相談支援に要した費用の額）を基準として、市町村が定める。

③　前2項に定めるもののほか、特例障害児相談支援給付費の支給に関し必要な事項は、厚生労働省令で定める。

第2款　指定障害児相談支援事業者

〔指定障害児相談支援事業者の指定〕

第24条の28　第24条の26第1項第1号の指定障害児相談支援事業者の指定は、厚生労働省令で定めるところにより、総合的に障害者の日常生活及び社会生活を総合的に支援するための法律第5条第18項に規定する相談支援を行う者として厚生労働省令で定める基準に該当する者の申請により、障害児相談支援事業を行う事業所（以下「**障害児相談支援事業所**」という。）ごとに行う。

②　第21条の5の15第3項（第4号、第11号及び第14号を除く。）の規定は、第24条の26第1項第1号の指定障害児相談支援事業者の指定について準用する。この場合において、第21条の5の15第3項第1号中「都道府県の条例で定める者」とあるのは、「法人」と読み替えるほか、必要な技術的読替えは、政令で定める。

〔指定の更新〕

第24条の29　第24条の26第1項第1号の指定は、6年ごとにその更新を受けなければ、その期間の経過によつて、その効力を失う。

② 前項の更新の申請があつた場合において、同項の期間（以下この条において「指定の有効期間」という。）の満了の日までにその申請に対する処分がされないときは、従前の指定は、指定の有効期間の満了後もその処分がされるまでの間は、なおその効力を有する。
③ 前項の場合において、指定の更新がされたときは、その指定の有効期間は、従前の指定の有効期間の満了の日の翌日から起算するものとする。
④ 前条の規定は、第１項の指定の更新について準用する。この場合において、必要な技術的読替えは、政令で定める。

〔指定障害児相談支援事業者の責務〕
第24条の30 指定障害児相談支援事業者は、障害児が自立した日常生活又は社会生活を営むことができるよう、障害児及びその保護者の意思をできる限り尊重するとともに、行政機関、教育機関その他の関係機関との緊密な連携を図りつつ、障害児相談支援を当該障害児の意向、適性、障害の特性その他の事情に応じ、常に障害児及びその保護者の立場に立つて効果的に行うように努めなければならない。
② 指定障害児相談支援事業者は、その提供する障害児相談支援の質の評価を行うことその他の措置を講ずることにより、障害児相談支援の質の向上に努めなければならない。
③ 指定障害児相談支援事業者は、障害児の人格を尊重するとともに、この法律又はこの法律に基づく命令を遵守し、障害児及びその保護者のため忠実にその職務を遂行しなければならない。

〔指定障害児相談支援の事業の基準〕
第24条の31 指定障害児相談支援事業者は、当該指定に係る障害児相談支援事業所ごとに、厚生労働省令で定める基準に従い、当該指定障害児相談支援に従事する従業者を有しなければならない。
② 指定障害児相談支援事業者は、厚生労働省令で定める指定障害児相談支援の事業の運営に関する基準に従い、指定障害児相談支援を提供しなければならない。
③ 指定障害児相談支援事業者は、次条第２項の規定による事業の廃止又は休止の届出をしたときは、当該届出の日前１月以内に当該指定障害児相談支援を受けていた者であつて、当該事業の廃止又は休止の日以後においても引き続き当該指定障害児相談支援に相当する支援の提供を希望する者に対し、必要な障害児相談支援が継続的に提供されるよう、他の指定障害児相談支援事業者その他関係者との連絡調整その他の便宜の提供を行わなければならない。

〔変更の届出等〕
第24条の32 指定障害児相談支援事業者は、当該指定に係る障害児相談支援事業所の名称及び所在地その他厚生労働省令で定める事項に変更があつたとき、又は休止した当該指定障害児相談支援の事業を再開したときは、厚生労働省令で定めるところにより、10日以内に、その旨を市町村長に届け出なければならない。
② 指定障害児相談支援事業者は、当該指定障害児相談支援の事業を廃止し、又は休止しようとするときは、厚生労働省令で定めるところにより、その廃止又は休止の日の１月前までに、その旨を市町村長に届け出なければならない。

〔市町村長による連絡調整又は援助〕

第24条の33 市町村長は、指定障害児相談支援事業者による第24条の31第3項に規定する便宜の提供が円滑に行われるため必要があると認めるときは、当該指定障害児相談支援事業者その他の関係者相互間の連絡調整又は当該指定障害児相談支援事業者その他の関係者に対する助言その他の援助を行うことができる。

〔報告等〕

第24条の34 市町村長は、必要があると認めるときは、指定障害児相談支援事業者若しくは指定障害児相談支援事業者であつた者若しくは当該指定に係る障害児相談支援事業所の従業者であつた者（以下この項において「指定障害児相談支援事業者であつた者等」という。）に対し、報告若しくは帳簿書類その他の物件の提出若しくは提示を命じ、指定障害児相談支援事業者若しくは当該指定に係る障害児相談支援事業所の従業者若しくは指定障害児相談支援事業者であつた者等に対し出頭を求め、又は当該職員に、関係者に対し質問させ、若しくは当該指定障害児相談支援事業者の当該指定に係る障害児相談支援事業所、事務所その他指定障害児相談支援の事業に関係のある場所に立ち入り、その設備若しくは帳簿書類その他の物件を検査させることができる。

② 第19条の16第2項の規定は前項の規定による質問又は検査について、同条第3項の規定は前項の規定による権限について準用する。

〔勧告、命令等〕

第24条の35 市町村長は、指定障害児相談支援事業者が、次の各号に掲げる場合に該当すると認めるときは、当該指定障害児相談支援事業者に対し、期限を定めて、当該各号に定める措置をとるべきことを勧告することができる。

一 当該指定に係る障害児相談支援事業所の従業者の知識若しくは技能又は人員について第24条の31第1項の厚生労働省令で定める基準に適合していない場合　当該基準を遵守すること。

二 第24条の31第2項の厚生労働省令で定める指定障害児相談支援の事業の運営に関する基準に従つて適正な指定障害児相談支援の事業の運営をしていない場合　当該基準を遵守すること。

三 第24条の31第3項に規定する便宜の提供を適正に行つていない場合　当該便宜の提供を適正に行うこと。

② 市町村長は、前項の規定による勧告をした場合において、その勧告を受けた指定障害児相談支援事業者が、同項の期限内にこれに従わなかつたときは、その旨を公表することができる。

③ 市町村長は、第1項の規定による勧告を受けた指定障害児相談支援事業者が、正当な理由がなくてその勧告に係る措置をとらなかつたときは、当該指定障害児相談支援事業者に対し、期限を定めて、その勧告に係る措置をとるべきことを命ずることができる。

④ 市町村長は、前項の規定による命令をしたときは、その旨を公示しなければならない。

〔指定の取消し等〕

第24条の36 市町村長は、次の各号のいずれかに該当する場合においては、当該指定障害児

相談支援事業者に係る第24条の26第1項第1号の指定を取り消し、又は期間を定めてその指定の全部若しくは一部の効力を停止することができる。
一　指定障害児相談支援事業者が、第24条の28第2項において準用する第21条の5の15第3項第5号、第5号の2又は第13号のいずれかに該当するに至つたとき。
二　指定障害児相談支援事業者が、第24条の30第3項の規定に違反したと認められるとき。
三　指定障害児相談支援事業者が、当該指定に係る障害児相談支援事業所の従業者の知識若しくは技能又は人員について、第24条の31第1項の厚生労働省令で定める基準を満たすことができなくなつたとき。
四　指定障害児相談支援事業者が、第24条の31第2項の厚生労働省令で定める指定障害児相談支援の事業の運営に関する基準に従つて適正な指定障害児相談支援の事業の運営をすることができなくなつたとき。
五　障害児相談支援給付費の請求に関し不正があつたとき。
六　指定障害児相談支援事業者が、第24条の34第1項の規定により報告又は帳簿書類その他の物件の提出若しくは提示を命ぜられてこれに従わず、又は虚偽の報告をしたとき。
七　指定障害児相談支援事業者又は当該指定に係る障害児相談支援事業所の従業者が、第24条の34第1項の規定により出頭を求められてこれに応ぜず、同項の規定による質問に対して答弁せず、若しくは虚偽の答弁をし、又は同項の規定による立入り若しくは検査を拒み、妨げ、若しくは忌避したとき。ただし、当該指定に係る障害児相談支援事業所の従業者がその行為をした場合において、その行為を防止するため、当該指定障害児相談支援事業者が相当の注意及び監督を尽くしたときを除く。
八　指定障害児相談支援事業者が、不正の手段により第24条の26第1項第1号の指定を受けたとき。
九　前各号に掲げる場合のほか、指定障害児相談支援事業者が、この法律その他国民の福祉に関する法律で政令で定めるもの又はこれらの法律に基づく命令若しくは処分に違反したとき。
十　前各号に掲げる場合のほか、指定障害児相談支援事業者が、障害児相談支援に関し不正又は著しく不当な行為をしたとき。
十一　指定障害児相談支援事業者の役員又は当該指定に係る障害児相談支援事業所を管理する者その他の政令で定める使用人のうちに指定の取消し又は指定の全部若しくは一部の効力の停止をしようとするとき前5年以内に障害児相談支援に関し不正又は著しく不当な行為をした者があるとき。

〔公示〕
第24条の37　市町村長は、次に掲げる場合には、その旨を公示しなければならない。
一　第24条の26第1項第1号の指定障害児相談支援事業者の指定をしたとき。
二　第24条の32第2項の規定による事業の廃止の届出があつたとき。
三　前条の規定により指定障害児相談支援事業者の指定を取り消したとき。

第3款　業務管理体制の整備等

〔業務管理体制の整備等〕

第24条の38 指定障害児相談支援事業者は、第24条の30第3項に規定する義務の履行が確保されるよう、厚生労働省令で定める基準に従い、業務管理体制を整備しなければならない。

② 指定障害児相談支援事業者は、次の各号に掲げる区分に応じ、当該各号に定める者に対し、厚生労働省令で定めるところにより、業務管理体制の整備に関する事項を届け出なければならない。

　一　次号及び第3号に掲げる指定障害児相談支援事業者以外の指定障害児相談支援事業者　都道府県知事
　二　指定障害児相談支援事業者であつて、当該指定に係る障害児相談支援事業所が一の市町村の区域に所在するもの　市町村長
　三　当該指定に係る障害児相談支援事業所が2以上の都道府県の区域に所在する指定障害児相談支援事業者　厚生労働大臣

③ 前項の規定により届出をした指定障害児相談支援事業者は、その届け出た事項に変更があつたときは、厚生労働省令で定めるところにより、遅滞なく、その旨を当該届出をした厚生労働大臣、都道府県知事又は市町村長（以下この款において「厚生労働大臣等」という。）に届け出なければならない。

④ 第2項の規定による届出をした指定障害児相談支援事業者は、同項各号に掲げる区分の変更により、同項の規定により当該届出をした厚生労働大臣等以外の厚生労働大臣等に届出を行うときは、厚生労働省令で定めるところにより、その旨を当該届出をした厚生労働大臣等にも届け出なければならない。

⑤ 厚生労働大臣等は、前3項の規定による届出が適正になされるよう、相互に密接な連携を図るものとする。

〔報告等〕

第24条の39 前条第2項の規定による届出を受けた厚生労働大臣等は、当該届出をした指定障害児相談支援事業者（同条第4項の規定による届出を受けた厚生労働大臣等にあつては、同項の規定による届出をした指定障害児相談支援事業者を除く。）における同条第1項の規定による業務管理体制の整備に関して必要があると認めるときは、当該指定障害児相談支援事業者に対し、報告若しくは帳簿書類その他の物件の提出若しくは提示を命じ、当該指定障害児相談支援事業者若しくは当該指定障害児相談支援事業者の従業者に対し出頭を求め、又は当該職員に、関係者に対し質問させ、若しくは当該指定障害児相談支援事業者の当該指定に係る障害児相談支援事業所、事務所その他の指定障害児相談支援の提供に関係のある場所に立ち入り、その設備若しくは帳簿書類その他の物件を検査させることができる。

② 厚生労働大臣が前項の権限を行うときは当該指定障害児相談支援事業者に係る指定を行つた市町村長（以下この項及び次条第5項において「関係市町村長」という。）と、都道府県知事が前項の権限を行うときは関係市町村長と密接な連携の下に行うものとする。

③ 市町村長は、その行つた又はその行おうとする指定に係る指定障害児相談支援事業者に

おける前条第1項の規定による業務管理体制の整備に関して必要があると認めるときは、厚生労働大臣又は都道府県知事に対し、第1項の権限を行うよう求めることができる。

④　厚生労働大臣又は都道府県知事は、前項の規定による市町村長の求めに応じて第1項の権限を行つたときは、厚生労働省令で定めるところにより、その結果を当該権限を行うよう求めた市町村長に通知しなければならない。

⑤　第19条の16第2項の規定は第1項の規定による質問又は検査について、同条第3項の規定は第1項の規定による権限について準用する。

〔勧告、命令等〕

第24条の40　第24条の38第2項の規定による届出を受けた厚生労働大臣等は、当該届出をした指定障害児相談支援事業者（同条第4項の規定による届出を受けた厚生労働大臣等にあつては、同項の規定による届出をした指定障害児相談支援事業者を除く。）が、同条第1項の厚生労働省令で定める基準に従つて適正な業務管理体制の整備をしていないと認めるときは、当該指定障害児相談支援事業者に対し、期限を定めて、当該厚生労働省令で定める基準に従つて適正な業務管理体制を整備すべきことを勧告することができる。

②　厚生労働大臣等は、前項の規定による勧告をした場合において、その勧告を受けた指定障害児相談支援事業者が、同項の期限内にこれに従わなかつたときは、その旨を公表することができる。

③　厚生労働大臣等は、第1項の規定による勧告を受けた指定障害児相談支援事業者が、正当な理由がなくてその勧告に係る措置をとらなかつたときは、当該指定障害児相談支援事業者に対し、期限を定めて、その勧告に係る措置をとるべきことを命ずることができる。

④　厚生労働大臣等は、前項の規定による命令をしたときは、その旨を公示しなければならない。

⑤　厚生労働大臣又は都道府県知事は、指定障害児相談支援事業者が第3項の規定による命令に違反したときは、厚生労働省令で定めるところにより、当該違反の内容を関係市町村長に通知しなければならない。

第6節　要保護児童の保護措置等

〔要保護児童発見者の通告義務〕

第25条　要保護児童を発見した者は、これを市町村、都道府県の設置する福祉事務所若しくは児童相談所又は児童委員を介して市町村、都道府県の設置する福祉事務所若しくは児童相談所に通告しなければならない。ただし、罪を犯した満14歳以上の児童については、この限りでない。この場合においては、これを家庭裁判所に通告しなければならない。

②　刑法の秘密漏示罪の規定その他の守秘義務に関する法律の規定は、前項の規定による通告をすることを妨げるものと解釈してはならない。

〔要保護児童対策地域協議会〕

第25条の2　地方公共団体は、単独で又は共同して、要保護児童（第31条第4項に規定する延長者及び第33条第8項に規定する保護延長者（次項において「延長者等」という。）を含む。次項において同じ。）の適切な保護又は要支援児童若しくは特定妊婦への適切な支援を図るため、関係機関、関係団体及び児童の福祉に関連する職務に従事する者その他の

関係者(以下「関係機関等」という。)により構成される要保護児童対策地域協議会(以下「協議会」という。)を置くように努めなければならない。
② 協議会は、要保護児童若しくは要支援児童及びその保護者(延長者等の親権を行う者、未成年後見人その他の者で、延長者等を現に監護する者を含む。)又は特定妊婦(以下この項及び第5項において「支援対象児童等」という。)に関する情報その他要保護児童の適切な保護又は要支援児童若しくは特定妊婦への適切な支援を図るために必要な情報の交換を行うとともに、支援対象児童等に対する支援の内容に関する協議を行うものとする。
③ 地方公共団体の長は、協議会を設置したときは、厚生労働省令で定めるところにより、その旨を公示しなければならない。
④ 協議会を設置した地方公共団体の長は、協議会を構成する関係機関等のうちから、一に限り要保護児童対策調整機関を指定する。
⑤ 要保護児童対策調整機関は、協議会に関する事務を総括するとともに、支援対象児童等に対する支援が適切に実施されるよう、厚生労働省令で定めるところにより、支援対象児童等に対する支援の実施状況を的確に把握し、必要に応じて、児童相談所、養育支援訪問事業を行う者、母子保健法第22条第1項に規定する母子健康包括支援センターその他の関係機関等との連絡調整を行うものとする。
⑥ 市町村の設置した協議会(市町村が地方公共団体(市町村を除く。)と共同して設置したものを含む。)に係る要保護児童対策調整機関は、厚生労働省令で定めるところにより、専門的な知識及び技術に基づき前項の業務に係る事務を適切に行うことができる者として厚生労働省令で定めるもの(次項及び第8項において「調整担当者」という。)を置くものとする。
⑦ 地方公共団体(市町村を除く。)の設置した協議会(当該地方公共団体が市町村と共同して設置したものを除く。)に係る要保護児童対策調整機関は、厚生労働省令で定めるところにより、調整担当者を置くように努めなければならない。
⑧ 要保護児童対策調整機関に置かれた調整担当者は、厚生労働大臣が定める基準に適合する研修を受けなければならない。

〔資料又は情報の提供等〕
第25条の3 協議会は、前条第2項に規定する情報の交換及び協議を行うため必要があると認めるときは、関係機関等に対し、資料又は情報の提供、意見の開陳その他必要な協力を求めることができる。

〔組織及び運営に関する事項〕
第25条の4 前2条に定めるもののほか、協議会の組織及び運営に関し必要な事項は、協議会が定める。

〔秘密保持〕
第25条の5 次の各号に掲げる協議会を構成する関係機関等の区分に従い、当該各号に定める者は、正当な理由がなく、協議会の職務に関して知り得た秘密を漏らしてはならない。
一 国又は地方公共団体の機関 当該機関の職員又は職員であつた者
二 法人 当該法人の役員若しくは職員又はこれらの職にあつた者

三　前2号に掲げる者以外の者　協議会を構成する者又はその職にあつた者
〔状況の把握〕
第25条の6　市町村、都道府県の設置する福祉事務所又は児童相談所は、第25条第1項の規定による通告を受けた場合において必要があると認めるときは、速やかに、当該児童の状況の把握を行うものとする。
〔通告児童等に対する措置〕
第25条の7　市町村（次項に規定する町村を除く。）は、要保護児童若しくは要支援児童及びその保護者又は特定妊婦（次項において「要保護児童等」という。）に対する支援の実施状況を的確に把握するものとし、第25条第1項の規定による通告を受けた児童及び相談に応じた児童又はその保護者（以下「通告児童等」という。）について、必要があると認めたときは、次の各号のいずれかの措置を採らなければならない。
一　第27条の措置を要すると認める者並びに医学的、心理学的、教育学的、社会学的及び精神保健上の判定を要すると認める者は、これを児童相談所に送致すること。
二　通告児童等を当該市町村の設置する福祉事務所の知的障害者福祉法（昭和35年法律第37号）第9条第6項に規定する知的障害者福祉司（以下「知的障害者福祉司」という。）又は社会福祉主事に指導させること。
三　児童自立生活援助の実施が適当であると認める児童は、これをその実施に係る都道府県知事に報告すること。
四　児童虐待の防止等に関する法律第8条の2第1項の規定による出頭の求め及び調査若しくは質問、第29条若しくは同法第9条第1項の規定による立入り及び調査若しくは質問又は第33条第1項若しくは第2項の規定による一時保護の実施が適当であると認める者は、これを都道府県知事又は児童相談所長に通知すること。
②　福祉事務所を設置していない町村は、要保護児童等に対する支援の実施状況を的確に把握するものとし、通告児童等又は妊産婦について、必要があると認めたときは、次の各号のいずれかの措置を採らなければならない。
一　第27条の措置を要すると認める者並びに医学的、心理学的、教育学的、社会学的及び精神保健上の判定を要すると認める者は、これを児童相談所に送致すること。
二　次条第2号の措置が適当であると認める者は、これを当該町村の属する都道府県の設置する福祉事務所に送致すること。
三　助産の実施又は母子保護の実施が適当であると認める者は、これをそれぞれその実施に係る都道府県知事に報告すること。
四　児童自立生活援助の実施が適当であると認める児童は、これをその実施に係る都道府県知事に報告すること。
五　児童虐待の防止等に関する法律第8条の2第1項の規定による出頭の求め及び調査若しくは質問、第29条若しくは同法第9条第1項の規定による立入り及び調査若しくは質問又は第33条第1項若しくは第2項の規定による一時保護の実施が適当であると認める者は、これを都道府県知事又は児童相談所長に通知すること。
〔福祉事務所長の採るべき措置〕

第25条の8　都道府県の設置する福祉事務所の長は、第25条第1項の規定による通告又は前条第2項第2号若しくは次条第1項第4号の規定による送致を受けた児童及び相談に応じた児童、その保護者又は妊産婦について、必要があると認めたときは、次の各号のいずれかの措置を採らなければならない。
一　第27条の措置を要すると認める者並びに医学的、心理学的、教育学的、社会学的及び精神保健上の判定を要すると認める者は、これを児童相談所に送致すること。
二　児童又はその保護者をその福祉事務所の知的障害者福祉司又は社会福祉主事に指導させること。
三　保育の利用等（助産の実施、母子保護の実施又は保育の利用若しくは第24条第5項の規定による措置をいう。以下同じ。）が適当であると認める者は、これをそれぞれその保育の利用等に係る都道府県又は市町村の長に報告し、又は通知すること。
四　児童自立生活援助の実施が適当であると認める児童は、これをその実施に係る都道府県知事に報告すること。
五　第21条の6の規定による措置が適当であると認める者は、これをその措置に係る市町村の長に報告し、又は通知すること。

〔児童相談所長の採るべき措置〕

第26条　児童相談所長は、第25条第1項の規定による通告を受けた児童、第25条の7第1項第1号若しくは第2項第1号、前条第1号又は少年法（昭和23年法律第168号）第6条の6第1項若しくは第18条第1項の規定による送致を受けた児童及び相談に応じた児童、その保護者又は妊産婦について、必要があると認めたときは、次の各号のいずれかの措置を採らなければならない。
一　次条の措置を要すると認める者は、これを都道府県知事に報告すること。
二　児童又はその保護者を児童相談所その他の関係機関若しくは関係団体の事業所若しくは事務所に通わせ当該事業所若しくは事務所において、又は当該児童若しくはその保護者の住所若しくは居所において、児童福祉司若しくは児童委員に指導させ、又は市町村、都道府県以外の者の設置する児童家庭支援センター、都道府県以外の障害者の日常生活及び社会生活を総合的に支援するための法律第5条第18項に規定する一般相談支援事業若しくは特定相談支援事業（次条第1項第2号及び第34条の7において「障害者等相談支援事業」という。）を行う者その他当該指導を適切に行うことができる者として厚生労働省令で定めるものに委託して指導させること。
三　児童及び妊産婦の福祉に関し、情報を提供すること、相談（専門的な知識及び技術を必要とするものを除く。）に応ずること、調査及び指導（医学的、心理学的、教育学的、社会学的及び精神保健上の判定を必要とする場合を除く。）を行うことその他の支援（専門的な知識及び技術を必要とするものを除く。）を行うことを要すると認める者（次条の措置を要すると認める者を除く。）は、これを市町村に送致すること。
四　第25条の7第1項第2号又は前条第2号の措置が適当であると認める者は、これを福祉事務所に送致すること。
五　保育の利用等が適当であると認める者は、これをそれぞれその保育の利用等に係る都

道府県又は市町村の長に報告し、又は通知すること。
六　児童自立生活援助の実施が適当であると認める児童は、これをその実施に係る都道府県知事に報告すること。
七　第21条の6の規定による措置が適当であると認める者は、これをその措置に係る市町村の長に報告し、又は通知すること。
八　放課後児童健全育成事業、子育て短期支援事業、養育支援訪問事業、地域子育て支援拠点事業、子育て援助活動支援事業、子ども・子育て支援法第59条第1号に掲げる事業その他市町村が実施する児童の健全な育成に資する事業の実施が適当であると認める者は、これをその事業の実施に係る市町村の長に通知すること。
② 前項第1号の規定による報告書には、児童の住所、氏名、年齢、履歴、性行、健康状態及び家庭環境、同号に規定する措置についての当該児童及びその保護者の意向その他児童の福祉増進に関し、参考となる事項を記載しなければならない。

〔都道府県の採るべき措置〕
第27条　都道府県は、前条第1項第1号の規定による報告又は少年法第18条第2項の規定による送致のあつた児童につき、次の各号のいずれかの措置を採らなければならない。
一　児童又はその保護者に訓戒を加え、又は誓約書を提出させること。
二　児童又はその保護者を児童相談所その他の関係機関若しくは関係団体の事業所若しくは事務所に通わせ当該事業所若しくは事務所において、又は当該児童若しくはその保護者の住所若しくは居所において、児童福祉司、知的障害者福祉司、社会福祉主事、児童委員若しくは当該都道府県の設置する児童家庭支援センター若しくは当該都道府県が行う障害者等相談支援事業に係る職員に指導させ、又は市町村、当該都道府県以外の者の設置する児童家庭支援センター、当該都道府県以外の障害者等相談支援事業を行う者若しくは前条第1項第2号に規定する厚生労働省令で定める者に委託して指導させること。
三　児童を小規模住居型児童養育事業を行う者若しくは里親に委託し、又は乳児院、児童養護施設、障害児入所施設、児童心理治療施設若しくは児童自立支援施設に入所させること。
四　家庭裁判所の審判に付することが適当であると認める児童は、これを家庭裁判所に送致すること。
② 都道府県は、肢体不自由のある児童又は重症心身障害児については、前項第3号の措置に代えて、指定発達支援医療機関に対し、これらの児童を入院させて障害児入所施設（第42条第2号に規定する医療型障害児入所施設に限る。）におけると同様な治療等を行うことを委託することができる。
③ 都道府県知事は、少年法第18条第2項の規定による送致のあつた児童につき、第1項の措置を採るにあたつては、家庭裁判所の決定による指示に従わなければならない。
④ 第1項第3号又は第2項の措置は、児童に親権を行う者（第47条第1項の規定により親権を行う児童福祉施設の長を除く。以下同じ。）又は未成年後見人があるときは、前項の場合を除いては、その親権を行う者又は未成年後見人の意に反して、これを採ることがで

⑤　都道府県知事は、第１項第２号若しくは第３号若しくは第２項の措置を解除し、停止し、又は他の措置に変更する場合には、児童相談所長の意見を聴かなければならない。

⑥　都道府県知事は、政令の定めるところにより、第１項第１号から第３号までの措置（第３項の規定により採るもの及び第28条第１項第１号又は第２号ただし書の規定により採るものを除く。）若しくは第２項の措置を採る場合又は第１項第２号若しくは第３号若しくは第２項の措置を解除し、停止し、若しくは他の措置に変更する場合には、都道府県児童福祉審議会の意見を聴かなければならない。

〔保護期間の延長等〕

第31条　都道府県等は、第23条第１項本文の規定により母子生活支援施設に入所した児童については、その保護者から申込みがあり、かつ、必要があると認めるときは、満20歳に達するまで、引き続きその者を母子生活支援施設において保護することができる。

②　都道府県は、第27条第１項第３号の規定により小規模住居型児童養育事業を行う者若しくは里親に委託され、又は児童養護施設、障害児入所施設（第42条第１号に規定する福祉型障害児入所施設に限る。）、児童心理治療施設若しくは児童自立支援施設に入所した児童については満20歳に達するまで、引き続き同項第３号の規定による委託を継続し、若しくはその者をこれらの児童福祉施設に在所させ、又はこれらの措置を相互に変更する措置を採ることができる。

③　都道府県は、第27条第１項第３号の規定により障害児入所施設（第42条第２号に規定する医療型障害児入所施設に限る。）に入所した児童又は第27条第２項の規定による委託により指定発達支援医療機関に入院した肢体不自由のある児童若しくは重症心身障害児については満20歳に達するまで、引き続きその者をこれらの児童福祉施設に在所させ、若しくは同項の規定による委託を継続し、又はこれらの措置を相互に変更する措置を採ることができる。

④　都道府県は、延長者（児童以外の満20歳に満たない者のうち、次の各号のいずれかに該当するものをいう。）について、第27条第１項第１号から第３号まで又は第２項の措置を採ることができる。この場合において、第28条の規定の適用については、同条第１項中「保護者が、その児童」とあるのは「第31条第４項に規定する延長者（以下この条において「延長者」という。）の親権を行う者、未成年後見人その他の者で、延長者を現に監護する者（以下この条において「延長者の監護者」という。）が、その延長者」と、「保護者に」とあるのは「延長者の監護者に」と、「当該児童」とあるのは「当該延長者」と、「おいて、第27条第１項第３号」とあるのは「おいて、同項の規定による第27条第１項第３号」と、「児童の親権」とあるのは「延長者の親権」と、同項第１号中「保護者」とあるのは「延長者の監護者」と、「第27条第１項第３号」とあるのは「第31条第４項の規定による第27条第１項第３号」と、同項第２号中「保護者」とあるのは「延長者の監護者」と、「児童」とあるのは「延長者」と、「第27条第１項第３号」とあるのは「第31条第４項の規定による第27条第１項第３号」と、同条第２項ただし書中「保護者」とあるのは「延長者の監護者」と、「第27条第１項第２号」とあるのは「第31条第４項の規定による第27

条第1項第2号」と、「児童」とあるのは「延長者」と、同条第4項中「保護者」とあるのは「延長者の監護者」と、「児童」とあるのは「延長者」と、同条第5項中「保護者」とあるのは「延長者の監護者」とする。
一　満18歳に満たないときにされた措置に関する承認の申立てに係る児童であつた者であつて、当該申立てに対する審判が確定していないもの又は当該申立てに対する承認の審判がなされた後において第28条第1項第1号若しくは第2号ただし書若しくは第2項ただし書の規定による措置が採られていないもの
二　第2項からこの項までの規定による措置が採られている者（前号に掲げる者を除く。）
三　第33条第6項から第9項までの規定による一時保護が行われている者（前2号に掲げる者を除く。）
⑤　前各項の規定による保護又は措置は、この法律の適用については、母子保護の実施又は第27条第1項第1号から第3号まで若しくは第2項の規定による措置とみなす。
⑥　第2項から第4項までの場合においては、都道府県知事は、児童相談所長の意見を聴かなければならない。

〔権限の委任〕
第32条　都道府県知事は、第27条第1項若しくは第2項の措置を採る権限又は児童自立生活援助の実施の権限の全部又は一部を児童相談所長に委任することができる。
②　都道府県知事又は市町村長は、第21条の6の措置を採る権限又は助産の実施若しくは母子保護の実施の権限、第23条第1項ただし書に規定する保護の権限並びに第24条の2から第24条の7まで及び第24条の20の規定による権限の全部又は一部を、それぞれその管理する福祉事務所の長に委任することができる。
③　市町村長は、保育所における保育を行うことの権限並びに第24条第3項の規定による調整及び要請、同条第4項の規定による勧奨及び支援並びに同条第5項又は第6項の規定による措置に関する権限の全部又は一部を、その管理する福祉事務所の長又は当該市町村に置かれる教育委員会に委任することができる。

第7節　被措置児童等虐待の防止等
〔被措置児童等虐待〕
第33条の10　この法律で、被措置児童等虐待とは、小規模住居型児童養育事業に従事する者、里親若しくはその同居人、乳児院、児童養護施設、障害児入所施設、児童心理治療施設若しくは児童自立支援施設の長、その職員その他の従業者、指定発達支援医療機関の管理者その他の従業者、第12条の4に規定する児童を一時保護する施設を設けている児童相談所の所長、当該施設の職員その他の従業者又は第33条第1項若しくは第2項の委託を受けて児童の一時保護を行う業務に従事する者（以下「施設職員等」と総称する。）が、委託された児童、入所する児童又は一時保護が行われた児童（以下「被措置児童等」という。）について行う次に掲げる行為をいう。
一　被措置児童等の身体に外傷が生じ、又は生じるおそれのある暴行を加えること。
二　被措置児童等にわいせつな行為をすること又は被措置児童等をしてわいせつな行為をさせること。

三　被措置児童等の心身の正常な発達を妨げるような著しい減食又は長時間の放置、同居人若しくは生活を共にする他の児童による前２号又は次号に掲げる行為の放置その他の施設職員等としての養育又は業務を著しく怠ること。

四　被措置児童等に対する著しい暴言又は著しく拒絶的な対応その他の被措置児童等に著しい心理的外傷を与える言動を行うこと。

〔虐待等の禁止〕

第33条の11　施設職員等は、被措置児童等虐待その他被措置児童等の心身に有害な影響を及ぼす行為をしてはならない。

〔虐待に係る通告等〕

第33条の12　被措置児童等虐待を受けたと思われる児童を発見した者は、速やかに、これを都道府県の設置する福祉事務所、児童相談所、第33条の14第１項若しくは第２項に規定する措置を講ずる権限を有する都道府県の行政機関（以下この節において「都道府県の行政機関」という。）、都道府県児童福祉審議会若しくは市町村又は児童委員を介して、都道府県の設置する福祉事務所、児童相談所、都道府県の行政機関、都道府県児童福祉審議会若しくは市町村に通告しなければならない。

② 　被措置児童等虐待を受けたと思われる児童を発見した者は、当該被措置児童等虐待を受けたと思われる児童が、児童虐待の防止等に関する法律第２条に規定する児童虐待を受けたと思われる児童にも該当する場合において、前項の規定による通告をしたときは、同法第６条第１項の規定による通告をすることを要しない。

③ 　被措置児童等は、被措置児童等虐待を受けたときは、その旨を児童相談所、都道府県の行政機関又は都道府県児童福祉審議会に届け出ることができる。

④ 　刑法の秘密漏示罪の規定その他の守秘義務に関する法律の規定は、第１項の規定による通告（虚偽であるもの及び過失によるものを除く。次項において同じ。）をすることを妨げるものと解釈してはならない。

⑤ 　施設職員等は、第１項の規定による通告をしたことを理由として、解雇その他不利益な取扱いを受けない。

〔秘密保持義務〕

第33条の13　都道府県の設置する福祉事務所、児童相談所、都道府県の行政機関、都道府県児童福祉審議会又は市町村が前条第１項の規定による通告又は同条第３項の規定による届出を受けた場合においては、当該通告若しくは届出を受けた都道府県の設置する福祉事務所若しくは児童相談所の所長、所員その他の職員、都道府県の行政機関若しくは市町村の職員、都道府県児童福祉審議会の委員若しくは臨時委員又は当該通告を仲介した児童委員は、その職務上知り得た事項であつて当該通告又は届出をした者を特定させるものを漏らしてはならない。

〔通告等を受けた場合の措置〕

第33条の14　都道府県は、第33条の12第１項の規定による通告、同条第３項の規定による届出若しくは第３項若しくは次条第１項の規定による通知を受けたとき又は相談に応じた児童について必要があると認めるときは、速やかに、当該被措置児童等の状況の把握その

当該通告、届出、通知又は相談に係る事実について確認するための措置を講ずるものとする。

② 都道府県は、前項に規定する措置を講じた場合において、必要があると認めるときは、小規模住居型児童養育事業、里親、乳児院、児童養護施設、障害児入所施設、児童心理治療施設、児童自立支援施設、指定発達支援医療機関、第12条の4に規定する児童を一時保護する施設又は第33条第1項若しくは第2項の委託を受けて一時保護を行う者における事業若しくは業務の適正な運営又は適切な養育を確保することにより、当該通告、届出、通知又は相談に係る被措置児童等に対する被措置児童等虐待の防止並びに当該被措置児童等及び当該被措置児童等と生活を共にする他の被措置児童等の保護を図るため、適切な措置を講ずるものとする。

③ 都道府県の設置する福祉事務所、児童相談所又は市町村が第33条の12第1項の規定による通告若しくは同条第3項の規定による届出を受けたとき、又は児童虐待の防止等に関する法律に基づく措置を講じた場合において、第1項の措置が必要であると認めるときは、都道府県の設置する福祉事務所の長、児童相談所の所長又は市町村の長は、速やかに、都道府県知事に通知しなければならない。

〔都道府県知事への通知等〕

第33条の15 都道府県児童福祉審議会は、第33条の12第1項の規定による通告又は同条第3項の規定による届出を受けたときは、速やかに、その旨を都道府県知事に通知しなければならない。

② 都道府県知事は、前条第1項又は第2項に規定する措置を講じたときは、速やかに、当該措置の内容、当該被措置児童等の状況その他の厚生労働省令で定める事項を都道府県児童福祉審議会に報告しなければならない。

③ 都道府県児童福祉審議会は、前項の規定による報告を受けたときは、その報告に係る事項について、都道府県知事に対し、意見を述べることができる。

④ 都道府県児童福祉審議会は、前項に規定する事務を遂行するため特に必要があると認めるときは、施設職員等その他の関係者に対し、出席説明及び資料の提出を求めることができる。

〔措置等の公表〕

第33条の16 都道府県知事は、毎年度、被措置児童等虐待の状況、被措置児童等虐待があつた場合に講じた措置その他厚生労働省令で定める事項を公表するものとする。

〔調査及び研究〕

第33条の17 国は、被措置児童等虐待の事例の分析を行うとともに、被措置児童等虐待の予防及び早期発見のための方策並びに被措置児童等虐待があつた場合の適切な対応方法に資する事項についての調査及び研究を行うものとする。

第8節 情報公表対象支援の利用に資する情報の報告及び公表

第33条の18 指定障害児通所支援事業者及び指定障害児相談支援事業者並びに指定障害児入所施設等の設置者(以下この条において「**対象事業者**」という。)は、指定通所支援、指定障害児相談支援又は指定入所支援(以下この条において「**情報公表対象支援**」とい

う。）の提供を開始しようとするとき、その他厚生労働省令で定めるときは、厚生労働省令で定めるところにより、**情報公表対象支援情報**（その提供する情報公表対象支援の内容及び情報公表対象支援を提供する事業者又は施設の運営状況に関する情報であつて、情報公表対象支援を利用し、又は利用しようとする障害児の保護者が適切かつ円滑に当該情報公表対象支援を利用する機会を確保するために公表されることが適当なものとして厚生労働省令で定めるものをいう。第8項において同じ。）を、当該情報公表対象支援を提供する事業所又は施設の所在地を管轄する都道府県知事に報告しなければならない。
② 都道府県知事は、前項の規定による報告を受けた後、厚生労働省令で定めるところにより、当該報告の内容を公表しなければならない。
③ 都道府県知事は、前項の規定による公表を行うため必要があると認めるときは、第1項の規定による報告が真正であることを確認するのに必要な限度において、当該報告をした対象事業者に対し、当該報告の内容について、調査を行うことができる。
④ 都道府県知事は、対象事業者が第1項の規定による報告をせず、若しくは虚偽の報告をし、又は前項の規定による調査を受けず、若しくは調査を妨げたときは、期間を定めて、当該対象事業者に対し、その報告を行い、若しくはその報告の内容を是正し、又はその調査を受けることを命ずることができる。
⑤ 都道府県知事は、指定障害児相談支援事業者に対して前項の規定による処分をしたときは、遅滞なく、その旨をその指定をした市町村長に通知しなければならない。
⑥ 都道府県知事は、指定障害児通所支援事業者又は指定障害児入所施設の設置者が第4項の規定による命令に従わないときは、当該指定障害児通所支援事業者又は指定障害児入所施設の指定を取り消し、又は期間を定めてその指定の全部若しくは一部の効力を停止することができる。
⑦ 都道府県知事は、指定障害児相談支援事業者が第4項の規定による命令に従わない場合において、当該指定障害児相談支援事業者の指定を取り消し、又は期間を定めてその指定の全部若しくは一部の効力を停止することが適当であると認めるときは、理由を付して、その旨をその指定をした市町村長に通知しなければならない。
⑧ 都道府県知事は、情報公表対象支援を利用し、又は利用しようとする障害児の保護者が適切かつ円滑に当該情報公表対象支援を利用する機会の確保に資するため、情報公表対象支援の質及び情報公表対象支援に従事する従業者に関する情報（情報公表対象支援情報に該当するものを除く。）であつて厚生労働省令で定めるものの提供を希望する対象事業者から提供を受けた当該情報について、公表を行うよう配慮するものとする。

第9節　障害児福祉計画

〔基本指針〕

第33条の19　厚生労働大臣は、障害児通所支援、障害児入所支援及び障害児相談支援（以下この項、次項並びに第33条の22第1項及び第2項において「障害児通所支援等」という。）の提供体制を整備し、障害児通所支援等の円滑な実施を確保するための基本的な指針（以下この条、次条第1項及び第33条の22第1項において「**基本指針**」という。）を定めるものとする。

② 基本指針においては、次に掲げる事項を定めるものとする。
一 障害児通所支援等の提供体制の確保に関する基本的事項
二 障害児通所支援等の提供体制の確保に係る目標に関する事項
三 次条第1項に規定する市町村障害児福祉計画及び第33条の22第1項に規定する都道府県障害児福祉計画の作成に関する事項
四 その他障害児通所支援等の円滑な実施を確保するために必要な事項
③ 基本指針は、障害者の日常生活及び社会生活を総合的に支援するための法律第87条第1項に規定する基本指針と一体のものとして作成することができる。
④ 厚生労働大臣は、基本指針の案を作成し、又は基本指針を変更しようとするときは、あらかじめ、障害児及びその家族その他の関係者の意見を反映させるために必要な措置を講ずるものとする。
⑤ 厚生労働大臣は、障害児の生活の実態、障害児を取り巻く環境の変化その他の事情を勘案して必要があると認めるときは、速やかに基本指針を変更するものとする。
⑥ 厚生労働大臣は、基本指針を定め、又はこれを変更したときは、遅滞なく、これを公表しなければならない。

〔市町村障害児福祉計画〕

第33条の20 市町村は、基本指針に即して、障害児通所支援及び障害児相談支援の提供体制の確保その他障害児通所支援及び障害児相談支援の円滑な実施に関する計画（以下「**市町村障害児福祉計画**」という。）を定めるものとする。
② 市町村障害児福祉計画においては、次に掲げる事項を定めるものとする。
一 障害児通所支援及び障害児相談支援の提供体制の確保に係る目標に関する事項
二 各年度における指定通所支援又は指定障害児相談支援の種類ごとの必要な見込量
③ 市町村障害児福祉計画においては、前項各号に掲げるもののほか、次に掲げる事項について定めるよう努めるものとする。
一 前項第2号の指定通所支援又は指定障害児相談支援の種類ごとの必要な見込量の確保のための方策
二 前項第2号の指定通所支援又は指定障害児相談支援の提供体制の確保に係る医療機関、教育機関その他の関係機関との連携に関する事項
④ 市町村障害児福祉計画は、当該市町村の区域における障害児の数及びその障害の状況を勘案して作成されなければならない。
⑤ 市町村は、当該市町村の区域における障害児の心身の状況、その置かれている環境その他の事情を正確に把握した上で、これらの事情を勘案して、市町村障害児福祉計画を作成するよう努めるものとする。
⑥ 市町村障害児福祉計画は、障害者の日常生活及び社会生活を総合的に支援するための法律第88条第1項に規定する市町村障害福祉計画と一体のものとして作成することができる。
⑦ 市町村障害児福祉計画は、障害者基本法（昭和45年法律第84号）第11条第3項に規定する市町村障害者計画、社会福祉法第107条に規定する市町村地域福祉計画その他の法律の

規定による計画であつて障害児の福祉に関する事項を定めるものと調和が保たれたものでなければならない。

⑧　市町村は、市町村障害児福祉計画を定め、又は変更しようとするときは、あらかじめ、住民の意見を反映させるために必要な措置を講ずるよう努めるものとする。

⑨　市町村は、障害者の日常生活及び社会生活を総合的に支援するための法律第89条の3第1項に規定する協議会を設置したときは、市町村障害児福祉計画を定め、又は変更しようとする場合において、あらかじめ、当該協議会の意見を聴くよう努めなければならない。

⑩　障害者基本法第36条第4項の合議制の機関を設置する市町村は、市町村障害児福祉計画を定め、又は変更しようとするときは、あらかじめ、当該機関の意見を聴かなければならない。

⑪　市町村は、市町村障害児福祉計画を定め、又は変更しようとするときは、第2項に規定する事項について、あらかじめ、都道府県の意見を聴かなければならない。

⑫　市町村は、市町村障害児福祉計画を定め、又は変更したときは、遅滞なく、これを都道府県知事に提出しなければならない。

第33条の21　市町村は、定期的に、前条第2項各号に掲げる事項（市町村障害児福祉計画に同条第3項各号に掲げる事項を定める場合にあつては、当該各号に掲げる事項を含む。）について、調査、分析及び評価を行い、必要があると認めるときは、当該市町村障害児福祉計画を変更することその他の必要な措置を講ずるものとする。

〔都道府県障害児福祉計画〕

第33条の22　都道府県は、基本指針に即して、市町村障害児福祉計画の達成に資するため、各市町村を通ずる広域的な見地から、障害児通所支援等の提供体制の確保その他障害児通所支援等の円滑な実施に関する計画（以下「**都道府県障害児福祉計画**」という。）を定めるものとする。

②　都道府県障害児福祉計画においては、次に掲げる事項を定めるものとする。
　一　障害児通所支援等の提供体制の確保に係る目標に関する事項
　二　当該都道府県が定める区域ごとの各年度の指定通所支援又は指定障害児相談支援の種類ごとの必要な見込量
　三　各年度の指定障害児入所施設等の必要入所定員総数

③　都道府県障害児福祉計画においては、前項各号に掲げる事項のほか、次に掲げる事項について定めるよう努めるものとする。
　一　前項第2号の区域ごとの指定通所支援の種類ごとの必要な見込量の確保のための方策
　二　前項第2号の区域ごとの指定通所支援又は指定障害児相談支援の質の向上のために講ずる措置に関する事項
　三　指定障害児入所施設等の障害児入所支援の質の向上のために講ずる措置に関する事項
　四　前項第2号の区域ごとの指定通所支援の提供体制の確保に係る医療機関、教育機関その他の関係機関との連携に関する事項

④　都道府県障害児福祉計画は、障害者の日常生活及び社会生活を総合的に支援するための法律第89条第1項に規定する都道府県障害福祉計画と一体のものとして作成することがで

きる。
⑤　都道府県障害児福祉計画は、障害者基本法第11条第2項に規定する都道府県障害者計画、社会福祉法第108条に規定する都道府県地域福祉支援計画その他の法律の規定による計画であつて障害児の福祉に関する事項を定めるものと調和が保たれたものでなければならない。
⑥　都道府県は、障害者の日常生活及び社会生活を総合的に支援するための法律第89条の3第1項に規定する協議会を設置したときは、都道府県障害児福祉計画を定め、又は変更しようとする場合において、あらかじめ、当該協議会の意見を聴くよう努めなければならない。
⑦　都道府県は、都道府県障害児福祉計画を定め、又は変更しようとするときは、あらかじめ、障害者基本法第36条第1項の合議制の機関の意見を聴かなければならない。
⑧　都道府県は、都道府県障害児福祉計画を定め、又は変更したときは、遅滞なく、これを厚生労働大臣に提出しなければならない。

第33条の23　都道府県は、定期的に、前条第2項各号に掲げる事項（都道府県障害児福祉計画に同条第3項各号に掲げる事項を定める場合にあつては、当該各号に掲げる事項を含む。）について、調査、分析及び評価を行い、必要があると認めるときは、当該都道府県障害児福祉計画を変更することその他の必要な措置を講ずるものとする。

〔都道府県知事の助言等〕

第33条の24　都道府県知事は、市町村に対し、市町村障害児福祉計画の作成上の技術的事項について必要な助言をすることができる。
②　厚生労働大臣は、都道府県に対し、都道府県障害児福祉計画の作成の手法その他都道府県障害児福祉計画の作成上の重要な技術的事項について必要な助言をすることができる。

〔国の援助〕

第33条の25　国は、市町村又は都道府県が、市町村障害児福祉計画又は都道府県障害児福祉計画に定められた事業を実施しようとするときは、当該事業が円滑に実施されるように必要な助言その他の援助の実施に努めるものとする。

第10節　雑則

〔禁止行為〕

第34条　何人も、次に掲げる行為をしてはならない。
一　身体に障害又は形態上の異常がある児童を公衆の観覧に供する行為
二　児童にこじきをさせ、又は児童を利用してこじきをする行為
三　公衆の娯楽を目的として、満15歳に満たない児童にかるわざ又は曲馬をさせる行為
四　満15歳に満たない児童に戸々について、又は道路その他これに準ずる場所で歌謡、遊芸その他の演技を業務としてさせる行為
四の二　児童に午後10時から午前3時までの間、戸々について、又は道路その他これに準ずる場所で物品の販売、配布、展示若しくは拾集又は役務の提供を業務としてさせる行為
四の三　戸々について、又は道路その他これに準ずる場所で物品の販売、配布、展示若し

くは拾集又は役務の提供を業務として行う満15歳に満たない児童を、当該業務を行うために、風俗営業等の規制及び業務の適正化等に関する法律（昭和23年法律第122号）第2条第4項の接待飲食等営業、同条第6項の店舗型性風俗特殊営業及び同条第9項の店舗型電話異性紹介営業に該当する営業を営む場所に立ち入らせる行為
五　満15歳に満たない児童に酒席に侍する行為を業務としてさせる行為
六　児童に淫行をさせる行為
七　前各号に掲げる行為をするおそれのある者その他児童に対し、刑罰法令に触れる行為をなすおそれのある者に、情を知つて、児童を引き渡す行為及び当該引渡し行為のなされるおそれがあるの情を知つて、他人に児童を引き渡す行為
八　成人及び児童のための正当な職業紹介の機関以外の者が、営利を目的として、児童の養育をあつせんする行為
九　児童の心身に有害な影響を与える行為をさせる目的をもつて、これを自己の支配下に置く行為
②　児童養護施設、障害児入所施設、児童発達支援センター又は児童自立支援施設においては、それぞれ第41条から第43条まで及び第44条に規定する目的に反して、入所した児童を酷使してはならない。

〔政令への委任〕
第34条の2　この法律に定めるもののほか、福祉の保障に関し必要な事項は、政令でこれを定める。

第3章　事業、養育里親及び養子縁組里親並びに施設

〔障害児通所支援事業等の開始等〕
第34条の3　都道府県は、障害児通所支援事業又は障害児相談支援事業（以下「障害児通所支援事業等」という。）を行うことができる。
②　国及び都道府県以外の者は、厚生労働省令で定めるところにより、あらかじめ、厚生労働省令で定める事項を都道府県知事に届け出て、障害児通所支援事業等を行うことができる。
③　国及び都道府県以外の者は、前項の規定により届け出た事項に変更が生じたときは、変更の日から1月以内に、その旨を都道府県知事に届け出なければならない。
④　国及び都道府県以外の者は、障害児通所支援事業等を廃止し、又は休止しようとするときは、あらかじめ、厚生労働省令で定める事項を都道府県知事に届け出なければならない。

〔報告の徴収等〕
第34条の5　都道府県知事は、児童の福祉のために必要があると認めるときは、障害児通所支援事業等、児童自立生活援助事業若しくは小規模住居型児童養育事業を行う者に対して、必要と認める事項の報告を求め、又は当該職員に、関係者に対して質問させ、若しくはその事務所若しくは施設に立ち入り、設備、帳簿書類その他の物件を検査させることが

できる。
② 第18条の16第2項及び第3項の規定は、前項の場合について準用する。

〔事業の停止等〕

第34条の6 都道府県知事は、障害児通所支援事業等、児童自立生活援助事業又は小規模住居型児童養育事業を行う者が、この法律若しくはこれに基づく命令若しくはこれらに基づいてする処分に違反したとき、その事業に関し不当に営利を図り、若しくはその事業に係る児童の処遇につき不当な行為をしたとき、又は障害児通所支援事業者が第21条の7の規定に違反したときは、その者に対し、その事業の制限又は停止を命ずることができる。

〔受託義務〕

第34条の7 障害者等相談支援事業、小規模住居型児童養育事業又は児童自立生活援助事業を行う者は、第26条第1項第2号、第27条第1項第2号若しくは第3号又は第33条の6第1項（同条第6項において準用する場合を含む。）の規定による委託を受けたときは、正当な理由がない限り、これを拒んではならない。

〔児童福祉施設の設置〕

第35条 国は、政令の定めるところにより、児童福祉施設（助産施設、母子生活支援施設、保育所及び幼保連携型認定こども園を除く。）を設置するものとする。
② 都道府県は、政令の定めるところにより、児童福祉施設（幼保連携型認定こども園を除く。以下この条、第45条、第46条、第49条、第50条第9号、第51条第7号、第56条の2、第57条及び第58条において同じ。）を設置しなければならない。
③ 市町村は、厚生労働省令の定めるところにより、あらかじめ、厚生労働省令で定める事項を都道府県知事に届け出て、児童福祉施設を設置することができる。
④ 国、都道府県及び市町村以外の者は、厚生労働省令の定めるところにより、都道府県知事の認可を得て、児童福祉施設を設置することができる。
⑤～⑨ 略
⑩ 児童福祉施設には、児童福祉施設の職員の養成施設を附置することができる。
⑪ 市町村は、児童福祉施設を廃止し、又は休止しようとするときは、その廃止又は休止の日の1月前（当該児童福祉施設が保育所である場合には3月前）までに、厚生労働省令で定める事項を都道府県知事に届け出なければならない。
⑫ 国、都道府県及び市町村以外の者は、児童福祉施設を廃止し、又は休止しようとするときは、厚生労働省令の定めるところにより、都道府県知事の承認を受けなければならない。

〔障害児入所施設〕

第42条 障害児入所施設は、次の各号に掲げる区分に応じ、障害児を入所させて、当該各号に定める支援を行うことを目的とする施設とする。
一 福祉型障害児入所施設 保護、日常生活の指導及び独立自活に必要な知識技能の付与
二 医療型障害児入所施設 保護、日常生活の指導、独立自活に必要な知識技能の付与及び治療

〔児童発達支援センター〕

第43条　児童発達支援センターは、次の各号に掲げる区分に応じ、障害児を日々保護者の下から通わせて、当該各号に定める支援を提供することを目的とする施設とする。
　一　福祉型児童発達支援センター　日常生活における基本的動作の指導、独立自活に必要な知識技能の付与又は集団生活への適応のための訓練
　二　医療型児童発達支援センター　日常生活における基本的動作の指導、独立自活に必要な知識技能の付与又は集団生活への適応のための訓練及び治療

〔児童心理治療施設〕

第43条の2　児童心理治療施設は、家庭環境、学校における交友関係その他の環境上の理由により社会生活への適応が困難となつた児童を、短期間、入所させ、又は保護者の下から通わせて、社会生活に適応するために必要な心理に関する治療及び生活指導を主として行い、あわせて退所した者について相談その他の援助を行うことを目的とする施設とする。

〔法令遵守及び職務遂行義務〕

第44条の3　第6条の3各項に規定する事業を行う者、里親及び児童福祉施設（指定障害児入所施設及び指定通所支援に係る児童発達支援センターを除く。）の設置者は、児童、妊産婦その他これらの事業を利用する者又は当該児童福祉施設に入所する者の人格を尊重するとともに、この法律又はこの法律に基づく命令を遵守し、これらの者のため忠実にその職務を遂行しなければならない。

〔基準の制定等〕

第45条　都道府県は、児童福祉施設の設備及び運営について、条例で基準を定めなければならない。この場合において、その基準は、児童の身体的、精神的及び社会的な発達のために必要な生活水準を確保するものでなければならない。
② 都道府県が前項の条例を定めるに当たつては、次に掲げる事項については厚生労働省令で定める基準に従い定めるものとし、その他の事項については厚生労働省令で定める基準を参酌するものとする。
　一　児童福祉施設に配置する従業者及びその員数
　二　児童福祉施設に係る居室及び病室の床面積その他児童福祉施設の設備に関する事項であつて児童の健全な発達に密接に関連するものとして厚生労働省令で定めるもの
　三　児童福祉施設の運営に関する事項であつて、保育所における保育の内容その他児童（助産施設にあつては、妊産婦）の適切な処遇の確保及び秘密の保持、妊産婦の安全の確保並びに児童の健全な発達に密接に関連するものとして厚生労働省令で定めるもの
③ 児童福祉施設の設置者は、第1項の基準を遵守しなければならない。
④ 児童福祉施設の設置者は、児童福祉施設の設備及び運営についての水準の向上を図ることに努めるものとする。

〔児童福祉施設に入所中の児童等の教育〕

第48条　児童養護施設、障害児入所施設、児童心理治療施設及び児童自立支援施設の長、その住居において養育を行う第6条の3第8項に規定する厚生労働省令で定める者並びに里親は、学校教育法に規定する保護者に準じて、その施設に入所中又は受託中の児童を就学させなければならない。

〔乳児院等の長による相談及び助言〕

第48条の2 乳児院、母子生活支援施設、児童養護施設、児童心理治療施設及び児童自立支援施設の長は、その行う児童の保護に支障がない限りにおいて、当該施設の所在する地域の住民につき、児童の養育に関する相談に応じ、及び助言を行うよう努めなければならない。

〔親子の再統合のための支援等〕

第48条の3 乳児院、児童養護施設、障害児入所施設、児童心理治療施設及び児童自立支援施設の長並びに小規模住居型児童養育事業を行う者及び里親は、当該施設に入所し、又は小規模住居型児童養育事業を行う者若しくは里親に委託された児童及びその保護者に対して、市町村、児童相談所、児童家庭支援センター、教育機関、医療機関その他の関係機関との緊密な連携を図りつつ、親子の再統合のための支援その他の当該児童が家庭(家庭における養育環境と同様の養育環境及び良好な家庭的環境を含む。)で養育されるために必要な措置を採らなければならない。

〔命令への委任〕

第49条 この法律で定めるもののほか、児童自立生活援助事業、放課後児童健全育成事業、乳児家庭全戸訪問事業、養育支援訪問事業、地域子育て支援拠点事業、一時預かり事業、小規模住居型児童養育事業、家庭的保育事業、小規模保育事業、居宅訪問型保育事業、事業所内保育事業、病児保育事業及び子育て援助活動支援事業並びに児童福祉施設の職員その他児童福祉施設に関し必要な事項は、命令で定める。

第4章　費用

〔国庫の支弁〕

第49条の2 国庫は、都道府県が、第27条第1項第3号に規定する措置により、国の設置する児童福祉施設に入所させた者につき、その入所後に要する費用を支弁する。

〔都道府県の支弁〕

第50条 次に掲げる費用は、都道府県の支弁とする。

一　都道府県児童福祉審議会に要する費用
二　児童福祉司及び児童委員に要する費用
三　児童相談所に要する費用(第9号の費用を除く。)
四　削除
五　第20条の措置に要する費用
五の二　小児慢性特定疾病医療費の支給に要する費用
五の三　小児慢性特定疾病児童等自立支援事業に要する費用
六　都道府県の設置する助産施設又は母子生活支援施設において市町村が行う助産の実施又は母子保護の実施に要する費用(助産の実施又は母子保護の実施につき第45条第1項の基準を維持するために要する費用をいう。次号及び次条第3号において同じ。)
六の二　都道府県が行う助産の実施又は母子保護の実施に要する費用

六の三　障害児入所給付費、高額障害児入所給付費若しくは特定入所障害児食費等給付費又は障害児入所医療費（以下「障害児入所給付費等」という。）の支給に要する費用
七　都道府県が、第27条第1項第3号に規定する措置を採つた場合において、入所又は委託に要する費用及び入所後の保護又は委託後の養育につき、第45条第1項又は第45条の2第1項の基準を維持するために要する費用（国の設置する乳児院、児童養護施設、障害児入所施設、児童心理治療施設又は児童自立支援施設に入所させた児童につき、その入所後に要する費用を除く。）
七の二　都道府県が、第27条第2項に規定する措置を採つた場合において、委託及び委託後の治療等に要する費用
七の三　都道府県が行う児童自立生活援助（満20歳未満義務教育終了児童等に係るものに限る。）の実施に要する費用
八　一時保護に要する費用
九　児童相談所の設備並びに都道府県の設置する児童福祉施設の設備及び職員の養成施設に要する費用

〔市町村の支弁〕

第51条　次に掲げる費用は、市町村の支弁とする。
一　障害児通所給付費、特例障害児通所給付費若しくは高額障害児通所給付費又は肢体不自由児通所医療費の支給に要する費用
二　第21条の6の措置に要する費用
三　市町村が行う助産の実施又は母子保護の実施に要する費用（都道府県の設置する助産施設又は母子生活支援施設に係るものを除く。）
四　第24条第5項又は第6項の措置（都道府県若しくは市町村の設置する保育所若しくは幼保連携型認定こども園又は都道府県若しくは市町村の行う家庭的保育事業等に係るものに限る。）に要する費用
五　第24条第5項又は第6項の措置（都道府県及び市町村以外の者の設置する保育所若しくは幼保連携型認定こども園又は都道府県及び市町村以外の者の行う家庭的保育事業等に係るものに限る。）に要する費用
六　障害児相談支援給付費又は特例障害児相談支援給付費の支給に要する費用
七　市町村の設置する児童福祉施設の設備及び職員の養成施設に要する費用
八　市町村児童福祉審議会に要する費用

〔国庫の負担〕

第53条　国庫は、第50条（第1号から第3号まで及び第9号を除く。）及び第51条（第4号、第7号及び第8号を除く。）に規定する地方公共団体の支弁する費用に対しては、政令の定めるところにより、その2分の1を負担する。

〔都道府県の負担〕

第55条　都道府県は、第51条第1号から第3号まで、第5号及び第6号の費用に対しては、政令の定めるところにより、その4分の1を負担しなければならない。

〔費用の徴収及び負担〕

第56条 第49条の２に規定する費用を国庫が支弁した場合においては、厚生労働大臣は、本人又はその扶養義務者（民法に定める扶養義務者をいう。以下同じ。）から、都道府県知事の認定するその負担能力に応じ、その費用の全部又は一部を徴収することができる。

② 第50条第５号、第６号、第６号の２若しくは第７号から第７号の３までに規定する費用を支弁した都道府県又は第51条第２号から第５号までに規定する費用を支弁した市町村の長は、本人又はその扶養義務者から、その負担能力に応じ、その費用の全部又は一部を徴収することができる。

③ 前項の規定による徴収金の収納の事務については、収入の確保及び本人又はその扶養義務者の便益の増進に寄与すると認める場合に限り、政令で定めるところにより、私人に委託することができる。

④ 都道府県知事又は市町村長は、第１項の規定による負担能力の認定又は第２項の規定による費用の徴収に関し必要があると認めるときは、本人又はその扶養義務者の収入の状況につき、本人若しくはその扶養義務者に対し報告を求め、又は官公署に対し必要な書類の閲覧若しくは資料の提供を求めることができる。

⑤ 第１項又は第２項の規定による費用の徴収は、これを本人又はその扶養義務者の居住地又は財産所在地の都道府県又は市町村に嘱託することができる。

⑥ 第１項又は第２項の規定により徴収される費用を、指定の期限内に納付しない者があるときは、第１項に規定する費用については国税の、第２項に規定する費用については地方税の滞納処分の例により処分することができる。この場合における徴収金の先取特権の順位は、国税及び地方税に次ぐものとする。

⑦・⑧ 略

〔私立児童福祉施設に対する補助〕

第56条の２ 都道府県及び市町村は、次の各号に該当する場合においては、第35条第４項の規定により、国、都道府県及び市町村以外の者が設置する児童福祉施設（保育所を除く。以下この条において同じ。）について、その新設（社会福祉法第31条第１項の規定により設立された社会福祉法人が設置する児童福祉施設の新設に限る。）、修理、改造、拡張又は整備（以下「新設等」という。）に要する費用の４分の３以内を補助することができる。ただし、一の児童福祉施設について都道府県及び市町村が補助する金額の合計額は、当該児童福祉施設の新設等に要する費用の４分の３を超えてはならない。

一 その児童福祉施設が、社会福祉法第31条第１項の規定により設立された社会福祉法人、日本赤十字社又は公益社団法人若しくは公益財団法人の設置するものであること。

二 その児童福祉施設が主として利用される地域において、この法律の規定に基づく障害児入所給付費の支給、入所させる措置又は助産の実施若しくは母子保護の実施を必要とする児童、その保護者又は妊産婦の分布状況からみて、同種の児童福祉施設が必要とされるにかかわらず、その地域に、国、都道府県又は市町村の設置する同種の児童福祉施設がないか、又はあつてもこれが十分でないこと。

② 前項の規定により、児童福祉施設に対する補助がなされたときは、厚生労働大臣、都道府県知事及び市町村長は、その補助の目的が有効に達せられることを確保するため、当該

児童福祉施設に対して、第46条及び第58条第1項に規定するもののほか、次に掲げる権限を有する。
一　その児童福祉施設の予算が、補助の効果をあげるために不適当であると認めるときは、その予算について必要な変更をすべき旨を指示すること。
二　その児童福祉施設の職員が、この法律若しくはこれに基づく命令又はこれらに基づいてする処分に違反したときは、当該職員を解職すべき旨を指示すること。
③　国庫は、第1項の規定により都道府県が障害児入所施設又は児童発達支援センターについて補助した金額の3分の2以内を補助することができる。

〔補助金の返還命令〕
第56条の3　都道府県及び市町村は、次に掲げる場合においては、補助金の交付を受けた児童福祉施設の設置者に対して、既に交付した補助金の全部又は一部の返還を命ずることができる。
一　補助金の交付条件に違反したとき。
二　詐欺その他の不正な手段をもつて、補助金の交付を受けたとき。
三　児童福祉施設の経営について、営利を図る行為があつたとき。
四　児童福祉施設が、この法律若しくはこれに基く命令又はこれらに基いてする処分に違反したとき。

第5章　国民健康保険団体連合会の児童福祉法関係業務

〔連合会の業務〕
第56条の5の2　連合会は、国民健康保険法の規定による業務のほか、第24条の3第11項（第24条の7第2項において準用する場合を含む。）の規定により都道府県から委託を受けて行う障害児入所給付費及び特定入所障害児食費等給付費又は第21条の5の7第14項及び第24条の26第6項の規定により市町村から委託を受けて行う障害児通所給付費及び障害児相談支援給付費の審査及び支払に関する業務を行う。

〔議決権の特例〕
第56条の5の3　連合会が前条の規定により行う業務（次条において「児童福祉法関係業務」という。）については、国民健康保険法第86条において準用する同法第29条の規定にかかわらず、厚生労働省令で定めるところにより、規約をもつて議決権に関する特段の定めをすることができる。

〔区分経理〕
第56条の5の4　連合会は、児童福祉法関係業務に係る経理については、その他の経理と区分して整理しなければならない。

第6章　審査請求

第56条の5の5　市町村の障害児通所給付費又は特例障害児通所給付費に係る処分に不服が

ある障害児の保護者は、都道府県知事に対して審査請求をすることができる。
② 前項の審査請求については、障害者の日常生活及び社会生活を総合的に支援するための法律第8章（第97条第1項を除く。）の規定を準用する。この場合において、必要な技術的読替えは、政令で定める。

第7章　雑則

〔福祉の保障に関する連絡調整等〕

第56条の6　地方公共団体は、児童の福祉を増進するため、障害児通所給付費、特例障害児通所給付費、高額障害児通所給付費、障害児相談支援給付費、特例障害児相談支援給付費、介護給付費等、障害児入所給付費、高額障害児入所給付費又は特定入所障害児食費等給付費の支給、第21条の6、第24条第5項若しくは第6項又は第27条第1項若しくは第2項の規定による措置及び保育の利用等並びにその他の福祉の保障が適切に行われるように、相互に連絡及び調整を図らなければならない。

② 地方公共団体は、人工呼吸器を装着している障害児その他の日常生活を営むために医療を要する状態にある障害児が、その心身の状況に応じた適切な保健、医療、福祉その他の各関連分野の支援を受けられるよう、保健、医療、福祉その他の各関連分野の支援を行う機関との連絡調整を行うための体制の整備に関し、必要な措置を講ずるように努めなければならない。

③ 児童自立生活援助事業又は放課後児童健全育成事業を行う者及び児童福祉施設の設置者は、その事業を行い、又はその施設を運営するに当たつては、相互に連携を図りつつ、児童及びその家庭からの相談に応ずることその他の地域の実情に応じた積極的な支援を行うように努めなければならない。

〔課税除外〕

第57条　都道府県、市町村その他の公共団体は、左の各号に掲げる建物及び土地に対しては、租税その他の公課を課することができない。但し、有料で使用させるものについては、この限りでない。

一　主として児童福祉施設のために使う建物
二　前号に掲げる建物の敷地その他主として児童福祉施設のために使う土地

〔不正利得の徴収〕

第57条の2　市町村は、偽りその他不正の手段により障害児通所給付費、特例障害児通所給付費若しくは高額障害児通所給付費若しくは肢体不自由児通所医療費又は障害児相談支援給付費若しくは特例障害児相談支援給付費（以下この章において「障害児通所給付費等」という。）の支給を受けた者があるときは、その者から、その障害児通所給付費等の額に相当する金額の全部又は一部を徴収することができる。

② 市町村は、指定障害児通所支援事業者等又は指定障害児相談支援事業者が、偽りその他不正の行為により障害児通所給付費、肢体不自由児通所医療費又は障害児相談支援給付費の支給を受けたときは、当該指定障害児通所支援事業者等又は指定障害児相談支援事業者

に対し、その支払つた額につき返還させるほか、その返還させる額に100分の40を乗じて得た額を支払わせることができる。

③　都道府県は、偽りその他不正の手段により小児慢性特定疾病医療費又は障害児入所給付費等の支給を受けた者があるときは、その者から、その小児慢性特定疾病医療費又は障害児入所給付費等の額に相当する金額の全部又は一部を徴収することができる。

④　都道府県は、指定小児慢性特定疾病医療機関が、偽りその他不正の行為により小児慢性特定疾病医療費の支給を受けたときは、当該指定小児慢性特定疾病医療機関に対し、その支払つた額につき返還させるほか、その返還させる額に100分の40を乗じて得た額を支払わせることができる。

⑤　都道府県は、指定障害児入所施設等が、偽りその他不正の行為により障害児入所給付費若しくは特定入所障害児食費等給付費又は障害児入所医療費の支給を受けたときは、当該指定障害児入所施設等に対し、その支払つた額につき返還させるほか、その返還させる額に100分の40を乗じて得た額を支払わせることができる。

⑥　前各項の規定による徴収金は、地方自治法第231条の3第3項に規定する法律で定める歳入とする。

〔報告等〕

第57条の3　市町村は、障害児通所給付費等の支給に関して必要があると認めるときは、障害児の保護者若しくは障害児の属する世帯の世帯主その他その世帯に属する者又はこれらの者であつた者に対し、報告若しくは文書その他の物件の提出若しくは提示を命じ、又は当該職員に質問させることができる。

②　都道府県は、小児慢性特定疾病医療費の支給に関して必要があると認めるときは、小児慢性特定疾病児童等の保護者若しくは小児慢性特定疾病児童等の属する世帯の世帯主その他その世帯に属する者又はこれらの者であつた者に対し、報告若しくは文書その他の物件の提出若しくは提示を命じ、又は当該職員に質問させることができる。

③　都道府県は、障害児入所給付費等の支給に関して必要があると認めるときは、障害児の保護者若しくは障害児の属する世帯の世帯主その他その世帯に属する者又はこれらの者であつた者に対し、報告若しくは文書その他の物件の提出若しくは提示を命じ、又は当該職員に質問させることができる。

④　第19条の16第2項の規定は前3項の規定による質問について、同条第3項の規定は前3項の規定による権限について準用する。

第57条の3の2　市町村は、障害児通所給付費等の支給に関して必要があると認めるときは、当該障害児通所給付費等の支給に係る障害児通所支援若しくは障害児相談支援を行う者若しくはこれらを使用する者若しくはこれらの者であつた者に対し、報告若しくは文書その他の物件の提出若しくは提示を命じ、又は当該職員に、関係者に対し質問させ、若しくは当該障害児通所支援若しくは障害児相談支援の事業を行う事業所若しくは施設に立ち入り、その設備若しくは帳簿書類その他の物件を検査させることができる。

②　第19条の16第2項の規定は前項の規定による質問又は検査について、同条第3項の規定は前項の規定による権限について準用する。

第57条の3の3 厚生労働大臣又は都道府県知事は、障害児通所給付費等の支給に関して必要があると認めるときは、当該障害児通所給付費等の支給に係る障害児の保護者又は障害児の保護者であつた者に対し、当該障害児通所給付費等の支給に係る障害児通所支援若しくは障害児相談支援の内容に関し、報告若しくは文書その他の物件の提出若しくは提示を命じ、又は当該職員に質問させることができる。

② 厚生労働大臣は、小児慢性特定疾病医療費の支給に関して緊急の必要があると認めるときは、当該都道府県の知事との密接な連携の下に、当該小児慢性特定疾病医療費の支給に係る小児慢性特定疾病児童等の保護者又は小児慢性特定疾病児童等の保護者であつた者に対し、当該小児慢性特定疾病医療費の支給に係る小児慢性特定疾病医療支援の内容に関し、報告若しくは文書その他の物件の提出若しくは提示を命じ、又は当該職員に質問させることができる。

③ 厚生労働大臣は、障害児入所給付費等の支給に関して必要があると認めるときは、当該障害児入所給付費等の支給に係る障害児の保護者又は障害児の保護者であつた者に対し、当該障害児入所給付費等の支給に係る障害児入所支援の内容に関し、報告若しくは文書その他の物件の提出若しくは提示を命じ、又は当該職員に質問させることができる。

④ 厚生労働大臣又は都道府県知事は、障害児通所給付費等の支給に関して必要があると認めるときは、障害児通所支援若しくは障害児相談支援を行つた者若しくはこれを使用した者に対し、その行つた障害児通所支援若しくは障害児相談支援に関し、報告若しくは当該障害児通所支援若しくは障害児相談支援の提供の記録、帳簿書類その他の物件の提出若しくは提示を命じ、又は当該職員に関係者に対し質問させることができる。

⑤ 厚生労働大臣は、小児慢性特定疾病医療費の支給に関して緊急の必要があると認めるときは、当該都道府県の知事との密接な連携の下に、小児慢性特定疾病医療支援を行つた者又はこれを使用した者に対し、その行つた小児慢性特定疾病医療支援に関し、報告若しくは当該小児慢性特定疾病医療支援の提供の記録、帳簿書類その他の物件の提出若しくは提示を命じ、又は当該職員に関係者に対し質問させることができる。

⑥ 厚生労働大臣は、障害児入所給付費等の支給に関して必要があると認めるときは、障害児入所支援を行つた者若しくはこれを使用した者に対し、その行つた障害児入所支援に関し、報告若しくは当該障害児入所支援の提供の記録、帳簿書類その他の物件の提出若しくは提示を命じ、又は当該職員に関係者に対し質問させることができる。

⑦ 第19条の16第2項の規定は前各項の規定による質問について、同条第3項の規定は前各項の規定による権限について準用する。

〔指定事務受託法人〕

第57条の3の4 市町村及び都道府県は、次に掲げる事務の一部を、法人であつて厚生労働省令で定める要件に該当し、当該事務を適正に実施することができると認められるものとして都道府県知事が指定するもの（以下「**指定事務受託法人**」という。）に委託することができる。

一 第57条の3第1項及び第3項、第57条の3の2第1項並びに前条第1項及び第4項に規定する事務（これらの規定による命令及び質問の対象となる者並びに立入検査の対象

となる事業所及び施設の選定に係るもの並びに当該命令及び当該立入検査を除く。）
　二　その他厚生労働省令で定める事務（前号括弧書に規定するものを除く。）
②　指定事務受託法人の役員若しくは職員又はこれらの職にあつた者は、正当な理由なしに、当該委託事務に関して知り得た秘密を漏らしてはならない。
③　指定事務受託法人の役員又は職員で、当該委託事務に従事するものは、刑法その他の罰則の適用については、法令により公務に従事する職員とみなす。
④　市町村又は都道府県は、第1項の規定により事務を委託したときは、厚生労働省令で定めるところにより、その旨を公示しなければならない。
⑤　第19条の16第2項の規定は、第1項の規定により委託を受けて行う第57条の3第1項及び第3項、第57条の3の2第1項並びに前条第1項及び第4項の規定による質問について準用する。
⑥　前各項に定めるもののほか、指定事務受託法人に関し必要な事項は、政令で定める。

第57条の4　市町村は、障害児通所給付費等の支給に関して必要があると認めるときは、障害児の保護者又は障害児の属する世帯の世帯主その他その世帯に属する者の資産又は収入の状況につき、官公署に対し必要な文書の閲覧若しくは資料の提供を求め、又は銀行、信託会社その他の機関若しくは障害児の保護者の雇用主その他の関係人に報告を求めることができる。

②　都道府県は、小児慢性特定疾病医療費の支給に関して必要があると認めるときは、小児慢性特定疾病児童等の保護者又は小児慢性特定疾病児童等の属する世帯の世帯主その他その世帯に属する者の資産又は収入の状況につき、官公署に対し必要な文書の閲覧若しくは資料の提供を求め、又は銀行、信託会社その他の機関若しくは小児慢性特定疾病児童等の保護者の雇用主その他の関係人に報告を求めることができる。

③　都道府県は、障害児入所給付費等の支給に関して必要があると認めるときは、障害児の保護者又は障害児の属する世帯の世帯主その他その世帯に属する者の資産又は収入の状況につき、官公署に対し必要な文書の閲覧若しくは資料の提供を求め、又は銀行、信託会社その他の機関若しくは障害児の保護者の雇用主その他の関係人に報告を求めることができる。

〔連合会に対する監督〕

第57条の4の2　連合会について国民健康保険法第106条及び第108条の規定を適用する場合において、これらの規定中「事業」とあるのは、「事業（児童福祉法（昭和22年法律第164号）第56条の5の3に規定する児童福祉法関係業務を含む。）」とする。

〔公課及び差押の禁止〕

第57条の5　租税その他の公課は、この法律により支給を受けた金品を標準として、これを課することができない。

②　小児慢性特定疾病医療費、障害児通所給付費等及び障害児入所給付費等を受ける権利は、譲り渡し、担保に供し、又は差し押さえることができない。

③　前項に規定するもののほか、この法律による支給金品は、既に支給を受けたものであるとないとにかかわらず、これを差し押さえることができない。

〔施設の設置認可の取消〕
第58条 第35条第4項の規定により設置した児童福祉施設が、この法律若しくはこの法律に基づいて発する命令又はこれらに基づいてなす処分に違反したときは、都道府県知事は、同項の認可を取り消すことができる。
② 第34条の15第2項の規定により開始した家庭的保育事業等が、この法律若しくはこの法律に基づいて発する命令又はこれらに基づいてなす処分に違反したときは、市町村長は、同項の認可を取り消すことができる。

第8章　罰則

第60条 第34条第1項第6号の規定に違反した者は、10年以下の懲役若しくは300万円以下の罰金に処し、又はこれを併科する。
② 第34条第1項第1号から第5号まで又は第7号から第9号までの規定に違反した者は、3年以下の懲役若しくは100万円以下の罰金に処し、又はこれを併科する。
③ 第34条第2項の規定に違反した者は、1年以下の懲役又は50万円以下の罰金に処する。
④ 児童を使用する者は、児童の年齢を知らないことを理由として、前3項の規定による処罰を免れることができない。ただし、過失のないときは、この限りでない。
⑤ 第2項（第34条第1項第7号及び第9号の規定に違反した者に係る部分に限る。）の罪は、刑法第4条の2の例に従う。

第60条の2 小児慢性特定疾病審査会の委員又はその委員であつた者が、正当な理由がないのに、職務上知り得た小児慢性特定疾病医療支援を行つた者の業務上の秘密又は個人の秘密を漏らしたときは、1年以下の懲役又は100万円以下の罰金に処する。
② 第56条の5の5第2項において準用する障害者の日常生活及び社会生活を総合的に支援するための法律第98条第1項に規定する不服審査会の委員若しくは連合会の役員若しくは職員又はこれらの者であつた者が、正当な理由がないのに、職務上知り得た障害児通所支援、障害児入所支援又は障害児相談支援を行つた者の業務上の秘密又は個人の秘密を漏らしたときは、1年以下の懲役又は100万円以下の罰金に処する。
③ 第21条の5の6第4項（第21条の5の8第3項において準用する場合を含む。）又は第57条の3の4第2項の規定に違反した者は、1年以下の懲役又は100万円以下の罰金に処する。

第61条 児童相談所において、相談、調査及び判定に従事した者が、正当の理由なく、その職務上取り扱つたことについて知得した人の秘密を漏らしたときは、これを1年以下の懲役又は50万円以下の罰金に処する。

第61条の2 第18条の22の規定に違反した者は、1年以下の懲役又は50万円以下の罰金に処する。
② 前項の罪は、告訴がなければ公訴を提起することができない。

第61条の3 第11条第5項、第18条の8第4項、第18条の12第1項、第21条の10の2第4項、第21条の12、第25条の5又は第27条の4の規定に違反した者は、1年以下の懲役又は

50万円以下の罰金に処する。

第61条の4 第46条第4項又は第59条第5項の規定による事業の停止又は施設の閉鎖の命令に違反した者は、6月以下の懲役若しくは禁錮又は50万円以下の罰金に処する。

第61条の5 正当の理由がないのに、第29条の規定による児童委員若しくは児童の福祉に関する事務に従事する職員の職務の執行を拒み、妨げ、若しくは忌避し、又はその質問に対して答弁をせず、若しくは虚偽の答弁をし、若しくは児童に答弁をさせず、若しくは虚偽の答弁をさせた者は、50万円以下の罰金に処する。

第61条の6 正当の理由がないのに、第18条の16第1項の規定による報告をせず、若しくは虚偽の報告をし、同項の規定による質問に対して答弁をせず、若しくは虚偽の答弁をし、又は同項の規定による立入り若しくは検査を拒み、妨げ、若しくは忌避した場合には、その違反行為をした指定試験機関の役員又は職員は、30万円以下の罰金に処する。

第62条 次の各号のいずれかに該当する者は、30万円以下の罰金に処する。

一 第18条の19第2項の規定により保育士の名称の使用の停止を命ぜられた者で、当該停止を命ぜられた期間中に、保育士の名称を使用したもの

二 第18条の23の規定に違反した者

三 正当の理由がないのに、第21条の14第1項の規定による報告をせず、若しくは虚偽の報告をし、同項の規定による質問に対して答弁をせず、若しくは虚偽の答弁をし、又は同項の規定による立入り若しくは検査を拒み、妨げ、若しくは忌避した者

四 正当の理由がないのに、第19条の16第1項、第21条の5の21第1項（同条第2項において準用する場合を含む。）、第21条の5の26第1項（第24条の19の2において準用する場合を含む。）、第24条の15第1項、第24条の34第1項若しくは第24条の39第1項の規定による報告若しくは物件の提出若しくは提示をせず、若しくは虚偽の報告若しくは虚偽の物件の提出若しくは提示をし、これらの規定による質問に対して答弁をせず、若しくは虚偽の答弁をし、又はこれらの規定による立入り若しくは検査を拒み、妨げ、若しくは忌避した者

五 第30条第1項に規定する届出を怠つた者

六 正当の理由がないのに、第57条の3の3第1項から第3項までの規定による報告若しくは物件の提出若しくは提示をせず、若しくは虚偽の報告若しくは虚偽の物件の提出若しくは提示をし、又はこれらの規定による当該職員の質問若しくは第57条の3の4第1項の規定により委託を受けた指定事務受託法人の職員の第57条の3の3第1項の規定による質問に対して、答弁せず、若しくは虚偽の答弁をした者

七 正当の理由がないのに、第59条第1項の規定による報告をせず、若しくは虚偽の報告をし、同項の規定による立入調査を拒み、妨げ、若しくは忌避し、又は同項の規定による質問に対して答弁をせず、若しくは虚偽の答弁をした者

第62条の2 正当の理由がないのに、第56条の5の5第2項において準用する障害者の日常生活及び社会生活を総合的に支援するための法律第103条第1項の規定による処分に違反して、出頭せず、陳述をせず、報告をせず、若しくは虚偽の陳述若しくは報告をし、又は診断その他の調査をしなかつた者は、30万円以下の罰金に処する。ただし、第56条の5の

5第2項において準用する同法第98条第1項に規定する不服審査会の行う審査の手続における請求人又は第56条の5の5第2項において準用する同法第102条の規定により通知を受けた市町村その他の利害関係人は、この限りでない。

第62条の3 法人の代表者又は法人若しくは人の代理人、使用人その他の従業者が、その法人又は人の業務に関して、第60条第1項から第3項まで及び第62条第4号の違反行為をしたときは、行為者を罰するほか、その法人又は人に対しても、各本条の罰金刑を科する。

第62条の4 第59条の2第1項又は第2項の規定による届出をせず、又は虚偽の届出をした者は、50万円以下の過料に処する。

第62条の5 第57条の3の3第4項から第6項までの規定による報告若しくは物件の提出若しくは提示をせず、若しくは虚偽の報告若しくは虚偽の物件の提出若しくは提示をし、又はこれらの規定による当該職員の質問若しくは第57条の3の4第1項の規定により委託を受けた指定事務受託法人の職員の第57条の3の3第4項の規定による質問に対して、答弁せず、若しくは虚偽の答弁をした者は、10万円以下の過料に処する。

第62条の6 都道府県は、条例で、次の各号のいずれかに該当する者に対し10万円以下の過料を科する規定を設けることができる。

一 第19条の6第2項の規定による医療受給者証又は第24条の4第2項の規定による入所受給者証の返還を求められてこれに応じない者

二 正当の理由がないのに、第57条の3第2項若しくは第3項の規定による報告若しくは物件の提出若しくは提示をせず、若しくは虚偽の報告若しくは虚偽の物件の提出若しくは提示をし、又はこれらの規定による当該職員の質問若しくは第57条の3の4第1項の規定により委託を受けた指定事務受託法人の職員の第57条の3第3項の規定による質問に対して答弁をせず、若しくは虚偽の答弁をした者

第62条の7 市町村は、条例で、次の各号のいずれかに該当する者に対し10万円以下の過料を科する規定を設けることができる。

一 第21条の5の8第2項又は第21条の5の9第2項の規定による通所受給者証の提出又は返還を求められてこれに応じない者

二 正当の理由がないのに、第57条の3第1項の規定による報告若しくは物件の提出若しくは提示をせず、若しくは虚偽の報告若しくは虚偽の物件の提出若しくは提示をし、又は同項の規定による当該職員の質問若しくは第57条の3の4第1項の規定により委託を受けた指定事務受託法人の職員の第57条の3第1項の規定による質問に対して、答弁せず、若しくは虚偽の答弁をした者

三 正当の理由がないのに、第57条の3の2第1項の規定による報告若しくは物件の提出若しくは提示をせず、若しくは虚偽の報告若しくは虚偽の物件の提出若しくは提示をし、又は同項の規定による当該職員の質問若しくは第57条の3の4第1項の規定により委託を受けた指定事務受託法人の職員の第57条の3の2第1項の規定による質問に対して、答弁せず、若しくは虚偽の答弁をし、若しくは同項の規定による検査を拒み、妨げ、若しくは忌避した者

抄

〔施行期日〕

第63条 この法律は、昭和23年1月1日から、これを施行する。但し、第19条、第22条から第24条まで、第50条第4号、第6号、第7号及び第9号（児童相談所の設備に関する部分を除く。）第51条、第54条及び第55条の規定並びに第52条、第53条及び第56条の規定中これらの規定に関する部分は、昭和23年4月1日から、これを施行する。

〔児童相談所長の市町村の長への通知〕

第63条の2 児童相談所長は、当分の間、第26条第1項に規定する児童のうち身体障害者福祉法第15条第4項の規定により身体障害者手帳の交付を受けた15歳以上の者について、障害者の日常生活及び社会生活を総合的に支援するための法律第5条第11項に規定する障害者支援施設（次条において「障害者支援施設」という。）に入所すること又は障害福祉サービス（同法第4条第1項に規定する障害者のみを対象とするものに限る。次条において同じ。）を利用することが適当であると認めるときは、その旨を身体障害者福祉法第9条又は障害者の日常生活及び社会生活を総合的に支援するための法律第19条第2項若しくは第3項に規定する市町村の長に通知することができる。

第63条の3 児童相談所長は、当分の間、第26条第1項に規定する児童のうち15歳以上の者について、障害者支援施設に入所すること又は障害福祉サービスを利用することが適当であると認めるときは、その旨を知的障害者福祉法第9条又は障害者の日常生活及び社会生活を総合的に支援するための法律第19条第2項若しくは第3項に規定する市町村の長に通知することができる。

 （平成28年6月3日法律第65号）抄

（施行期日）

第1条 この法律は、平成30年4月1日から施行する。ただし、第2条中児童福祉法第56条の6第1項の次に1項を加える改正規定〔中略〕は、公布の日から施行する。

（児童福祉法の一部改正に伴う経過措置）

第7条 施行日前に行われた児童福祉法第21条の5の3第1項に規定する指定通所支援（次項において「指定通所支援」という。）に係る同条第1項の規定による障害児通所給付費の支給については、なお従前の例による。

2 施行日前に行われた児童福祉法第21条の5の4第1項第1号の規定による指定通所支援又は同項第2号に規定する基準該当通所支援に係る同項の規定による特例障害児通所給付費の支給については、なお従前の例による。

第8条 施行日前に行われた児童福祉法第21条の5の15第1項（同法第21条の5の16第4項において準用する場合を含む。）又は第2条の規定による改正前の同法第24条の9第1項（同法第24条の10第4項において準用する場合を含む。）の指定又は指定の更新の申請であって、この法律の施行の際、指定又は指定の更新がなされていないものについてのこれ

らの処分については、なお従前の例による。

第9条 この法律の施行の際現に児童福祉法第6条の2の2第3項、第21条の5の3第1項、第24条の2第1項又は第24条の26第1項第1号の指定を受け、第2条の規定による改正後の同法（次条において「新児童福祉法」という。）第33条の18第1項に規定する情報公表対象支援の提供を開始している者についての同項の規定の適用については、同項中「指定通所支援、指定障害児相談支援又は指定入所支援（以下この条において「情報公表対象支援」という。）の提供を開始しようとするとき、その他厚生労働省令」とあるのは「厚生労働省令」と、「情報公表対象支援の内容」とあるのは「指定通所支援、指定障害児相談支援又は指定入所支援（以下「情報公表対象支援」という。）の内容」とする。

第3編
障害者総合支援法・児童福祉法の新旧対照表

●障害者の日常生活及び社会生活を総合的に支援するための法律（抄）

[平成17年11月7日 法律第123号]
【平成30年4月1日施行】

（　　　の部分は改正部分）

改　正　後	改　正　前
目次 　第1章　（略） 　第2章　自立支援給付 　　第1節～第5節　（略） 　　第6節　高額障害福祉サービス等給付費の支給（第76条の2） 　　第7節　情報公表対象サービス等の利用に資する情報の報告及び公表（第76条の3） 　第3章～第10章　（略） 　附則 （定義） 第5条　この法律において「障害福祉サービス」とは、居宅介護、重度訪問介護、同行援護、行動援護、療養介護、生活介護、短期入所、重度障害者等包括支援、施設入所支援、自立訓練、就労移行支援、就労継続支援、就労定着支援、自立生活援助及び共同生活援助をいい、「障害福祉サービス事業」とは、障害福祉サービス（障害者支援施設、独立行政法人国立重度知的障害者総合施設のぞみの園法（平成14年法律第167号）第11条第1号の規定により独立行政法人国立重度知的障害者総合施設のぞみの園が設置する施設（以下「のぞみの園」という。）その他厚生労働省令で定める施設において行われる施設障害福祉サービス（施設入所支援及び厚生労働省令で定める障害福祉サービスをいう。以下同じ。）を除く。）を行う事業をいう。 2　（略） 3　この法律において「重度訪問介護」とは、重度の肢体不自由者その他の障害者であって常時介護を要するものとして厚生労働省令で定めるものにつき、居宅又はこれに相当する場所として厚生労働省令で定める場所における入浴、排せつ又は食事の介護その他の厚生労働省令で定める便宜及び外出時における移動中の介護を総合的に供与する	目次 　第1章　（略） 　第2章　自立支援給付 　　第1節～第5節　（略） 　　第6節　高額障害福祉サービス等給付費の支給（第76条の2） 　　（新設） 　第3章～第10章　（略） 　附則 （定義） 第5条　この法律において「障害福祉サービス」とは、居宅介護、重度訪問介護、同行援護、行動援護、療養介護、生活介護、短期入所、重度障害者等包括支援、施設入所支援、自立訓練、就労移行支援、就労継続支援及び共同生活援助をいい、「障害福祉サービス事業」とは、障害福祉サービス（障害者支援施設、独立行政法人国立重度知的障害者総合施設のぞみの園法（平成14年法律第167号）第11条第1号の規定により独立行政法人国立重度知的障害者総合施設のぞみの園が設置する施設（以下「のぞみの園」という。）その他厚生労働省令で定める施設において行われる施設障害福祉サービス（施設入所支援及び厚生労働省令で定める障害福祉サービスをいう。以下同じ。）を除く。）を行う事業をいう。 2　（略） 3　この法律において「重度訪問介護」とは、重度の肢体不自由者その他の障害者であって常時介護を要するものとして厚生労働省令で定めるものにつき、居宅における入浴、排せつ又は食事の介護その他の厚生労働省令で定める便宜及び外出時における移動中の介護を総合的に供与することをいう。

ことをいう。	
4～12　（略）	4～12　（略）
13　（略）	13　この法律において「就労移行支援」とは、就労を希望する障害者につき、厚生労働省令で定める期間にわたり、生産活動その他の活動の機会の提供を通じて、就労に必要な知識及び能力の向上のために必要な訓練その他の厚生労働省令で定める便宜を供与することをいう。
14　（略）	14　この法律において「就労継続支援」とは、通常の事業所に雇用されることが困難な障害者につき、就労の機会を提供するとともに、生産活動その他の活動の機会の提供を通じて、その知識及び能力の向上のために必要な訓練その他の厚生労働省令で定める便宜を供与することをいう。
15　この法律において「就労定着支援」とは、就労に向けた支援として厚生労働省令で定めるものを受けて通常の事業所に新たに雇用された障害者につき、厚生労働省令で定める期間にわたり、当該事業所での就労の継続を図るために必要な当該事業所の事業主、障害福祉サービス事業を行う者、医療機関その他の者との連絡調整その他の厚生労働省令で定める便宜を供与することをいう。	（新設）
16　この法律において「自立生活援助」とは、施設入所支援又は共同生活援助を受けていた障害者その他の厚生労働省令で定める障害者が居宅における自立した日常生活を営む上での各般の問題につき、厚生労働省令で定める期間にわたり、定期的な巡回訪問により、又は随時通報を受け、当該障害者からの相談に応じ、必要な情報の提供及び助言その他の厚生労働省令で定める援助を行うことをいう。	（新設）
17　（略）	15　この法律において「共同生活援助」とは、障害者につき、主として夜間において、共同生活を営むべき住居において相談、入浴、排せつ又は食事の介護その他の日常生活上の援助を行うことをいう。
18・19　（略）	16・17　（略）
20　この法律において「地域移行支援」とは、障害者支援施設、のぞみの園若しくは第1項若しくは第6項の厚生労働省令で定める施設に入所している障害者又は精神科病院（精神科病院以外の病院で精神病室が設けられているものを含む。第89条第6項において同じ。）に入院している精神障害者その他の地域における生活に移行するために重点的な支援を必要とする者であって厚生労働省令	18　この法律において「地域移行支援」とは、障害者支援施設、のぞみの園若しくは第1項若しくは第6項の厚生労働省令で定める施設に入所している障害者又は精神科病院（精神科病院以外の病院で精神病室が設けられているものを含む。第89条第4項において同じ。）に入院している精神障害者その他の地域における生活に移行するために重点的な支援を必要とする者であって厚生労働省令

で定めるものにつき、住居の確保その他の地域における生活に移行するための活動に関する相談その他の厚生労働省令で定める便宜を供与することをいう。

21～28　（略）

（報告等）

第10条　市町村等は、自立支援給付に関して必要があると認めるときは、当該自立支援給付に係る障害福祉サービス、相談支援、自立支援医療、療養介護医療若しくは補装具の販売、貸与若しくは修理（以下「自立支援給付対象サービス等」という。）を行う者若しくはこれらを使用する者若しくはこれらの者であった者に対し、報告若しくは文書その他の物件の提出若しくは提示を命じ、又は当該職員に関係者に対して質問させ、若しくは当該自立支援給付対象サービス等の事業を行う事業所若しくは施設に立ち入り、その設備若しくは帳簿書類その他の物件を検査させることができる。

2　（略）

（指定事務受託法人）

第11条の2　市町村及び都道府県は、次に掲げる事務の一部を、法人であって厚生労働省令で定める要件に該当し、当該事務を適正に実施することができると認められるものとして都道府県知事が指定するもの（以下「指定事務受託法人」という。）に委託することができる。

一　第9条第1項、第10条第1項並びに前条第1項及び第2項に規定する事務（これらの規定による命令及び質問の対象となる者並びに立入検査の対象となる事業所及び施設の選定に係るもの並びに当該命令及び当該立入検査を除く。）

二　その他厚生労働省令で定める事務（前号括弧書に規定するものを除く。）

2　指定事務受託法人の役員若しくは職員又はこれらの職にあった者は、正当な理由なしに、当該委託事務に関して知り得た秘密を漏らしてはならない。

3　指定事務受託法人の役員又は職員で、当該委託事務に従事するものは、刑法（明治40年法律第45号）その他の罰則の適用については、法令により公務に従事する職員とみなす。

4　市町村又は都道府県は、第1項の規定により事務を委託したときは、厚生労働省令で定めるところにより、その旨を公示しなければならない。

で定めるものにつき、住居の確保その他の地域における生活に移行するための活動に関する相談その他の厚生労働省令で定める便宜を供与することをいう。

19～26　（略）

（報告等）

第10条　市町村等は、自立支援給付に関して必要があると認めるときは、当該自立支援給付に係る障害福祉サービス、相談支援、自立支援医療、療養介護医療若しくは補装具の販売若しくは修理（以下「自立支援給付対象サービス等」という。）を行う者若しくはこれらを使用する者若しくはこれらの者であった者に対し、報告若しくは文書その他の物件の提出若しくは提示を命じ、又は当該職員に関係者に対して質問させ、若しくは当該自立支援給付対象サービス等の事業を行う事業所若しくは施設に立ち入り、その設備若しくは帳簿書類その他の物件を検査させることができる。

2　（略）

（新設）

5 第9条第2項の規定は、第1項の規定により委託を受けて行う同条第1項、第10条第1項並びに前条第1項及び第2項の規定による質問について準用する。

6 前各項に定めるもののほか、指定事務受託法人に関し必要な事項は、政令で定める。

（申請）

第20条 （略）

2・3 （略）

4 第2項後段の規定により委託を受けた指定一般相談支援事業者等の役員（業務を執行する社員、取締役、執行役又はこれらに準ずる者をいい、相談役、顧問その他いかなる名称を有する者であるかを問わず、法人に対し業務を執行する社員、取締役、執行役又はこれらに準ずる者と同等以上の支配力を有するものと認められる者を含む。第109条第1項を除き、以下同じ。）若しくは前項の厚生労働省令で定める者又はこれらの職にあった者は、正当な理由なしに、当該委託業務に関して知り得た個人の秘密を漏らしてはならない。

5 第2項後段の規定により委託を受けた指定一般相談支援事業者等の役員又は第3項の厚生労働省令で定める者で、当該委託業務に従事するものは、刑法その他の罰則の適用については、法令により公務に従事する職員とみなす。

6 （略）

（介護給付費、特例介護給付費、訓練等給付費及び特例訓練等給付費の支給）

第28条 （略）

2 訓練等給付費及び特例訓練等給付費の支給は、次に掲げる障害福祉サービスに関して次条及び第30条の規定により支給する給付とする。

一 （略）

（申請）

第20条 （略）

2・3 （略）

4 第2項後段の規定により委託を受けた指定一般相談支援事業者等の役員（業務を執行する社員、取締役、執行役又はこれらに準ずる者をいい、相談役、顧問その他いかなる名称を有する者であるかを問わず、法人に対し業務を執行する社員、取締役、執行役又はこれらに準ずる者と同等以上の支配力を有するものと認められる者を含む。以下同じ。）若しくは前項の厚生労働省令で定める者又はこれらの職にあった者は、正当な理由なしに、当該委託業務に関して知り得た個人の秘密を漏らしてはならない。

5 第2項後段の規定により委託を受けた指定一般相談支援事業者等の役員又は第3項の厚生労働省令で定める者で、当該委託業務に従事するものは、刑法（明治40年法律第45号）その他の罰則の適用については、法令により公務に従事する職員とみなす。

6 （略）

（介護給付費、特例介護給付費、訓練等給付費及び特例訓練等給付費の支給）

第28条 介護給付費及び特例介護給付費の支給は、次に掲げる障害福祉サービスに関して次条及び第30条の規定により支給する給付とする。

一 居宅介護
二 重度訪問介護
三 同行援護
四 行動援護
五 療養介護（医療に係るものを除く。）
六 生活介護
七 短期入所
八 重度障害者等包括支援
九 施設入所支援

2 訓練等給付費及び特例訓練等給付費の支給は、次に掲げる障害福祉サービスに関して次条及び第30条の規定により支給する給付とする。

一 自立訓練

二　（略） 三　（略） 四　就労定着支援 五　自立生活援助 六　（略） （介護給付費又は訓練等給付費） 第29条　（略） 2～5　（略） 6　（略）	二　就労移行支援 三　就労継続支援 （新設） （新設） 四　共同生活援助 （介護給付費又は訓練等給付費） 第29条　（略） 2～5　（略） 6　市町村は、指定障害福祉サービス事業者等から介護給付費又は訓練等給付費の請求があったときは、第3項第1号の厚生労働大臣が定める基準及び第43条第2項の都道府県の条例で定める指定障害福祉サービスの事業の設備及び運営に関する基準（指定障害福祉サービスの取扱いに関する部分に限る。）又は第44条第2項の都道府県の条例で定める指定障害者支援施設等の設備及び運営に関する基準（施設障害福祉サービスの取扱いに関する部分に限る。）に照らして審査の上、支払うものとする。
7　市町村は、前項の規定による審査及び支払に関する事務を国民健康保険法（昭和33年法律第192号）第45条第5項に規定する国民健康保険団体連合会（以下「連合会」という。）に委託することができる。 8　（略） （指定障害福祉サービス事業者の指定） 第36条　（略）	7　市町村は、前項の規定による支払に関する事務を国民健康保険法（昭和33年法律第192号）第45条第5項に規定する国民健康保険団体連合会（以下「連合会」という。）に委託することができる。 8　（略） （指定障害福祉サービス事業者の指定） 第36条　第29条第1項の指定障害福祉サービス事業者の指定は、厚生労働省令で定めるところにより、障害福祉サービス事業を行う者の申請により、障害福祉サービスの種類及び障害福祉サービス事業を行う事業所（以下この款において「サービス事業所」という。）ごとに行う。
2　就労継続支援その他の厚生労働省令で定める障害福祉サービス（以下この条及び次条第1項において「特定障害福祉サービス」という。）に係る第29条第1項の指定障害福祉サービス事業者の指定は、当該特定障害福祉サービスの量を定めてするものとする。 3　都道府県知事は、第1項の申請があった場合において、次の各号（療養介護に係る指定の申請にあっては、第7号を除く。）のいずれかに該当するときは、指定障害福祉サービス事業者の指定をしてはならない。 　一～五の二　（略） 　六　申請者が、第50条第1項（同条第3項におい	2　就労継続支援その他の厚生労働省令で定める障害福祉サービス（以下この条及び次条第1項において「特定障害福祉サービス」という。）に係る前項の申請は、当該特定障害福祉サービスの量を定めてするものとする。 3　都道府県知事は、第1項の申請があった場合において、次の各号（療養介護に係る指定の申請にあっては、第7号を除く。）のいずれかに該当するときは、指定障害福祉サービス事業者の指定をしてはならない。 　一～五の二　（略） 　六　申請者が、第50条第1項（同条第3項におい

て準用する場合を含む。以下この項において同じ。）第51条の29第1項若しくは第2項又は第76条の3第6項の規定により指定を取り消され、その取消しの日から起算して5年を経過しない者（当該指定を取り消された者が法人である場合においては、当該取消しの処分に係る行政手続法（平成5年法律第88号）第15条の規定による通知があった日前60日以内に当該法人の役員又はそのサービス事業所を管理する者その他の政令で定める使用人（以下「役員等」という。）であった者で当該取消しの日から起算して5年を経過しないものを含み、当該指定を取り消された者が法人でない場合においては、当該通知があった日前60日以内に当該者の管理者であった者で当該取消しの日から起算して5年を経過しないものを含む。）であるとき。ただし、当該指定の取消しが、指定障害福祉サービス事業者の指定の取消しのうち当該指定の取消しの処分の理由となった事実及び当該事実の発生を防止するための当該指定障害福祉サービス事業者による業務管理体制の整備についての取組の状況その他の当該事実に関して当該指定障害福祉サービス事業者が有していた責任の程度を考慮して、この号本文に規定する指定の取消しに該当しないこととすることが相当であると認められるものとして厚生労働省令で定めるものに該当する場合を除く。

七　申請者と密接な関係を有する者（申請者（法人に限る。以下この号において同じ。）の株式の所有その他の事由を通じて当該申請者の事業を実質的に支配し、若しくはその事業に重要な影響を与える関係にある者として厚生労働省令で定めるもの（以下この号において「申請者の親会社等」という。）、申請者の親会社等が株式の所有その他の事由を通じてその事業を実質的に支配し、若しくはその事業に重要な影響を与える関係にある者として厚生労働省令で定めるもの又は当該申請者が株式の所有その他の事由を通じてその事業を実質的に支配し、若しくはその事業に重要な影響を与える関係にある者として厚生労働省令で定めるもののうち、当該申請者と厚生労働省令で定める密接な関係を有する法人をいう。）が、第50条第1項、第51条の29第1項若しくは第2項又は第76条の3第6項の規定により指定を取り消され、その取消しの

て準用する場合を含む。以下この項において同じ。）又は第51条の29第1項若しくは第2項の規定により指定を取り消され、その取消しの日から起算して5年を経過しない者（当該指定を取り消された者が法人である場合においては、当該取消しの処分に係る行政手続法（平成5年法律第88号）第15条の規定による通知があった日前60日以内に当該法人の役員又はそのサービス事業所を管理する者その他の政令で定める使用人（以下「役員等」という。）であった者で当該取消しの日から起算して5年を経過しないものを含み、当該指定を取り消された者が法人でない場合においては、当該通知があった日前60日以内に当該者の管理者であった者で当該取消しの日から起算して5年を経過しないものを含む。）であるとき。ただし、当該指定の取消しが、指定障害福祉サービス事業者の指定の取消しのうち当該指定の取消しの処分の理由となった事実及び当該事実の発生を防止するための当該指定障害福祉サービス事業者による業務管理体制の整備についての取組の状況その他の当該事実に関して当該指定障害福祉サービス事業者が有していた責任の程度を考慮して、この号本文に規定する指定の取消しに該当しないこととすることが相当であると認められるものとして厚生労働省令で定めるものに該当する場合を除く。

七　申請者と密接な関係を有する者（申請者（法人に限る。以下この号において同じ。）の株式の所有その他の事由を通じて当該申請者の事業を実質的に支配し、若しくはその事業に重要な影響を与える関係にある者として厚生労働省令で定めるもの（以下この号において「申請者の親会社等」という。）、申請者の親会社等が株式の所有その他の事由を通じてその事業を実質的に支配し、若しくはその事業に重要な影響を与える関係にある者として厚生労働省令で定めるもの又は当該申請者が株式の所有その他の事由を通じてその事業を実質的に支配し、若しくはその事業に重要な影響を与える関係にある者として厚生労働省令で定めるもののうち、当該申請者と厚生労働省令で定める密接な関係を有する法人をいう。）が、第50条第1項又は第51条の29第1項若しくは第2項の規定により指定を取り消され、その取消しの日から起算して5年

日から起算して5年を経過していないとき。ただし、当該指定の取消しが、指定障害福祉サービス事業者の指定の取消しのうち当該指定の取消しの処分の理由となった事実及び当該事実の発生を防止するための当該指定障害福祉サービス事業者による業務管理体制の整備についての取組の状況その他の当該事実に関して当該指定障害福祉サービス事業者が有していた責任の程度を考慮して、この号本文に規定する指定の取消しに該当しないこととすることが相当であると認められるものとして厚生労働省令で定めるものに該当する場合を除く。 八　申請者が、第50条第1項、第51条の29第1項若しくは第2項又は第76条の3第6項の規定による指定の取消しの処分に係る行政手続法第15条の規定による通知があった日から当該処分をする日又は処分をしないことを決定する日までの間に第46条第2項又は第51条の25第2項若しくは第4項の規定による事業の廃止の届出をした者（当該事業の廃止について相当の理由がある者を除く。）で、当該届出の日から起算して5年を経過しないものであるとき。 九～十三　（略） 4　（略） 5　都道府県知事は、特定障害福祉サービスにつき第1項の申請があった場合において、当該都道府県又は当該申請に係るサービス事業所の所在地を含む区域（第89条第2項第2号の規定により都道府県が定める区域をいう。）における当該申請に係る種類ごとの指定障害福祉サービスの量が、同条第1項の規定により当該都道府県が定める都道府県障害福祉計画において定める当該都道府県若しくは当該区域の当該指定障害福祉サービスの必要な量に既に達しているか、又は当該申請に係る事業者の指定によってこれを超えることになると認めるとき、その他の当該都道府県障害福祉計画の達成に支障を生ずるおそれがあると認めるときは、第29条第1項の指定をしないことができる。 （指定障害福祉サービス事業者の指定の変更） 第37条　指定障害福祉サービス事業者は、第29条第1項の指定に係る特定障害福祉サービスの量を増加しようとするときは、厚生労働省令で定めるところにより、同項の指定の変更を申請することができる。	を経過していないとき。ただし、当該指定の取消しが、指定障害福祉サービス事業者の指定の取消しのうち当該指定の取消しの処分の理由となった事実及び当該事実の発生を防止するための当該指定障害福祉サービス事業者による業務管理体制の整備についての取組の状況その他の当該事実に関して当該指定障害福祉サービス事業者が有していた責任の程度を考慮して、この号本文に規定する指定の取消しに該当しないこととすることが相当であると認められるものとして厚生労働省令で定めるものに該当する場合を除く。 八　申請者が、第50条第1項又は第51条の29第1項若しくは第2項の規定による指定の取消しの処分に係る行政手続法第15条の規定による通知があった日から当該処分をする日又は処分をしないことを決定する日までの間に第46条第2項又は第51条の25第2項若しくは第4項の規定による事業の廃止の届出をした者（当該事業の廃止について相当の理由がある者を除く。）で、当該届出の日から起算して5年を経過しないものであるとき。 九～十三　（略） 4　（略） 5　都道府県知事は、特定障害福祉サービスにつき第1項の申請があった場合において、当該都道府県又は当該申請に係るサービス事業所の所在地を含む区域（第89条第2項第2号の規定により都道府県が定める区域とする。）における当該申請に係る指定障害福祉サービスの量が、同条第1項の規定により当該都道府県が定める都道府県障害福祉計画において定める当該都道府県若しくは当該区域の当該指定障害福祉サービスの必要な量に既に達しているか、又は当該申請に係る事業者の指定によってこれを超えることになると認めるとき、その他の当該都道府県障害福祉計画の達成に支障を生ずるおそれがあると認めるときは、第29条第1項の指定をしないことができる。 （指定障害福祉サービス事業者の指定の変更） 第37条　指定障害福祉サービス事業者（特定障害福祉サービスに係るものに限る。）は、第29条第1項の指定に係る障害福祉サービスの量を増加しようとするときは、あらかじめ、厚生労働省令で定めるところにより、当該指定障害福祉サービス事業者に係る同項の指定の変更を申請することがで

2　（略）	2　（略）
（指定障害者支援施設の指定の変更）	（指定障害者支援施設の指定の変更）
第39条　指定障害者支援施設の設置者は、第29条第1項の指定に係る施設障害福祉サービスの種類を変更しようとするとき、又は当該指定に係る入所定員を増加しようとするときは、厚生労働省令で定めるところにより、同項の指定の変更を申請することができる。	第39条　指定障害者支援施設の設置者は、第29条第1項の指定に係る施設障害福祉サービスの種類を変更しようとするとき、又は当該指定に係る入所定員を増加しようとするときは、**あらかじめ、**厚生労働省令で定めるところにより、**当該指定障害者支援施設に係る**同項の指定の変更を申請することができる。
2　前条第2項及び第3項の規定は、前項の指定の変更の申請があった場合について準用する。この場合において、必要な技術的読替えは、政令で定める。	2　前条第2項及び第3項の規定は、前項の指定の変更の申請があった場合について準用する。この場合において、必要な技術的読替えは、政令で定める。
（公示）	（公示）
第51条　都道府県知事は、次に掲げる場合には、その旨を公示しなければならない。	第51条　都道府県知事は、次に掲げる場合には、その旨を公示しなければならない。
一～三　（略）	一～三　（略）
四　前条第1項（同条第3項において準用する場合を含む。）**又は第76条の3第6項**の規定により指定障害福祉サービス事業者又は指定障害者支援施設の指定を取り消したとき。	四　前条第1項（同条第3項において準用する場合を含む。）の規定により指定障害福祉サービス事業者又は指定障害者支援施設の指定を取り消したとき。
（地域相談支援給付費）	（地域相談支援給付費）
第51条の14　（略）	第51条の14　（略）
2～5　（略）	2～5　（略）
6　（略）	6　市町村は、指定一般相談支援事業者から地域相談支援給付費の請求があったときは、第3項の厚生労働大臣が定める基準及び第51条の23第2項の厚生労働省令で定める指定地域相談支援の事業の運営に関する基準（指定地域相談支援の取扱いに関する部分に限る。）に照らして審査の上、支払うものとする。
7　市町村は、前項の規定による**審査及び**支払に関する事務を連合会に委託することができる。	7　市町村は、前項の規定による支払に関する事務を連合会に委託することができる。
8　（略）	8　（略）
（計画相談支援給付費）	（計画相談支援給付費）
第51条の17　（略）	第51条の17　（略）
2～4　（略）	2～4　（略）
5　（略）	5　市町村は、指定特定相談支援事業者から計画相談支援給付費の請求があったときは、第2項の厚生労働大臣が定める基準及び第51条の24第2項の厚生労働省令で定める指定計画相談支援の事業の運営に関する基準（指定計画相談支援の取扱いに関する部分に限る。）に照らして審査の上、支払うものとする。

6　市町村は、前項の規定による審査及び支払に関する事務を連合会に委託することができる。 7　（略） （公示） 第51条の30　都道府県知事は、次に掲げる場合には、その旨を公示しなければならない。 　一・二　（略） 　三　前条第1項又は第76条の3第6項の規定により指定一般相談支援事業者の指定を取り消したとき。 2　市町村長は、次に掲げる場合には、その旨を公示しなければならない。 　一・二　（略） 　三　前条第2項の規定により指定特定相談支援事業者の指定を取り消したとき。 第76条　市町村は、障害者又は障害児の保護者から申請があった場合において、当該申請に係る障害者等の障害の状態からみて、当該障害者等が補装具の購入、借受け又は修理（以下この条及び次条において「購入等」という。）を必要とする者であると認めるとき（補装具の借受けにあっては、補装具の借受けによることが適当である場合として厚生労働省令で定める場合に限る。）は、当該障害者又は障害児の保護者（以下この条において「補装具費支給対象障害者等」という。）に対し、当該補装具の購入等に要した費用について、補装具費を支給する。ただし、当該申請に係る障害者等又はその属する世帯の他の世帯員のうち政令で定める者の所得が政令で定める基準以上であるときは、この限りでない。 2　補装具費の額は、1月につき、同一の月に購入等をした補装具について、補装具の購入等に通常要する費用の額を勘案して厚生労働大臣が定める基準により算定した費用の額（その額が現に当該補装具の購入等に要した費用の額を超えるときは、当該現に補装具の購入等に要した費用の額。以下この項において「基準額」という。）を合計した額から、当該補装具費支給対象障害者等の家計の負担能力その他の事情をしん酌して政令で定める額（当該政令で定める額が基準額を合計した額の100分の10に相当する額を超えるときは、当該相当する額）を控除して得た額とする。 3～6　（略） 第76条の2　市町村は、次に掲げる者が受けた障害	6　市町村は、前項の規定による支払に関する事務を連合会に委託することができる。 7　（略） （公示） 第51条の30　都道府県知事は、次に掲げる場合には、その旨を公示しなければならない。 　一・二　（略） 　三　前条第1項の規定により指定一般相談支援事業者の指定を取り消したとき。 2　市町村長は、次に掲げる場合には、その旨を公示しなければならない。 　一・二　（略） 　三　前条第2項の規定により指定特定相談支援事業者の指定を取り消したとき。 第76条　市町村は、障害者又は障害児の保護者から申請があった場合において、当該申請に係る障害者等の障害の状態からみて、当該障害者等が補装具の購入又は修理を必要とする者であると認めるときは、当該障害者又は障害児の保護者（以下この条において「補装具費支給対象障害者等」という。）に対し、当該補装具の購入又は修理に要した費用について、補装具費を支給する。ただし、当該申請に係る障害者等又はその属する世帯の他の世帯員のうち政令で定める者の所得が政令で定める基準以上であるときは、この限りでない。 2　補装具費の額は、1月につき、同一の月に購入又は修理をした補装具について、補装具の購入又は修理に通常要する費用の額を勘案して厚生労働大臣が定める基準により算定した費用の額（その額が現に当該補装具の購入又は修理に要した費用の額を超えるときは、当該現に補装具の購入又は修理に要した費用の額。以下この項において「基準額」という。）を合計した額から、当該補装具費支給対象障害者等の家計の負担能力その他の事情をしん酌して政令で定める額（当該政令で定める額が基準額を合計した額の100分の10に相当する額を超えるときは、当該相当する額）を控除して得た額とする。 3～6　（略） 第76条の2　市町村は、支給決定障害者等が受けた

改正後	改正前
福祉サービス及び介護保険法第24条第２項に規定する介護給付等対象サービスのうち政令で定めるもの並びに補装具の購入等に要した費用の合計額（それぞれ厚生労働大臣が定める基準により算定した費用の額（その額が現に要した費用の額を超えるときは、当該現に要した額）の合計額を限度とする。）から当該費用につき支給された介護給付費等及び同法第20条に規定する介護給付等のうち政令で定めるもの並びに補装具費の合計額を控除して得た額が、著しく高額であるときは、当該者に対し、高額障害福祉サービス等給付費を支給する。 一　支給決定障害者等 二　65歳に達する前に長期間にわたり障害福祉サービス（介護保険法第24条第２項に規定する介護給付等対象サービスに相当するものとして政令で定めるものに限る。）に係る支給決定を受けていた障害者であって、同項に規定する介護給付等対象サービス（障害福祉サービスに相当するものとして政令で定めるものに限る。）を受けているもの（支給決定を受けていない者に限る。）のうち、当該障害者の所得の状況及び障害の程度その他事情を勘案して政令で定めるもの ２　前項に定めるもののほか、高額障害福祉サービス等給付費の支給要件、支給額その他高額障害福祉サービス等給付費の支給に関し必要な事項は、障害福祉サービス及び補装具の購入等に要する費用の負担の家計に与える影響を考慮して、政令で定める。 **第７節　情報公表対象サービス等の利用に資する情報の報告及び公表** **第76条の３**　指定障害福祉サービス事業者、指定一般相談支援事業者及び指定特定相談支援事業者並びに指定障害者支援施設等の設置者（以下この条において「対象事業者」という。）は、指定障害福祉サービス等、指定地域相談支援又は指定計画相談支援（以下この条において「情報公表対象サービス等」という。）の提供を開始しようとするとき、その他厚生労働省令で定めるときは、厚生労働省令で定めるところにより、情報公表対象サービス等情報（その提供する情報公表対象サービス等の内容及び情報公表対象サービス等を提供する事業者又は施設の運営状況に関する情報であって、情報公表対象サービス等を利用し、又は	障害福祉サービス及び介護保険法第24条第２項に規定する介護給付等対象サービスのうち政令で定めるもの並びに補装具の購入又は**修理**に要した費用の合計額（それぞれ厚生労働大臣が定める基準により算定した費用の額（その額が現に要した費用の額を超えるときは、当該現に要した額）の合計額を限度とする。）から当該費用につき支給された介護給付費等及び同法第20条に規定する介護給付等のうち政令で定めるもの並びに補装具費の合計額を控除して得た額が、著しく高額であるときは、当該支給決定障害者等に対し、高額障害福祉サービス等給付費を支給する。 （新設） （新設） ２　前項に定めるもののほか、高額障害福祉サービス等給付費の支給要件、支給額その他高額障害福祉サービス等給付費の支給に関し必要な事項は、障害福祉サービス及び補装具の購入又は**修理**に要する費用の負担の家計に与える影響を考慮して、政令で定める。 （新設） （新設）

利用しようとする障害者等が適切かつ円滑に当該情報公表対象サービス等を利用する機会を確保するために公表されることが適当なものとして厚生労働省令で定めるものをいう。第8項において同じ。）を、当該情報公表対象サービス等を提供する事業所又は施設の所在地を管轄する都道府県知事に報告しなければならない。
2 　都道府県知事は、前項の規定による報告を受けた後、厚生労働省令で定めるところにより、当該報告の内容を公表しなければならない。
3 　都道府県知事は、前項の規定による公表を行うため必要があると認めるときは、第1項の規定による報告が真正であることを確認するのに必要な限度において、当該報告をした対象事業者に対し、当該報告の内容について、調査を行うことができる。
4 　都道府県知事は、対象事業者が第1項の規定による報告をせず、若しくは虚偽の報告をし、又は前項の規定による調査を受けず、若しくは調査を妨げたときは、期間を定めて、当該対象事業者に対し、その報告を行い、若しくはその報告の内容を是正し、又はその調査を受けることを命ずることができる。
5 　都道府県知事は、指定特定相談支援事業者に対して前項の規定による処分をしたときは、遅滞なく、その旨をその指定をした市町村長に通知しなければならない。
6 　都道府県知事は、指定障害福祉サービス事業者若しくは指定一般相談支援事業者又は指定障害者支援施設の設置者が第4項の規定による命令に従わないときは、当該指定障害福祉サービス事業者、指定一般相談支援事業者又は指定障害者支援施設の指定を取り消し、又は期間を定めてその指定の全部若しくは一部の効力を停止することができる。
7 　都道府県知事は、指定特定相談支援事業者が第4項の規定による命令に従わない場合において、当該指定特定相談支援事業者の指定を取り消し、又は期間を定めてその指定の全部若しくは一部の効力を停止することが適当であると認めるときは、理由を付して、その旨をその指定をした市町村長に通知しなければならない。
8 　都道府県知事は、情報公表対象サービス等を利用し、又は利用しようとする障害者等が適切かつ円滑に当該情報公表対象サービス等を利用する機

会の確保に資するため、情報公表対象サービス等の質及び情報公表対象サービス等に従事する従業者に関する情報（情報公表対象サービス等情報に該当するものを除く。）であって厚生労働省令で定めるものの提供を希望する対象事業者から提供を受けた当該情報について、公表を行うよう配慮するものとする。

（基本指針）
第87条　（略）

2　（略）

3　基本指針は、児童福祉法第33条の19第1項に規定する基本指針と一体のものとして作成することができる。
4　（略）

5・6　（略）
（市町村障害福祉計画）
第88条　（略）
2　（略）

（基本指針）
第87条　厚生労働大臣は、障害福祉サービス及び相談支援並びに市町村及び都道府県の地域生活支援事業の提供体制を整備し、自立支援給付及び地域生活支援事業の円滑な実施を確保するための基本的な指針（以下「基本指針」という。）を定めるものとする。
2　基本指針においては、次に掲げる事項を定めるものとする。
　一　障害福祉サービス及び相談支援の提供体制の確保に関する基本的事項
　二　障害福祉サービス、相談支援並びに市町村及び都道府県の地域生活支援事業の提供体制の確保に係る目標に関する事項
　三　次条第1項に規定する市町村障害福祉計画及び第89条第1項に規定する都道府県障害福祉計画の作成に関する事項
　四　その他自立支援給付及び地域生活支援事業の円滑な実施を確保するために必要な事項
（新設）

3　厚生労働大臣は、基本指針の案を作成し、又は基本指針を変更しようとするときは、あらかじめ、障害者等及びその家族その他の関係者の意見を反映させるために必要な措置を講ずるものとする。

4・5　（略）
（市町村障害福祉計画）
第88条　（略）
2　市町村障害福祉計画においては、次に掲げる事項を定めるものとする。
　一　障害福祉サービス、相談支援及び地域生活支援事業の提供体制の確保に係る目標に関する事項
　二　各年度における指定障害福祉サービス、指定地域相談支援又は指定計画相談支援の種類ごとの必要な量の見込み

	三　地域生活支援事業の種類ごとの実施に関する事項
3　（略）	3　市町村障害福祉計画においては、前項各号に掲げるもののほか、次に掲げる事項について定めるよう努めるものとする。
	一　前項第2号の指定障害福祉サービス、指定地域相談支援又は指定計画相談支援の種類ごとの必要な見込量の確保のための方策
	二　前項第2号の指定障害福祉サービス、指定地域相談支援又は指定計画相談支援及び同項第3号の地域生活支援事業の提供体制の確保に係る医療機関、教育機関、公共職業安定所その他の職業リハビリテーションの措置を実施する機関その他の関係機関との連携に関する事項
4　市町村障害福祉計画は、当該市町村の区域における障害者等の数及びその障害の状況を勘案して作成されなければならない。	4　市町村障害福祉計画は、当該市町村の区域における障害者等の数、その障害の状況その他の事情を勘案して作成されなければならない。
5　（略）	5　市町村は、当該市町村の区域における障害者等の心身の状況、その置かれている環境その他の事情を正確に把握した上で、これらの事情を勘案して、市町村障害福祉計画を作成するよう努めるものとする。
6　市町村障害福祉計画は、児童福祉法第33条の20第1項に規定する市町村障害児福祉計画と一体のものとして作成することができる。	（新設）
7　（略）	6　市町村障害福祉計画は、障害者基本法第11条第3項に規定する市町村障害者計画、社会福祉法第107条に規定する市町村地域福祉計画その他の法律の規定による計画であって障害者等の福祉に関する事項を定めるものと調和が保たれたものでなければならない。
8　（略）	7　（略）
9　市町村は、第89条の3第1項に規定する協議会（以下この項及び第89条第7項において「協議会」という。）を設置したときは、市町村障害福祉計画を定め、又は変更しようとする場合において、あらかじめ、協議会の意見を聴くよう努めなければならない。	8　市町村は、第89条の3第1項に規定する協議会（以下この項及び第89条第6項において「協議会」という。）を設置したときは、市町村障害福祉計画を定め、又は変更しようとする場合において、あらかじめ、協議会の意見を聴くよう努めなければならない。
10～12　（略）	9～11　（略）
（都道府県障害福祉計画）	**（都道府県障害福祉計画）**
第89条　（略）	第89条　（略）
2　（略）	2　都道府県障害福祉計画においては、次に掲げる事項を定めるものとする。
	一　障害福祉サービス、相談支援及び地域生活支援事業の提供体制の確保に係る目標に関する事

	項 二　当該都道府県が定める区域ごとに当区域における各年度の指定障害福祉サービス、指定地域相談支援又は指定計画相談支援の種類ごとの必要な量の見込み 三　各年度の指定障害者支援施設の必要入所定員総数 四　地域生活支援事業の種類ごとの実施に関する事項
3　都道府県障害福祉計画においては、前項各号に掲げる事項のほか、次に掲げる事項について定めるよう努めるものとする。 一　前項第2号の区域ごとの指定障害福祉サービス又は指定地域相談支援の種類ごとの必要な見込量の確保のための方策 二　前項第2号の区域ごとの指定障害福祉サービス、指定地域相談支援又は指定計画相談支援に従事する者の確保又は資質の向上のために講ずる措置に関する事項 三　（略） 四　（略）	3　都道府県障害福祉計画においては、前項各号に掲げる事項のほか、次に掲げる事項について定めるよう努めるものとする。 一　前項第1号の区域ごとの指定障害福祉サービス又は指定地域相談支援の種類ごとの必要な見込量の確保のための方策 二　前項第1号の区域ごとの指定障害福祉サービス、指定地域相談支援又は指定計画相談支援に従事する者の確保又は資質の向上のために講ずる措置に関する事項 三　指定障害者支援施設の施設障害福祉サービスの質の向上のために講ずる措置に関する事項 四　前項第2号の区域ごとの指定障害福祉サービス又は指定地域相談支援及び同項第4号の地域生活支援事業の提供体制の確保に係る医療機関、教育機関、公共職業安定所その他の職業リハビリテーションの措置を実施する機関その他の関係機関との連携に関する事項
4　都道府県障害福祉計画は、児童福祉法第33条の22第1項に規定する都道府県障害児福祉計画と一体のものとして作成することができる。	（新設）
5　（略）	4　都道府県障害福祉計画は、障害者基本法第11条第2項に規定する都道府県障害者計画、社会福祉法第108条に規定する都道府県地域福祉支援計画その他の法律の規定による計画であって障害者等の福祉に関する事項を定めるものと調和が保たれたものでなければならない。
6　（略）	5　都道府県障害福祉計画は、医療法（昭和23年法律第205号）第30条の4第1項に規定する医療計画と相まって、精神科病院に入院している精神障害者の退院の促進に資するものでなければならない。
7～9　（略）	6～8　（略）
（都道府県知事の助言等）	（都道府県知事の助言等）
第90条　（略）	第90条　（略）
2　厚生労働大臣は、都道府県に対し、都道府県障	2　厚生労働大臣は、都道府県に対し、都道府県障

害福祉計画の作成の手法その他都道府県障害福祉計画の作成上の重要な技術的事項について必要な助言をすることができる。 （連合会の業務） 第96条の2　連合会は、国民健康保険法の規定による業務のほか、第29条第7項（第34条第2項において準用する場合を含む。）、第51条の14第7項及び第51条の17第6項の規定により市町村から委託を受けて行う介護給付費、訓練等給付費、特定障害者特別給付費、地域相談支援給付費及び計画相談支援給付費の審査及び支払に関する業務を行う。 第109条　市町村審査会、都道府県審査会若しくは不服審査会の委員若しくは連合会の役員若しくは職員又はこれらの者であった者が、正当な理由なしに、職務上知り得た自立支援給付対象サービス等を行った者の業務上の秘密又は個人の秘密を漏らしたときは、1年以下の懲役又は100万円以下の罰金に処する。 2　第11条の2第2項、第20条第4項（第24条第3項、第51条の6第2項及び第51条の9第3項において準用する場合を含む。）又は第77条の2第6項の規定に違反した者は、1年以下の懲役又は100万円以下の罰金に処する。 第110条　第11条第1項の規定による報告若しくは物件の提出若しくは提示をせず、若しくは虚偽の報告若しくは虚偽の物件の提出若しくは提示をし、又は同項の規定による当該職員の質問若しくは第11条の2第1項の規定により委託を受けた指定事務受託法人の職員の第11条第1項の規定による質問に対して、答弁せず、若しくは虚偽の答弁をした者は、30万円以下の罰金に処する。 第114条　第11条第2項の規定による報告若しくは物件の提出若しくは提示をせず、若しくは虚偽の報告若しくは虚偽の物件の提出若しくは提示をし、又は同項の規定による当該職員の質問若しくは第11条の2第1項の規定により委託を受けた指定事務受託法人の職員の第11条第2項の規定による質問に対して、答弁せず、若しくは虚偽の答弁をした者は、10万円以下の過料に処する。 第115条　市町村等は、条例で、正当な理由なしに、第9条第1項の規定による報告若しくは物件の提出若しくは提示をせず、若しくは虚偽の報告若しくは虚偽の物件の提出若しくは提示をし、又は同項の規定による当該職員の質問若しくは第11	害福祉計画の作成の手法その他都道府県障害福祉計画の作成上重要な技術的事項について必要な助言をすることができる。 （連合会の業務） 第96条の2　連合会は、国民健康保険法の規定による業務のほか、第29条第7項（第34条第2項において準用する場合を含む。）、第51条の14第7項及び第51条の17第6項の規定により市町村から委託を受けて行う介護給付費、訓練等給付費、特定障害者特別給付費、地域相談支援給付費及び計画相談支援給付費の支払に関する業務を行う。 第109条　市町村審査会、都道府県審査会若しくは不服審査会の委員又はこれらの委員であった者が、正当な理由なしに、職務上知り得た自立支援給付対象サービス等を行った者の業務上の秘密又は個人の秘密を漏らしたときは、1年以下の懲役又は100万円以下の罰金に処する。 2　第20条第4項（第24条第3項、第51条の6第2項及び第51条の9第3項において準用する場合を含む。）及び第77条の2第6項の規定に違反した者は、1年以下の懲役又は100万円以下の罰金に処する。 第110条　第11条第1項の規定による報告若しくは物件の提出若しくは提示をせず、若しくは虚偽の報告若しくは虚偽の物件の提出若しくは提示をし、又は同項の規定による当該職員の質問に対して、答弁せず、若しくは虚偽の答弁をした者は、30万円以下の罰金に処する。 第114条　第11条第2項の規定による報告若しくは物件の提出若しくは提示をせず、若しくは虚偽の報告若しくは虚偽の物件の提出若しくは提示をし、又は同項の規定による当該職員の質問に対して、答弁せず、若しくは虚偽の答弁をした者は、10万円以下の過料に処する。 第115条　市町村等は、条例で、正当な理由なしに、第9条第1項の規定による報告若しくは物件の提出若しくは提示をせず、若しくは虚偽の報告若しくは虚偽の物件の提出若しくは提示をし、又は同項の規定による当該職員の質問に対して、答

条の2第1項の規定により委託を受けた指定事務受託法人の職員の第9条第1項の規定による質問に対して、答弁せず、若しくは虚偽の答弁をした者に対し10万円以下の過料を科する規定を設けることができる。 2　市町村等は、条例で、正当な理由なしに、第10条第1項の規定による報告若しくは物件の提出若しくは提示をせず、若しくは虚偽の報告若しくは虚偽の物件の提出若しくは提示をし、又は同項の規定による当該職員の質問若しくは第11条の2第1項の規定により委託を受けた指定事務受託法人の職員の第10条第1項の規定による質問に対して、答弁せず、若しくは虚偽の答弁をし、若しくは同項の規定による検査を拒み、妨げ、若しくは忌避した者に対し10万円以下の過料を科する規定を設けることができる。 3　（略）	弁せず、若しくは虚偽の答弁をした者に対し10万円以下の過料を科する規定を設けることができる。 2　市町村等は、条例で、正当な理由なしに、第10条第1項の規定による報告若しくは物件の提出若しくは提示をせず、若しくは虚偽の報告若しくは虚偽の物件の提出若しくは提示をし、又は同項の規定による当該職員の質問に対して、答弁せず、若しくは虚偽の答弁をし、若しくは同項の規定による検査を拒み、妨げ、若しくは忌避した者に対し10万円以下の過料を科する規定を設けることができる。 3　（略）

●児童福祉法（抄）

〔昭和22年12月12日〕
〔法律　第　164　号〕
【平成28年6月3日施行】

（　　　の部分は改正部分）

改　正　後	改　正　前
〔福祉の保障に関する連絡調整等〕 **第56条の6**　地方公共団体は、児童の福祉を増進するため、障害児通所給付費、特例障害児通所給付費、高額障害児通所給付費、障害児相談支援給付費、特例障害児相談支援給付費、介護給付費等、障害児入所給付費、高額障害児入所給付費又は特定入所障害児食費等給付費の支給、第21条の6、第24条第5項若しくは第6項又は第27条第1項若しくは第2項の規定による措置及び保育の利用等並びにその他の福祉の保障が適切に行われるように、相互に連絡及び調整を図らなければならない。 ②　地方公共団体は、人工呼吸器を装着している障害児その他の日常生活を営むために医療を要する状態にある障害児が、その心身の状況に応じた適切な保健、医療、福祉その他の各関連分野の支援を受けられるよう、保健、医療、福祉その他の各関連分野の支援を行う機関との連絡調整を行うための体制の整備に関し、必要な措置を講ずるように努めなければならない。 ③　児童自立生活援助事業又は放課後児童健全育成事業を行う者及び児童福祉施設の設置者は、その事業を行い、又はその施設を運営するに当たつては、相互に連携を図りつつ、児童及びその家庭からの相談に応ずることその他の地域の実情に応じた積極的な支援を行うように努めなければならない。	〔福祉の保障に関する連絡調整等〕 **第56条の6**　地方公共団体は、児童の福祉を増進するため、障害児通所給付費、特例障害児通所給付費、高額障害児通所給付費、障害児相談支援給付費、特例障害児相談支援給付費、介護給付費等、障害児入所給付費、高額障害児入所給付費又は特定入所障害児食費等給付費の支給、第21条の6、第24条第5項若しくは第6項又は第27条第1項若しくは第2項の規定による措置及び保育の利用等並びにその他の福祉の保障が適切に行われるように、相互に連絡及び調整を図らなければならない。 （新設） ②　児童自立生活援助事業又は放課後児童健全育成事業を行う者及び児童福祉施設の設置者は、その事業を行い、又はその施設を運営するに当たつては、相互に連携を図りつつ、児童及びその家庭からの相談に応ずることその他の地域の実情に応じた積極的な支援を行うように努めなければならない。

●児童福祉法（抄）

〔昭和22年12月12日 法律第164号〕
【平成30年4月1日施行】

(　　　の部分は改正部分)

改　正　後	改　正　前
目次 　第1章　（略） 　第2章　福祉の保障 　　第1節～第6節　（略） 　　第7節　被措置児童等虐待の防止等（第33条の10―第33条の17） 　　第8節　情報公表対象支援の利用に資する情報の報告及び公表（第33条の18） 　　第9節　障害児福祉計画（第33条の19―第33条の25） 　　第10節　雑則（第34条・第34条の2） 　第3章～第8章　（略） 　附則 〔障害児通所支援及び障害児相談支援〕 **第6条の2の2**　この法律で、障害児通所支援とは、児童発達支援、医療型児童発達支援、放課後等デイサービス、居宅訪問型児童発達支援及び保育所等訪問支援をいい、障害児通所支援事業とは、障害児通所支援を行う事業をいう。 ②　（略） ③　（略） ④　（略）	目次 　第1章　（略） 　第2章　福祉の保障 　　第1節～第6節　（略） 　　第7節　被措置児童等虐待の防止等（第33条の10―第33条の17） 　　（新設） 　　（新設） 　　第8節　雑則（第34条・第34条の2） 　第3章～第8章　（略） 　附則 〔障害児通所支援及び障害児相談支援〕 **第6条の2の2**　この法律で、障害児通所支援とは、児童発達支援、医療型児童発達支援、放課後等デイサービス及び保育所等訪問支援をいい、障害児通所支援事業とは、障害児通所支援を行う事業をいう。 ②　この法律で、児童発達支援とは、障害児につき、児童発達支援センターその他の厚生労働省令で定める施設に通わせ、日常生活における基本的な動作の指導、知識技能の付与、集団生活への適応訓練その他の厚生労働省令で定める便宜を供与することをいう。 ③　この法律で、医療型児童発達支援とは、上肢、下肢又は体幹の機能の障害（以下「肢体不自由」という。）のある児童につき、医療型児童発達支援センター又は独立行政法人国立病院機構若しくは国立研究開発法人国立精神・神経医療研究センターの設置する医療機関であつて厚生労働大臣が指定するもの（以下「指定発達支援医療機関」という。）に通わせ、児童発達支援及び治療を行うことをいう。 ④　この法律で、放課後等デイサービスとは、学校

	教育法（昭和22年法律第26号）第1条に規定する学校（幼稚園及び大学を除く。）に就学している障害児につき、授業の終了後又は休業日に児童発達支援センターその他の厚生労働省令で定める施設に通わせ、生活能力の向上のために必要な訓練、社会との交流の促進その他の便宜を供与することをいう。 （新設）
⑤　この法律で、居宅訪問型児童発達支援とは、重度の障害の状態その他これに準ずるものとして厚生労働省令で定める状態にある障害児であつて、児童発達支援、医療型児童発達支援又は放課後等デイサービスを受けるために外出することが著しく困難なものにつき、当該障害児の居宅を訪問し、日常生活における基本的な動作の指導、知識技能の付与、生活能力の向上のために必要な訓練その他の厚生労働省令で定める便宜を供与することをいう。	
⑥　この法律で、保育所等訪問支援とは、保育所その他の児童が集団生活を営む施設として厚生労働省令で定めるものに通う障害児又は乳児院その他の児童が集団生活を営む施設として厚生労働省令で定めるものに入所する障害児につき、当該施設を訪問し、当該施設における障害児以外の児童との集団生活への適応のための専門的な支援その他の便宜を供与することをいう。	⑤　この法律で、保育所等訪問支援とは、保育所その他の児童が集団生活を営む施設として厚生労働省令で定めるものに通う障害児につき、当該施設を訪問し、当該施設における障害児以外の児童との集団生活への適応のための専門的な支援その他の便宜を供与することをいう。
⑦～⑨　（略）	⑥～⑧　（略）
〔障害児通所給付費及び特例障害児通所給付費の支給〕	〔障害児通所給付費及び特例障害児通所給付費の支給〕
第21条の5の2　障害児通所給付費及び特例障害児通所給付費の支給は、次に掲げる障害児通所支援に関して次条及び第21条の5の4の規定により支給する給付とする。 　一　（略） 　二　（略） 　三　（略） 　四　居宅訪問型児童発達支援 　五　（略）	第21条の5の2　障害児通所給付費及び特例障害児通所給付費の支給は、次に掲げる障害児通所支援に関して次条及び第21条の5の4の規定により支給する給付とする。 　一　児童発達支援 　二　医療型児童発達支援（医療に係るものを除く。） 　三　放課後等デイサービス （新設） 　四　保育所等訪問支援
〔申請〕	〔申請〕
第21条の5の6　（略）	第21条の5の6　（略）
②・③　（略）	②・③　（略）
④　第2項後段の規定により委託を受けた指定障害児相談支援事業者等の役員（業務を執行する社員、取締役、執行役又はこれらに準ずる者をいい、相談役、顧問その他いかなる名称を有する者	④　第2項後段の規定により委託を受けた指定障害児相談支援事業者等の役員（業務を執行する社員、取締役、執行役又はこれらに準ずる者をいい、相談役、顧問その他いかなる名称を有する者

| 改正後 | 改正前 |

であるかを問わず、法人に対し業務を執行する社員、取締役、執行役又はこれらに準ずる者と同等以上の支配力を有するものと認められる者を含む。次項並びに第21条の5の15第3項第6号(第24条の9第3項(第24条の10第4項において準用する場合を含む。)及び第24条の28第2項(第24条の29第4項において準用する場合を含む。)において準用する場合を含む。)、第24条の17第11号及び第24条の36第11号において同じ。)若しくは前項の厚生労働省令で定める者又はこれらの職にあつた者は、正当な理由なしに、当該委託業務に関して知り得た個人の秘密を漏らしてはならない。

⑤ (略)

〔通所支給要否決定等〕

第21条の5の7 (略)

② ～ ⑫ (略)

⑬ (略)

⑭ 市町村は、前項の規定による審査及び支払に関する事務を連合会に委託することができる。

〔指定障害児通所支援事業者の指定〕

第21条の5の15 (略)

② 放課後等デイサービスその他の厚生労働省令で定める障害児通所支援(以下この項及び第5項並びに第21条の5の19第1項において「特定障害児通所支援」という。)に係る第21条の5の3第1項の指定は、当該特定障害児通所支援の量を定めてするものとする。

③ 都道府県知事は、第1項の申請があつた場合において、次の各号(医療型児童発達支援に係る指定の申請にあつては、第7号を除く。)のいずれかに該当するときは、指定障害児通所支援事業者の指定をしてはならない。

一～五の二 (略)

であるかを問わず、法人に対し業務を執行する社員、取締役、執行役又はこれらに準ずる者と同等以上の支配力を有するものと認められる者を含む。次項並びに第21条の5の15第2項第6号(第24条の9第2項(第24条の10第4項において準用する場合を含む。)及び第24条の28第2項(第24条の29第4項において準用する場合を含む。)において準用する場合を含む。)、第24条の17第11号及び第24条の36第11号において同じ。)若しくは前項の厚生労働省令で定める者又はこれらの職にあつた者は、正当な理由なしに、当該委託業務に関して知り得た個人の秘密を漏らしてはならない。

⑤ (略)

〔通所支給要否決定等〕

第21条の5の7 (略)

② ～ ⑫ (略)

⑬ 市町村は、指定障害児通所支援事業者等から障害児通所給付費の請求があつたときは、第21条の5の3第2項第1号の厚生労働大臣が定める基準及び第21条の5の18第2項の指定通所支援の事業の設備及び運営に関する基準(指定通所支援の取扱いに関する部分に限る。)に照らして審査の上、支払うものとする。

⑭ 市町村は、前項の規定による支払に関する事務を連合会に委託することができる。

〔指定障害児通所支援事業者の指定〕

第21条の5の15 第21条の5の3第1項の指定は、厚生労働省令で定めるところにより、障害児通所支援事業を行う者の申請により、障害児通所支援の種類及び障害児通所支援事業を行う事業所(以下「障害児通所支援事業所」という。)ごとに行う。

(新設)

② 都道府県知事は、前項の申請があつた場合において、次の各号(医療型児童発達支援に係る指定の申請にあつては、第7号を除く。)のいずれかに該当するときは、指定障害児通所支援事業者の指定をしてはならない。

一～五の二 (略)

六　申請者が、第21条の5の23第1項又は第33条の18第6項の規定により指定を取り消され、その取消しの日から起算して5年を経過しない者（当該指定を取り消された者が法人である場合においては、当該取消しの処分に係る行政手続法第15条の規定による通知があつた日前60日以内に当該法人の役員又はその障害児通所支援事業所を管理する者その他の政令で定める使用人（以下この条及び第21条の5の23第1項第11号において「役員等」という。）であつた者で当該取消しの日から起算して5年を経過しないものを含み、当該指定を取り消された者が法人でない場合においては、当該通知があつた日前60日以内に当該者の管理者であつた者で当該取消しの日から起算して5年を経過しないものを含む。）であるとき。ただし、当該指定の取消しが、指定障害児通所支援事業者の指定の取消しのうち当該指定の取消しの処分の理由となつた事実及び当該事実の発生を防止するための当該指定障害児通所支援事業者による業務管理体制の整備についての取組の状況その他の当該事実に関して当該指定障害児通所支援事業者が有していた責任の程度を考慮して、この号本文に規定する指定の取消しに該当しないこととすることが相当であると認められるものとして厚生労働省令で定めるものに該当する場合を除く。	六　申請者が、第21条の5の23第1項の規定により指定を取り消され、その取消しの日から起算して5年を経過しない者（当該指定を取り消された者が法人である場合においては、当該取消しの処分に係る行政手続法第15条の規定による通知があつた日前60日以内に当該法人の役員又はその障害児通所支援事業所を管理する者その他の政令で定める使用人（以下この条及び第21条の5の23第1項第11号において「役員等」という。）であつた者で当該取消しの日から起算して5年を経過しないものを含み、当該指定を取り消された者が法人でない場合においては、当該通知があつた日前60日以内に当該者の管理者であつた者で当該取消しの日から起算して5年を経過しないものを含む。）であるとき。ただし、当該指定の取消しが、指定障害児通所支援事業者の指定の取消しのうち当該指定の取消しの処分の理由となつた事実及び当該事実の発生を防止するための当該指定障害児通所支援事業者による業務管理体制の整備についての取組の状況その他の当該事実に関して当該指定障害児通所支援事業者が有していた責任の程度を考慮して、この号本文に規定する指定の取消しに該当しないこととすることが相当であると認められるものとして厚生労働省令で定めるものに該当する場合を除く。
七　申請者と密接な関係を有する者（申請者（法人に限る。以下この号において同じ。）の株式の所有その他の事由を通じて当該申請者の事業を実質的に支配し、若しくはその事業に重要な影響を与える関係にある者として厚生労働省令で定めるもの（以下この号において「申請者の親会社等」という。）、申請者の親会社等が株式の所有その他の事由を通じてその事業を実質的に支配し、若しくはその事業に重要な影響を与える関係にある者として厚生労働省令で定めるもの又は当該申請者が株式の所有その他の事由を通じてその事業を実質的に支配し、若しくはその事業に重要な影響を与える関係にある者として厚生労働省令で定めるもののうち、当該申請者と厚生労働省令で定める密接な関係を有する法人をいう。）が、第21条の5の23第1項又は第33条の18第6項の規定により指定を取り消され、その取消しの日から起算して5年を経過していないとき。ただし、当該指定の取消し	七　申請者と密接な関係を有する者（申請者（法人に限る。以下この号において同じ。）の株式の所有その他の事由を通じて当該申請者の事業を実質的に支配し、若しくはその事業に重要な影響を与える関係にある者として厚生労働省令で定めるもの（以下この号において「申請者の親会社等」という。）、申請者の親会社等が株式の所有その他の事由を通じてその事業を実質的に支配し、若しくはその事業に重要な影響を与える関係にある者として厚生労働省令で定めるもの又は当該申請者が株式の所有その他の事由を通じてその事業を実質的に支配し、若しくはその事業に重要な影響を与える関係にある者として厚生労働省令で定めるもののうち、当該申請者と厚生労働省令で定める密接な関係を有する法人をいう。）が、第21条の5の23第1項の規定により指定を取り消され、その取消しの日から起算して5年を経過していないとき。ただし、当該指定の取消しが、指定障害児通所支援

が、指定障害児通所支援事業者の指定の取消しのうち当該指定の取消しの処分の理由となつた事実及び当該事実の発生を防止するための当該指定障害児通所支援事業者による業務管理体制の整備についての取組の状況その他の当該事実に関して当該指定障害児通所支援事業者が有していた責任の程度を考慮して、この号本文に規定する指定の取消しに該当しないこととすることが相当であると認められるものとして厚生労働省令で定めるものに該当する場合を除く。	事業者の指定の取消しのうち当該指定の取消しの処分の理由となつた事実及び当該事実の発生を防止するための当該指定障害児通所支援事業者による業務管理体制の整備についての取組の状況その他の当該事実に関して当該指定障害児通所支援事業者が有していた責任の程度を考慮して、この号本文に規定する指定の取消しに該当しないこととすることが相当であると認められるものとして厚生労働省令で定めるものに該当する場合を除く。
八　（略）	八　削除
九　申請者が、第21条の5の23第1項又は第33条の18第6項の規定による指定の取消しの処分に係る行政手続法第15条の規定による通知があつた日から当該処分をする日又は処分をしないことを決定する日までの間に第21条の5の19第4項の規定による事業の廃止の届出をした者（当該事業の廃止について相当の理由がある者を除く。）で、当該届出の日から起算して5年を経過しないものであるとき。	九　申請者が、第21条の5の23第1項の規定による指定の取消しの処分に係る行政手続法第15条の規定による通知があつた日から当該処分をする日又は処分をしないことを決定する日までの間に第21条の5の19第2項の規定による事業の廃止の届出をした者（当該事業の廃止について相当の理由がある者を除く。）で、当該届出の日から起算して5年を経過しないものであるとき。
十　申請者が、第21条の5の21第1項の規定による検査が行われた日から聴聞決定予定日（当該検査の結果に基づき第21条の5の23第1項の規定による指定の取消しの処分に係る聴聞を行うか否かの決定をすることが見込まれる日として厚生労働省令で定めるところにより都道府県知事が当該申請者に当該検査が行われた日から10日以内に特定の日を通知した場合における当該特定の日をいう。）までの間に第21条の5の19第4項の規定による事業の廃止の届出をした者（当該事業の廃止について相当の理由がある者を除く。）で、当該届出の日から起算して5年を経過しないものであるとき。	十　申請者が、第21条の5の21第1項の規定による検査が行われた日から聴聞決定予定日（当該検査の結果に基づき第21条の5の23第1項の規定による指定の取消しの処分に係る聴聞を行うか否かの決定をすることが見込まれる日として厚生労働省令で定めるところにより都道府県知事が当該申請者に当該検査が行われた日から10日以内に特定の日を通知した場合における当該特定の日をいう。）までの間に第21条の5の19第2項の規定による事業の廃止の届出をした者（当該事業の廃止について相当の理由がある者を除く。）で、当該届出の日から起算して5年を経過しないものであるとき。
十一　第9号に規定する期間内に第21条の5の19第4項の規定による事業の廃止の届出があつた場合において、申請者が、同号の通知の日前60日以内に当該事業の廃止の届出に係る法人（当該事業の廃止について相当の理由がある法人を除く。）の役員等又は当該届出に係る法人でない者（当該事業の廃止について相当の理由がある者を除く。）の管理者であつた者で、当該届出の日から起算して5年を経過しないものであるとき。	十一　第9号に規定する期間内に第21条の5の19第2項の規定による事業の廃止の届出があつた場合において、申請者が、同号の通知の日前60日以内に当該事業の廃止の届出に係る法人（当該事業の廃止について相当の理由がある法人を除く。）の役員等又は当該届出に係る法人でない者（当該事業の廃止について相当の理由がある者を除く。）の管理者であつた者で、当該届出の日から起算して5年を経過しないものであるとき。
十二〜十四　（略）	十二〜十四　（略）
④　（略）	③　都道府県が前項第1号の条例を定めるに当たつ

⑤　都道府県知事は、特定障害児通所支援につき第1項の申請があつた場合において、当該都道府県又は当該申請に係る障害児通所支援事業所の所在地を含む区域（第33条の22第2項第2号の規定により都道府県が定める区域をいう。）における当該申請に係る種類ごとの指定通所支援の量が、同条第1項の規定により当該都道府県が定める都道府県障害児福祉計画において定める当該都道府県若しくは当該区域の当該指定通所支援の必要な量に既に達しているか、又は当該申請に係る事業者の指定によつてこれを超えることになると認めるとき、その他の当該都道府県障害児福祉計画の達成に支障を生ずるおそれがあると認めるときは、第21条の5の3第1項の指定をしないことができる。	ては、厚生労働省令で定める基準に従い定めるものとする。 （新設）
〔指定障害児通所支援の事業の基準〕	〔指定障害児通所支援の事業の基準〕
第21条の5の18　（略）	第21条の5の18　（略）
②・③　（略）	②・③　（略）
④　指定障害児通所支援事業者は、**次条第4項の規定**による事業の廃止又は休止の届出をしたときは、当該届出の日前1月以内に当該指定通所支援を受けていた者であつて、当該事業の廃止又は休止の日以後においても引き続き当該指定通所支援に相当する支援の提供を希望する者に対し、必要な障害児通所支援が継続的に提供されるよう、他の指定障害児事業者等その他関係者との連絡調整その他の便宜の提供を行わなければならない。	④　指定障害児通所支援事業者は、**次条第2項の規定**による事業の廃止又は休止の届出をしたときは、当該届出の日前1月以内に当該指定通所支援を受けていた者であつて、当該事業の廃止又は休止の日以後においても引き続き当該指定通所支援に相当する支援の提供を希望する者に対し、必要な障害児通所支援が継続的に提供されるよう、他の指定障害児事業者等その他関係者との連絡調整その他の便宜の提供を行わなければならない。
〔指定の変更の申請等〕	〔変更の届出等〕
第21条の5の19　**指定障害児通所支援事業者は、第21条の5の3第1項の指定に係る特定障害児通所支援の量を増加しようとするときは、厚生労働省令で定めるところにより、同項の指定の変更を申請することができる。**	第21条の5の19　（新設）
②　**第21条の5の15第3項から第5項までの規定は、前項の指定の変更の申請があつた場合について準用する。この場合において、必要な技術的読替えは、政令で定める。**	（新設）
③　（略）	指定障害児通所支援事業者は、当該指定に係る障害児通所支援事業所の名称及び所在地その他厚生労働省令で定める事項に変更があつたとき、又は休止した当該指定通所支援の事業を再開したときは、厚生労働省令で定めるところにより、10日以内に、その旨を都道府県知事に届け出なければ

④ （略）

〔指定の取消し等〕
第21条の5の23　都道府県知事は、次の各号のいずれかに該当する場合においては、当該指定障害児通所支援事業者に係る第21条の5の3第1項の指定を取り消し、又は期間を定めてその指定の全部若しくは一部の効力を停止することができる。
一　指定障害児通所支援事業者が、第21条の5の15第3項第4号から第5号の2まで、第13号又は第14号のいずれかに該当するに至つたとき。
二～十二　（略）
② 市町村は、障害児通所給付費等の支給に係る障害児通所支援又は肢体不自由児通所医療費の支給に係る第21条の5の28第1項に規定する肢体不自由児通所医療を行つた指定障害児通所支援事業者について、前項各号のいずれかに該当すると認めるときは、その旨を当該指定に係る障害児通所支援事業所の所在地の都道府県知事に通知しなければならない。

〔公示〕
第21条の5の24　都道府県知事は、次に掲げる場合には、その旨を公示しなければならない。
一　（略）
二　第21条の5の19第4項の規定による事業の廃止の届出があつたとき。
三　前条第1項又は第33条の18第6項の規定により指定障害児通所支援事業者の指定を取り消したとき。

〔障害児入所給付費の受給の手続〕
第24条の3　（略）
②～⑨　（略）
⑩　（略）

⑪ 都道府県は、前項の規定による審査及び支払に関する事務を連合会に委託することができる。

ならない。
② 指定障害児通所支援事業者は、当該指定通所支援の事業を廃止し、又は休止しようとするときは、厚生労働省令で定めるところにより、その廃止又は休止の日の1月前までに、その旨を都道府県知事に届け出なければならない。

〔指定の取消し等〕
第21条の5の23　都道府県知事は、次の各号のいずれかに該当する場合においては、当該指定障害児通所支援事業者に係る第21条の5の3第1項の指定を取り消し、又は期間を定めてその指定の全部若しくは一部の効力を停止することができる。
一　指定障害児通所支援事業者が、第21条の5の15第2項第4号から第5号の2まで、第13号又は第14号のいずれかに該当するに至つたとき。
二～十二　（略）
② 市町村は、障害児通所給付費等の支給に係る指定障害児通所支援又は肢体不自由児通所医療費の支給に係る第21条の5の28第1項に規定する肢体不自由児通所医療を行つた指定障害児通所支援事業者について、前項各号のいずれかに該当すると認めるときは、その旨を当該指定に係る障害児通所支援事業所の所在地の都道府県知事に通知しなければならない。

〔公示〕
第21条の5の24　都道府県知事は、次に掲げる場合には、その旨を公示しなければならない。
一　（略）
二　第21条の5の19第2項の規定による事業の廃止の届出があつたとき。
三　前条第1項の規定により指定障害児通所支援事業者の指定を取り消したとき。

〔障害児入所給付費の受給の手続〕
第24条の3　（略）
②～⑨　（略）
⑩　都道府県は、指定障害児入所施設等から障害児入所給付費の請求があつたときは、前条第2項第1号の厚生労働大臣が定める基準及び第24条の12第2項の指定障害児入所施設等の設備及び運営に関する基準（指定入所支援の取扱いに関する部分に限る。）に照らして審査の上、支払うものとする。

⑪ 都道府県は、前項の規定による支払に関する事務を連合会に委託することができる。

〔指定障害児入所施設等の指定〕
第24条の9　第24条の2第1項の指定は、厚生労働省令で定めるところにより、障害児入所施設の設置者の申請により、当該障害児入所施設の入所定員を定めて、行う。
② 　都道府県知事は、前項の申請があつた場合において、当該都道府県における当該申請に係る指定障害児入所施設の入所定員の総数が、第33条の22第1項の規定により当該都道府県が定める都道府県障害児福祉計画において定める当該都道府県の当該指定障害児入所施設の必要入所定員総数に既に達しているか、又は当該申請に係る施設の指定によつてこれを超えることになると認めるとき、その他の当該都道府県障害児福祉計画の達成に支障を生ずるおそれがあると認めるときは、第24条の2第1項の指定をしないことができる。
③ 　第21条の5の15第3項（第7号を除く。）及び第4項の規定は、第24条の2第1項の指定障害児入所施設の指定について準用する。この場合において、必要な技術的読替えは、政令で定める。

〔指定の変更の申請等〕
第24条の13　指定障害児入所施設の設置者は、第24条の2第1項の指定に係る入所定員を増加しようとするときは、厚生労働省令で定めるところにより、同項の指定の変更を申請することができる。
② 　第24条の9第2項及び第3項の規定は、前項の指定の変更の申請があつた場合について準用する。この場合において、必要な技術的読替えは、政令で定める。
③ 　指定障害児入所施設の設置者は、設置者の住所その他の厚生労働省令で定める事項に変更があつたときは、厚生労働省令で定めるところにより、10日以内に、その旨を都道府県知事に届け出なければならない。

〔指定の取消し〕
第24条の17　都道府県知事は、次の各号のいずれかに該当する場合においては、当該指定障害児入所施設に係る第24条の2第1項の指定を取り消し、又は期間を定めてその指定の全部若しくは一部の効力を停止することができる。
一　指定障害児入所施設の設置者が、第24条の9第3項において準用する第21条の5の15第3項第4号から第5号の2まで、第13号又は第14号のいずれかに該当するに至つたとき。
二～十二　（略）

〔指定障害児入所施設等の指定〕
第24条の9　第24条の2第1項の指定は、厚生労働省令で定めるところにより、障害児入所施設の設置者の申請があつたものについて行う。
（新設）

② 　第21条の5の15第2項（第7号を除く。）及び第3項の規定は、第24条の2第1項の指定障害児入所施設の指定について準用する。この場合において、必要な技術的読替えは、政令で定める。

〔変更の届出等〕
第24条の13　　（新設）

（新設）

　　　指定障害児入所施設の設置者は、設置者の住所その他の厚生労働省令で定める事項に変更があつたときは、厚生労働省令で定めるところにより、10日以内に、その旨を都道府県知事に届け出なければならない。

〔指定の取消し〕
第24条の17　都道府県知事は、次の各号のいずれかに該当する場合においては、当該指定障害児入所施設に係る第24条の2第1項の指定を取り消し、又は期間を定めてその指定の全部若しくは一部の効力を停止することができる。
一　指定障害児入所施設の設置者が、第24条の9第2項において準用する第21条の5の15第2項第4号から第5号の2まで、第13号又は第14号のいずれかに該当するに至つたとき。
二～十二　（略）

〔公示〕
第24条の18　都道府県知事は、次に掲げる場合には、その旨を公示しなければならない。
一・二　（略）
三　前条又は第33条の18第6項の規定により指定障害児入所施設の指定を取り消したとき。

第24条の24　都道府県は、第24条の2第1項、第24条の6第1項、第24条の7第1項又は第24条の20第1項の規定にかかわらず、厚生労働省令で定める指定障害児入所施設等に入所等をした障害児（以下この項において「入所者」という。）について、引き続き指定入所支援を受けなければその福祉を損なうおそれがあると認めるときは、当該入所者が満18歳に達した後においても、当該入所者からの申請により、当該入所者が満20歳に達するまで、厚生労働省令で定めるところにより、引き続き第50条第6号の3に規定する障害児入所給付費等（次項において「障害児入所給付費等」という。）を支給することができる。ただし、当該入所者が障害者の日常生活及び社会生活を総合的に支援するための法律第5条第6項に規定する療養介護その他の支援を受けることができる場合は、この限りでない。
②・③　（略）

〔障害児相談支援給付費〕
第24条の26　（略）
②～④　（略）
⑤　（略）

⑥　市町村は、前項の規定による審査及び支払に関する事務を連合会に委託することができる。
⑦　（略）

〔指定障害児相談支援事業者の指定〕
第24条の28　第24条の26第1項第1号の指定障害児相談支援事業者の指定は、厚生労働省令で定めるところにより、総合的に障害者の日常生活及び社会生活を総合的に支援するための法律第5条第18項に規定する相談支援を行う者として厚生労働省令で定める基準に該当する者の申請により、障害児相談支援事業を行う事業所（以下「障害児相談

〔公示〕
第24条の18　都道府県知事は、次に掲げる場合には、その旨を公示しなければならない。
一・二　（略）
三　前条の規定により指定障害児入所施設の指定を取り消したとき。

第24条の24　都道府県は、第24条の2第1項、第24条の6第1項、第24条の7第1項又は第24条の20第1項の規定にかかわらず、厚生労働省令で定める指定障害児入所施設等に入所等をした障害児（以下この項において「入所者」という。）について、引き続き指定入所支援を受けなければその福祉を損なうおそれがあると認めるときは、当該入所者が満18歳に達した後においても、当該入所者からの申請により、当該入所者が満20歳に達するまで、厚生労働省令で定めるところにより、引き続き第50条第6号の4に規定する障害児入所給付費等（次項において「障害児入所給付費等」という。）を支給することができる。ただし、当該入所者が障害者の日常生活及び社会生活を総合的に支援するための法律第5条第6項に規定する療養介護その他の支援を受けることができる場合は、この限りでない。
②・③　（略）

〔障害児相談支援給付費〕
第24条の26　（略）
②～④　（略）
⑤　市町村は、指定障害児相談支援事業者から障害児相談支援給付費の請求があつたときは、第2項の厚生労働大臣が定める基準及び第24条の31第2項の厚生労働省令で定める指定障害児相談支援の事業の運営に関する基準（指定障害児相談支援の取扱いに関する部分に限る。）に照らして審査の上、支払うものとする。
⑥　市町村は、前項の規定による支払に関する事務を連合会に委託することができる。
⑦　（略）

〔指定障害児相談支援事業者の指定〕
第24条の28　第24条の26第1項第1号の指定障害児相談支援事業者の指定は、厚生労働省令で定めるところにより、総合的に障害者の日常生活及び社会生活を総合的に支援するための法律第5条第16項に規定する相談支援を行う者として厚生労働省令で定める基準に該当する者の申請により、障害児相談支援事業を行う事業所（以下「障害児相談

② 第21条の5の15第3項（第4号、第11号及び第14号を除く。）の規定は、第24条の26第1項第1号の指定障害児相談支援事業者の指定について準用する。この場合において、第21条の5の15第3項第1号中「都道府県の条例で定める者」とあるのは、「法人」と読み替えるほか、必要な技術的読替えは、政令で定める。

〔指定の取消し等〕

第24条の36 市町村長は、次の各号のいずれかに該当する場合においては、当該指定障害児相談支援事業者に係る第24条の26第1項第1号の指定を取り消し、又は期間を定めてその指定の全部若しくは一部の効力を停止することができる。

一 指定障害児相談支援事業者が、第24条の28第2項において準用する第21条の5の15第3項第5号、第5号の2又は第13号のいずれかに該当するに至つたとき。

二～十一 （略）

〔児童相談所長の採るべき措置〕

第26条 児童相談所長は、第25条第1項の規定による通告を受けた児童、第25条の7第1項第1号若しくは第2項第1号、前条第1号又は少年法（昭和23年法律第168号）第6条の6第1項若しくは第18条第1項の規定による送致を受けた児童及び相談に応じた児童、その保護者又は妊産婦について、必要があると認めたときは、次の各号のいずれかの措置を採らなければならない。

一 （略）

二 児童又はその保護者を児童相談所その他の関係機関若しくは関係団体の事業所若しくは事務所に通わせ当該事業所若しくは事務所において、又は当該児童若しくはその保護者の住所若しくは居所において、児童福祉司若しくは児童委員に指導させ、又は市町村、都道府県以外の者の設置する児童家庭支援センター、都道府県以外の障害者の日常生活及び社会生活を総合的に支援するための法律第5条第18項に規定する一般相談支援事業若しくは特定相談支援事業（次条第1項第2号及び第34条の7において「障害者等相談支援事業」という。）を行う者その他当該指導を適切に行うことができる者として厚生労働省令で定めるものに委託して指導させること。

三～八 （略）

---

② 第21条の5の15第2項（第4号、第11号及び第14号を除く。）の規定は、第24条の26第1項第1号の指定障害児相談支援事業者の指定について準用する。この場合において、第21条の5の15第2項第1号中「都道府県の条例で定める者」とあるのは、「法人」と読み替えるほか、必要な技術的読替えは、政令で定める。

〔指定の取消し等〕

第24条の36 市町村長は、次の各号のいずれかに該当する場合においては、当該指定障害児相談支援事業者に係る第24条の26第1項第1号の指定を取り消し、又は期間を定めてその指定の全部若しくは一部の効力を停止することができる。

一 指定障害児相談支援事業者が、第24条の28第2項において準用する第21条の5の15第2項第5号、第5号の2又は第13号のいずれかに該当するに至つたとき。

二～十一 （略）

〔児童相談所長の採るべき措置〕

第26条 児童相談所長は、第25条第1項の規定による通告を受けた児童、第25条の7第1項第1号若しくは第2項第1号、前条第1号又は少年法（昭和23年法律第168号）第6条の6第1項若しくは第18条第1項の規定による送致を受けた児童及び相談に応じた児童、その保護者又は妊産婦について、必要があると認めたときは、次の各号のいずれかの措置を採らなければならない。

一 （略）

二 児童又はその保護者を児童相談所その他の関係機関若しくは関係団体の事業所若しくは事務所に通わせ当該事業所若しくは事務所において、又は当該児童若しくはその保護者の住所若しくは居所において、児童福祉司若しくは児童委員に指導させ、又は市町村、都道府県以外の者の設置する児童家庭支援センター、都道府県以外の障害者の日常生活及び社会生活を総合的に支援するための法律第5条第16項に規定する一般相談支援事業若しくは特定相談支援事業（次条第1項第2号及び第34条の7において「障害者等相談支援事業」という。）を行う者その他当該指導を適切に行うことができる者として厚生労働省令で定めるものに委託して指導させること。

三～八 （略）

② （略）	② （略）
第8節　情報公表対象支援の利用に資する情報の報告及び公表	（新設）
第33条の18　指定障害児通所支援事業者及び指定障害児相談支援事業者並びに指定障害児入所施設等の設置者（以下この条において「対象事業者」という。）は、指定通所支援、指定障害児相談支援又は指定入所支援（以下この条において「情報公表対象支援」という。）の提供を開始しようとするとき、その他厚生労働省令で定めるときは、厚生労働省令で定めるところにより、情報公表対象支援情報（その提供する情報公表対象支援の内容及び情報公表対象支援を提供する事業者又は施設の運営状況に関する情報であつて、情報公表対象支援を利用し、又は利用しようとする障害児の保護者が適切かつ円滑に当該情報公表対象支援を利用する機会を確保するために公表されることが適当なものとして厚生労働省令で定めるものをいう。第8項において同じ。）を、当該情報公表対象支援を提供する事業所又は施設の所在地を管轄する都道府県知事に報告しなければならない。	（新設）
②　都道府県知事は、前項の規定による報告を受けた後、厚生労働省令で定めるところにより、当該報告の内容を公表しなければならない。	
③　都道府県知事は、前項の規定による公表を行うため必要があると認めるときは、第1項の規定による報告が真正であることを確認するのに必要な限度において、当該報告をした対象事業者に対し、当該報告の内容について、調査を行うことができる。	
④　都道府県知事は、対象事業者が第1項の規定による報告をせず、若しくは虚偽の報告をし、又は前項の規定による調査を受けず、若しくは調査を妨げたときは、期間を定めて、当該対象事業者に対し、その報告を行い、若しくはその報告の内容を是正し、又はその調査を受けることを命ずることができる。	
⑤　都道府県知事は、指定障害児相談支援事業者に対して前項の規定による処分をしたときは、遅滞なく、その旨をその指定をした市町村長に通知しなければならない。	
⑥　都道府県知事は、指定障害児通所支援事業者又は指定障害児入所施設の設置者が第4項の規定による命令に従わないときは、当該指定障害児通所支援事業者又は指定障害児入所施設の指定を取り	

消し、又は期間を定めてその指定の全部若しくは一部の効力を停止することができる。
⑦ 都道府県知事は、指定障害児相談支援事業者が第4項の規定による命令に従わない場合において、当該指定障害児相談支援事業者の指定を取り消し、又は期間を定めてその指定の全部若しくは一部の効力を停止することが適当であると認めるときは、理由を付して、その旨をその指定をした市町村長に通知しなければならない。
⑧ 都道府県知事は、情報公表対象支援を利用し、又は利用しようとする障害児の保護者が適切かつ円滑に当該情報公表対象支援を利用する機会の確保に資するため、情報公表対象支援の質及び情報公表対象支援に従事する従業者に関する情報（情報公表対象支援情報に該当するものを除く。）であつて厚生労働省令で定めるものの提供を希望する対象事業者から提供を受けた当該情報について、公表を行うよう配慮するものとする。

　　　第9節　障害児福祉計画　　　　　　　　　　（新設）
　〔基本指針〕
第33条の19　厚生労働大臣は、障害児通所支援、障害児入所支援及び障害児相談支援（以下この項、次項並びに第33条の22第1項及び第2項において「障害児通所支援等」という。）の提供体制を整備し、障害児通所支援等の円滑な実施を確保するための基本的な指針（以下この条、次条第1項及び第33条の22第1項において「基本指針」という。）を定めるものとする。　　　　　　　　　　　　　　（新設）
② 基本指針においては、次に掲げる事項を定めるものとする。
　一　障害児通所支援等の提供体制の確保に関する基本的事項
　二　障害児通所支援等の提供体制の確保に係る目標に関する事項
　三　次条第1項に規定する市町村障害児福祉計画及び第33条の22第1項に規定する都道府県障害児福祉計画の作成に関する事項
　四　その他障害児通所支援等の円滑な実施を確保するために必要な事項
③ 基本指針は、障害者の日常生活及び社会生活を総合的に支援するための法律第87条第1項に規定する基本指針と一体のものとして作成することができる。
④ 厚生労働大臣は、基本指針の案を作成し、又は基本指針を変更しようとするときは、あらかじ

め、障害児及びその家族その他の関係者の意見を反映させるために必要な措置を講ずるものとする。
⑤　厚生労働大臣は、障害児の生活の実態、障害児を取り巻く環境の変化その他の事情を勘案して必要があると認めるときは、速やかに基本指針を変更するものとする。
⑥　厚生労働大臣は、基本指針を定め、又はこれを変更したときは、遅滞なく、これを公表しなければならない。

〔市町村障害児福祉計画〕
第33条の20　市町村は、基本指針に即して、障害児通所支援及び障害児相談支援の提供体制の確保その他障害児通所支援及び障害児相談支援の円滑な実施に関する計画（以下「市町村障害児福祉計画」という。）を定めるものとする。　（新設）
②　市町村障害児福祉計画においては、次に掲げる事項を定めるものとする。
　一　障害児通所支援及び障害児相談支援の提供体制の確保に係る目標に関する事項
　二　各年度における指定通所支援又は指定障害児相談支援の種類ごとの必要な見込量
③　市町村障害児福祉計画においては、前項各号に掲げるもののほか、次に掲げる事項について定めるよう努めるものとする。
　一　前項第2号の指定通所支援又は指定障害児相談支援の種類ごとの必要な見込量の確保のための方策
　二　前項第2号の指定通所支援又は指定障害児相談支援の提供体制の確保に係る医療機関、教育機関その他の関係機関との連携に関する事項
④　市町村障害児福祉計画は、当該市町村の区域における障害児の数及びその障害の状況を勘案して作成されなければならない。
⑤　市町村は、当該市町村の区域における障害児の心身の状況、その置かれている環境その他の事情を正確に把握した上で、これらの事情を勘案して、市町村障害児福祉計画を作成するよう努めるものとする。
⑥　市町村障害児福祉計画は、障害者の日常生活及び社会生活を総合的に支援するための法律第88条第1項に規定する市町村障害福祉計画と一体のものとして作成することができる。
⑦　市町村障害児福祉計画は、障害者基本法（昭和45年法律第84号）第11条第3項に規定する市町村

障害者計画、社会福祉法第107条に規定する市町村地域福祉計画その他の法律の規定による計画であつて障害児の福祉に関する事項を定めるものと調和が保たれたものでなければならない。

⑧　市町村は、市町村障害児福祉計画を定め、又は変更しようとするときは、あらかじめ、住民の意見を反映させるために必要な措置を講ずるよう努めるものとする。

⑨　市町村は、障害者の日常生活及び社会生活を総合的に支援するための法律第89条の3第1項に規定する協議会を設置したときは、市町村障害児福祉計画を定め、又は変更しようとする場合において、あらかじめ、当該協議会の意見を聴くよう努めなければならない。

⑩　障害者基本法第36条第4項の合議制の機関を設置する市町村は、市町村障害児福祉計画を定め、又は変更しようとするときは、あらかじめ、当該機関の意見を聴かなければならない。

⑪　市町村は、市町村障害児福祉計画を定め、又は変更しようとするときは、第2項に規定する事項について、あらかじめ、都道府県の意見を聴かなければならない。

⑫　市町村は、市町村障害児福祉計画を定め、又は変更したときは、遅滞なく、これを都道府県知事に提出しなければならない。

第33条の21　市町村は、定期的に、前条第2項各号に掲げる事項（市町村障害児福祉計画に同条第3項各号に掲げる事項を定める場合にあつては、当該各号に掲げる事項を含む。）について、調査、分析及び評価を行い、必要があると認めるときは、当該市町村障害児福祉計画を変更することその他の必要な措置を講ずるものとする。　　　　　　　　　　　　　　　　（新設）

〔都道府県障害児福祉計画〕

第33条の22　都道府県は、基本指針に即して、市町村障害児福祉計画の達成に資するため、各市町村を通ずる広域的な見地から、障害児通所支援等の提供体制の確保その他障害児通所支援等の円滑な実施に関する計画（以下「都道府県障害児福祉計画」という。）を定めるものとする。　　　　　　　　　　　　　　　　　　　　　　（新設）

②　都道府県障害児福祉計画においては、次に掲げる事項を定めるものとする。

　一　障害児通所支援等の提供体制の確保に係る目標に関する事項

　二　当該都道府県が定める区域ごとの各年度の指定通所支援又は指定障害児相談支援の種類ごと

の必要な見込量
　　三　各年度の指定障害児入所施設等の必要入所定員総数
③　都道府県障害児福祉計画においては、前項各号に掲げる事項のほか、次に掲げる事項について定めるよう努めるものとする。
　　一　前項第２号の区域ごとの指定通所支援の種類ごとの必要な見込量の確保のための方策
　　二　前項第２号の区域ごとの指定通所支援又は指定障害児相談支援の質の向上のために講ずる措置に関する事項
　　三　指定障害児入所施設等の障害児入所支援の質の向上のために講ずる措置に関する事項
　　四　前項第２号の区域ごとの指定通所支援の提供体制の確保に係る医療機関、教育機関その他の関係機関との連携に関する事項
④　都道府県障害児福祉計画は、障害者の日常生活及び社会生活を総合的に支援するための法律第89条第１項に規定する都道府県障害福祉計画と一体のものとして作成することができる。
⑤　都道府県障害児福祉計画は、障害者基本法第11条第２項に規定する都道府県障害者計画、社会福祉法第108条に規定する都道府県地域福祉支援計画その他の法律の規定による計画であつて障害児の福祉に関する事項を定めるものと調和が保たれたものでなければならない。
⑥　都道府県は、障害者の日常生活及び社会生活を総合的に支援するための法律第89条の３第１項に規定する協議会を設置したときは、都道府県障害児福祉計画を定め、又は変更しようとする場合において、あらかじめ、当該協議会の意見を聴くよう努めなければならない。
⑦　都道府県は、都道府県障害児福祉計画を定め、又は変更しようとするときは、あらかじめ、障害者基本法第36条第１項の合議制の機関の意見を聴かなければならない。
⑧　都道府県は、都道府県障害児福祉計画を定め、又は変更したときは、遅滞なく、これを厚生労働大臣に提出しなければならない。

第33条の23　都道府県は、定期的に、前条第２項各号に掲げる事項（都道府県障害児福祉計画に同条第３項各号に掲げる事項を定める場合にあつては、当該各号に掲げる事項を含む。）について、調査、分析及び評価を行い、必要があると認めるときは、当該都道府県障害児福祉計画を変更する

（新設）

〔都道府県知事の助言等〕

第33条の24　都道府県知事は、市町村に対し、市町村障害児福祉計画の作成上の技術的事項について必要な助言をすることができる。

② 厚生労働大臣は、都道府県に対し、都道府県障害児福祉計画の作成の手法その他都道府県障害児福祉計画の作成上の重要な技術的事項について必要な助言をすることができる。

〔国の援助〕

第33条の25　国は、市町村又は都道府県が、市町村障害児福祉計画又は都道府県障害児福祉計画に定められた事業を実施しようとするときは、当該事業が円滑に実施されるように必要な助言その他の援助の実施に努めるものとする。

第10節　雑則	第8節　雑則
第34条　（略）	第34条　（略）

〔連合会の業務〕

| **第56条の5の2**　連合会は、国民健康保険法の規定による業務のほか、第24条の3第11項（第24条の7第2項において準用する場合を含む。）の規定により都道府県から委託を受けて行う障害児入所給付費及び特定入所障害児食費等給付費又は第21条の5の7第14項及び第24条の26第6項の規定により市町村から委託を受けて行う障害児通所給付費及び障害児相談支援給付費の審査及び支払に関する業務を行う。 | **第56条の5の2**　連合会は、国民健康保険法の規定による業務のほか、第24条の3第11項（第24条の7第2項において準用する場合を含む。）の規定により都道府県から委託を受けて行う障害児入所給付費及び特定入所障害児食費等給付費又は第21条の5の7第14項及び第24条の26第6項の規定により市町村から委託を受けて行う障害児通所給付費及び障害児相談支援給付費の支払に関する業務を行う。 |

ことその他の必要な措置を講ずるものとする。

（新設）

（新設）

〔指定事務受託法人〕

第57条の3の4　市町村及び都道府県は、次に掲げる事務の一部を、法人であつて厚生労働省令で定める要件に該当し、当該事務を適正に実施することができると認められるものとして都道府県知事が指定するもの（以下「指定事務受託法人」という。）に委託することができる。

一　第57条の3第1項及び第3項、第57条の3の2第1項並びに前条第1項及び第4項に規定する事務（これらの規定による命令及び質問の対象となる者並びに立入検査の対象となる事業所及び施設の選定に係るもの並びに当該命令及び当該立入検査を除く。）

二　その他厚生労働省令で定める事務（前号括弧書に規定するものを除く。）

② 指定事務受託法人の役員若しくは職員又はこれらの職にあつた者は、正当な理由なしに、当該委託事務に関して知り得た秘密を漏らしてはならな

（新設）

③ 指定事務受託法人の役員又は職員で、当該委託事務に従事するものは、刑法その他の罰則の適用については、法令により公務に従事する職員とみなす。
④ 市町村又は都道府県は、第1項の規定により事務を委託したときは、厚生労働省令で定めるところにより、その旨を公示しなければならない。
⑤ 第19条の16第2項の規定は、第1項の規定により委託を受けて行う第57条の3第1項及び第3項、第57条の3の2第1項並びに前条第1項及び第4項の規定による質問について準用する。
⑥ 前各項に定めるもののほか、指定事務受託法人に関し必要な事項は、政令で定める。

第60条の2 （略）
② 第56条の5の5第2項において準用する障害者の日常生活及び社会生活を総合的に支援するための法律第98条第1項に規定する不服審査会の委員若しくは連合会の役員若しくは職員又はこれらの者であつた者が、正当な理由がないのに、職務上知り得た障害児通所支援、障害児入所支援又は障害児相談支援を行つた者の業務上の秘密又は個人の秘密を漏らしたときは、1年以下の懲役又は100万円以下の罰金に処する。
③ 第21条の5の6第4項（第21条の5の8第3項において準用する場合を含む。）又は第57条の3の4第2項の規定に違反した者は、1年以下の懲役又は100万円以下の罰金に処する。

第62条 次の各号のいずれかに該当する者は、30万円以下の罰金に処する。
一〜五 （略）
六 正当な理由がないのに、第57条の3の3第1項から第3項までの規定による報告若しくは物件の提出若しくは提示をせず、若しくは虚偽の報告若しくは虚偽の物件の提出若しくは提示をし、又はこれらの規定による当該職員の質問若しくは第57条の3の4第1項の規定により委託を受けた指定事務受託法人の職員の第57条の3の3第1項の規定による質問に対して、答弁せず、若しくは虚偽の答弁をした者
七 （略）

第62条の5 第57条の3の3第4項から第6項までの規定による報告若しくは物件の提出若しくは提示をせず、若しくは虚偽の報告若しくは虚偽の物件の提出若しくは提示をし、又はこれらの規定に

第60条の2 （略）
② 第56条の5の5第2項において準用する障害者の日常生活及び社会生活を総合的に支援するための法律第98条第1項に規定する不服審査会の委員又は委員であつた者が、正当な理由がないのに、職務上知り得た障害児通所給付費又は特例障害児通所給付費の支給に係る障害児通所支援を行つた者の業務上の秘密又は個人の秘密を漏らしたときは、1年以下の懲役又は100万円以下の罰金に処する。
③ 第21条の5の6第4項（第21条の5の8第3項において準用する場合を含む。）の規定に違反した者は、1年以下の懲役又は100万円以下の罰金に処する。

第62条 次の各号のいずれかに該当する者は、30万円以下の罰金に処する。
一〜五 （略）
六 正当な理由がないのに、第57条の3の3第1項から第3項までの規定による報告若しくは物件の提出若しくは提示をせず、若しくは虚偽の報告若しくは虚偽の物件の提出若しくは提示をし、又はこれらの規定による当該職員の質問に対して、答弁せず、若しくは虚偽の答弁をした者
七 （略）

第62条の5 第57条の3の3第4項から第6項までの規定による報告若しくは物件の提出若しくは提示をせず、若しくは虚偽の報告若しくは虚偽の物件の提出若しくは提示をし、又はこれらの規定に

改正後	改正前
よる当該職員の質問若しくは第57条の3の4第1項の規定により委託を受けた指定事務受託法人の職員の第57条の3の3第4項の規定による質問に対して、答弁せず、若しくは虚偽の答弁をした者は、10万円以下の過料に処する。	よる当該職員の質問に対して、答弁せず、若しくは虚偽の答弁をした者は、10万円以下の過料に処する。
第62条の6 都道府県は、条例で、次の各号のいずれかに該当する者に対し10万円以下の過料を科する規定を設けることができる。 一 （略） 二 正当の理由がないのに、第57条の3第2項若しくは第3項の規定による報告若しくは物件の提出若しくは提示をせず、若しくは虚偽の報告若しくは虚偽の物件の提出若しくは提示をし、又はこれらの規定による当該職員の質問若しくは第57条の3の4第1項の規定により委託を受けた指定事務受託法人の職員の第57条の3第3項の規定による質問に対して答弁をせず、若しくは虚偽の答弁をした者	**第62条の6** 都道府県は、条例で、次の各号のいずれかに該当する者に対し10万円以下の過料を科する規定を設けることができる。 一 （略） 二 正当の理由がないのに、第57条の3第2項若しくは第3項の規定による報告若しくは物件の提出若しくは提示をせず、若しくは虚偽の報告若しくは虚偽の物件の提出若しくは提示をし、又はこれらの規定による質問に対して答弁をせず、若しくは虚偽の答弁をした者
第62条の7 市町村は、条例で、次の各号のいずれかに該当する者に対し10万円以下の過料を科する規定を設けることができる。 一 （略） 二 正当の理由がないのに、第57条の3第1項の規定による報告若しくは物件の提出若しくは提示をせず、若しくは虚偽の報告若しくは虚偽の物件の提出若しくは提示をし、又は同項の規定による当該職員の質問若しくは第57条の3の4第1項の規定により委託を受けた指定事務受託法人の職員の第57条の3第1項の規定による質問に対して、答弁せず、若しくは虚偽の答弁をした者 三 正当の理由がないのに、第57条の3の2第1項の規定による報告若しくは物件の提出若しくは提示をせず、若しくは虚偽の報告若しくは虚偽の物件の提出若しくは提示をし、又は同項の規定による当該職員の質問若しくは第57条の3の4第1項の規定により委託を受けた指定事務受託法人の職員の第57条の3の2第1項の規定による質問に対して、答弁せず、若しくは虚偽の答弁をし、若しくは同項の規定による検査を拒み、妨げ、若しくは忌避した者	**第62条の7** 市町村は、条例で、次の各号のいずれかに該当する者に対し10万円以下の過料を科する規定を設けることができる。 一 （略） 二 正当の理由がないのに、第57条の3第1項の規定による報告若しくは物件の提出若しくは提示をせず、若しくは虚偽の報告若しくは虚偽の物件の提出若しくは提示をし、又は同項の規定による当該職員の質問に対して、答弁せず、若しくは虚偽の答弁をした者 三 正当の理由がないのに、第57条の3の2第1項の規定による報告若しくは物件の提出若しくは提示をせず、若しくは虚偽の報告若しくは虚偽の物件の提出若しくは提示をし、又は同項の規定による当該職員の質問に対して、答弁せず、若しくは虚偽の答弁をし、若しくは同項の規定による検査を拒み、妨げ、若しくは忌避した者

事項索引

※太字は、改正により追加された用語を示しています。

意思疎通支援　75
一般相談支援事業　31
一般相談支援事業所　58
移動支援事業　32
医療型児童発達支援　99
医療型児童発達支援センター　146
医療型障害児入所施設　145
医療的ケア児　18

介護給付費　39, 40
介護給付費等　35
基幹相談支援センター　75
基準該当計画相談支援　57
基準該当事業所　41
基準該当施設　42
基準該当障害児相談支援　126
基準該当障害福祉サービス　41
基準該当通所支援　102
基準該当療養介護医療　71
基準該当療養介護医療費　71
基本指針（児童福祉法）　140
基本指針（障害者総合支援法）　79
基本相談支援　31
給付決定期間　117
給付要否決定　53
協議会　80
共同生活援助　30
居宅介護　29
居宅訪問型児童発達支援　16, 100

訓練等給付費　40
計画相談支援　31
計画相談支援給付費　56
計画相談支援対象障害者等　56
継続サービス利用支援　31
継続障害児支援利用援助　100
高額障害児通所給付費　106
高額障害児入所給付費　119
高額障害福祉サービス等給付費　13, 73
行動援護　29

サービス事業所　43
サービス等利用計画　31
サービス等利用計画案　31
サービス利用支援　31
支給決定　35
　——の有効期間　38
支給決定障害者等　31
支給認定　65
　——の有効期間　66
支給認定障害者等　66
支給要否決定　37
支給量　38, 105
施設入所支援　30
肢体不自由児通所医療　115
肢体不自由児通所医療費　115
市町村障害児福祉計画　141
市町村障害福祉計画　79
市町村審査会　35
指定一般相談支援事業者　55
指定計画相談支援　57
指定継続サービス利用支援　57
指定継続障害児支援利用援助　125
指定サービス利用支援　57
指定事業者等　47

指定事務受託法人 34, 153
指定事務受託法人制度 10
指定障害児支援利用援助 125
指定障害児事業者等 110
指定障害児相談支援 125
指定障害児相談支援事業者 125
指定障害児通所支援事業者 102
指定障害児入所施設 117
指定障害者支援施設 40
指定障害福祉サービス 40
指定障害福祉サービス事業者 40
指定自立支援医療 67
指定自立支援医療機関 66
指定相談支援事業者 58
指定地域相談支援 55
指定通所支援 102
指定特定相談支援事業者 57
指定入所支援 117
指定発達支援医療機関 99
児童 99
児童発達支援 99
児童発達支援センター 146
児童福祉施設 101
重症心身障害児 101
重度障害者等包括支援 30
重度訪問介護 7, 29
就労移行支援 30
就労継続支援 30
就労定着支援 7, 30
障害児 29, 99
障害支援区分 29
障害児支援利用援助 100
障害児支援利用計画 100
障害児支援利用計画案 100
障害児相談支援 100
障害児相談支援給付費 125

障害児相談支援事業 100
障害児相談支援事業所 126
障害児相談支援対象保護者 125
障害児通所給付費 101, 102
障害児通所給付費等 103
障害児通所支援 99
障害児通所支援事業 99
障害児通所支援事業所 107
障害児入所医療 124
障害児入所医療費 124
障害児入所給付費 117
障害児入所支援 101
障害児入所施設 145
障害児福祉計画 18, 140
障害者 28
障害者支援施設 30
障害福祉計画 79
障害福祉サービス 29
障害福祉サービス事業 29
障害福祉サービス受給者証 38
障害福祉サービス費等負担対象額 83
情報公表制度 14
情報公表対象サービス等 73
情報公表対象サービス等情報 73
情報公表対象支援 139
情報公表対象支援情報 140
自立訓練 30
自立支援医療 32
自立支援医療受給者証 66
自立支援医療費 67
自立支援給付 32
自立支援給付対象サービス等 33
自立生活援助 9, 30
生活介護 29
相談支援 30

対象事業者（情報公表制度） 73, 139
短期入所 30
地域移行支援 31
地域活動支援センター 32
地域生活支援事業 74
地域相談支援 31
地域相談支援給付決定 53
――の有効期間 54
地域相談支援給付決定障害者 32
地域相談支援給付費 55
地域相談支援給付費等 53
地域相談支援給付量 54
地域相談支援受給者証 54
地域定着支援 31
通所給付決定 103
――の有効期間 105
通所給付決定保護者 100
通所支給要否決定 104
通所受給者証 105
通所特定費用 102
同行援護 29
特定施設 36
特定障害児通所支援 107
特定障害者 43
特定障害者特別給付費 43
特定障害福祉サービス 43
特定相談支援事業 31
特定相談支援事業所 58
特定入所障害児食費等給付費 119
特定入所等サービス 43
特定入所等費用 43
特定費用 40
特例介護給付費 39, 41
特例訓練等給付費 40, 41

特例計画相談支援給付費 56, 57
特例障害児相談支援給付費 125, 126
特例障害児通所給付費 101, 102
特例地域相談支援給付費 55, 56
特例特定障害者特別給付費 43
都道府県障害児福祉計画 142
都道府県障害福祉計画 80
都道府県審査会 39

入所給付決定 117
入所給付決定保護者 117
入所受給者証 117
入所特定費用 117

福祉型児童発達支援センター 146
福祉型障害児入所施設 145
福祉ホーム 32
保育所等訪問支援 17, 100
放課後等デイサービス 100
放課後等デイサービス障害児通所給付費等 107
保護者 29
補装具 32
補装具費 12, 72
補装具費支給対象障害者等 72

療養介護 29
療養介護医療 29
療養介護医療費 71

改正障害者総合支援制度のポイント
（平成30年4月完全施行）
──新旧対照表・改正後条文
平成28年11月25日　発行

編　　集	中央法規出版編集部
発 行 者	荘村明彦
発 行 所	中央法規出版株式会社
	〒110-0016　東京都台東区台東3-29-1　中央法規ビル
	営　　業　TEL 03-3834-5817　FAX 03-3837-8037
	書店窓口　TEL 03-3834-5815　FAX 03-3837-8035
	編　　集　TEL 058-231-8160　FAX 058-296-0031
	http://www.chuohoki.co.jp/
印刷・製本	長野印刷商工株式会社

定価はカバーに表示してあります。
ISBN978-4-8058-5444-0

本書のコピー、スキャン、デジタル化等の無断複製は、著作権法上での例外を除き禁じられています。また、本書を代行業者等の第三者に依頼してコピー、スキャン、デジタル化することは、たとえ個人や家庭内での利用であっても著作権法違反です。

落丁本・乱丁本はお取り替えいたします。